Les évolutions des modes de financement de l'action publique

5-7, rue de l'École-Polytechnique ; 75005 Paris
http://www.harmattan.fr
diffusion.harmattan@wanadoo.fr
harmattan1@wanadoo.fr
ISBN : 978-2-343-03655-7
EAN : 9782343036557

Sous la direction de
Fabien Bottini

Les évolutions des modes de financement de l'action publique

L'Harmattan

Du même auteur :

La protection des décideurs publics face au droit pénal, LGDJ 2008.

L'État interventionniste, L'Harmattan 2012.

REMERCIEMENTS

Mes remerciements vont à M. Patrice GÉLARD, sénateur et maire de Seine-Maritime, doyen honoraire de la Faculté des affaires internationales de l'Université du Havre, M. Laurent LOGIOU, Vice-président de la Région Haute-Normandie, et Mme Mireille HEERS, Présidente du tribunal administratif de Rouen, pour avoir accepté de participer à cette manifestation et pour leur intérêt pour ce sujet et les recherches juridiques menées au sein du LexFEIM.

Ils vont également à tous les collègues, contributeurs et présidents de séance, qui m'ont d'emblée soutenu pour l'organisation de ce colloque et m'ont fait l'amitié d'y participer. Je pense particulièrement à :

M. Pierre ALBERTINI, Professeur à l'Université de Rouen, ancien député et maire ;

M. Jacques BOUVERESSE, Professeur à l'Université de Rouen ;

M. Michel BRUNO, Maître de conférences à l'Université du Havre, doyen honoraire de la Faculté des affaires internationales ;

M. Jocelyn CLERCKX, Maître de conférences à l'Université du Havre ;

M. Arnaud DE RAULIN, Professeur à l'Université d'Artois, ancien doyen de la Faculté de droit ;

M. Olivier FEIERTAG, Professeur à l'Université de Rouen ;

M. Éloi DIARRA, Professeur à l'Université de Rouen ;

M. Jean GICQUEL, Professeur émérite de l'Université de Paris I (Panthéon-Sorbonne) ;

M. Philippe LAGRANGE, Professeur à l'Université de Rouen ;

M. Christophe LAJOYE, Maître de conférences à l'Université de Caen ;

M. Gilles LEBRETON, Professeur à l'Université du Havre, doyen honoraire de la Faculté des affaires internationales ;

M. Gourmo LÔ, Maître de conférences à l'Université du Havre ;

M. Guy QUINTANE, Professeur à l'Université de Rouen, doyen de la Faculté de droit ;

M. Antoine SIFFERT, Doctorant à l'Université du Havre.

Enfin, mes remerciements vont à Mme Delphine Levée et Mme Nathalie Zémiac pour leur soutien logistique dans l'organisation de cette manifestation et la publication de ses actes.

AVANT-PROPOS
TIRER LES LEÇONS DE L'HISTOIRE DE LA CRISE DES DETTES SOUVERAINES

Par
Olivier Feiertag
Professeur d'Histoire contemporaine
à l'Université de Normandie (Rouen)

Parler de finances publiques est presque un pléonasme. En confiant, en toute amitié, à un historien le soin de préfacer cet ouvrage, Fabien Bottini le sait fort bien : toute l'histoire, depuis au moins l'époque moderne, c'est-à-dire l'Ancien Régime, désigne à travers la « finance » l'argent du souverain, autrement dit de l'État. Et le « financier », comme y insistaient naguère Jean Bouvier et Henry Germain-Martin, est d'abord et est fort longtemps resté, proprement, le gestionnaire du Trésor royal[1]. Cette réalité est perceptible encore à la veille du XXe siècle, quand Alfred Jarry invente « la pompe à phynance » du roi Ubu. Et l'on peut à bon droit se demander si elle a totalement disparu au début du XXIe siècle, à l'âge de la finance dite mondialisée et du marché financier global. Là est sans aucun doute l'enjeu principal du livre qu'on va lire.

La force des sciences juridiques, c'est qu'elles nous parlent d'abord, et de la manière la plus immédiate, de notre temps présent. Aucune des contributions du colloque sur *Les évolutions des modes de financement de l'action publique* organisé à l'université du Havre le 15 novembre 2012 n'échappe à cette règle : l'actualité de chacune des communications prononcées ce jour-là, de quelque manière qu'on les envisage, est, en fait, la crise des dettes souveraines de la zone euro qui s'amorce en Grèce dans les derniers jours de 2009.

---

[1] J. Bouvier et H. Germain-Martin, *Finances et financiers de l'Ancien Régime*, Paris, PUF, 1964, p. 5-14.

Les manuels d'histoire du XXIe siècle y insisteront : le fait qui met le feu aux poudres est la déclaration le 8 décembre 2009 par le Premier ministre grec nouvellement élu, le socialiste Georgios Papandréou, que les chiffres de la dette publique grecque, falsifiés par les gouvernements précédents, allaient exploser en 2010 portant le montant véritable de la dette de l'État à 130% du PIB. C'est, prévient-il, « la plus grande menace pour la souveraineté du pays depuis la restauration de la démocratie », qui a suivi la chute de la dictature des Colonels en 1974[2]. La réaction du marché est immédiate : dès le 9 décembre 2009, l'agence de notation Fitch abaisse la note de la Grèce, aussitôt imitée par Standard and Poor's et par Moody's. La suite est bien connue. La vague de défiance s'étend, de proche en proche, car le marché est moutonnier, à tous les États de l'Euroland, mettant en doute la soutenabilité de leur dette publique et pesant chaque jour davantage sur les taux d'intérêt auxquels les Trésors nationaux s'endettent pour faire face au paiement de leurs créances – principal et intérêts. La spirale de la dette s'enclenche. La hantise de la faillite des États culmine en 2011, au plus fort de la crise, ébranlant en profondeur tous les systèmes politiques nationaux[3]. En 2012, pourtant, Mario Draghi, le nouveau président de la Banque centrale européenne, ne cesse de le répéter durant tout l'été : « l'euro est irréversible ». Joignant le geste à la parole, le banquier suprême inaugure, à l'extrême limite des statuts et du mandat originel de la BCE, un programme d'achat, sans plafond défini, des créances obligataires des États de la zone euro confrontés à la défiance du marché. Même s'il est encore trop tôt pour l'affirmer avec certitude, le pire dès lors semble évité et la sortie progressive de la crise des dettes souveraines est en vue.

Tel est le contexte dominant des analyses que Fabien Bottini a pris l'heureuse initiative de réunir au cours de l'année 2012, d'éditer en 2013 et de publier finalement en 2014. Cette trajectoire n'est pas anodine. Elle fait tout l'intérêt de l'ouvrage qui en résulte – et toute l'actualité des nombreuses interrogations qu'il soulève. Parmi elles, soulignons l'importance de la question des différentes échelles du financement de

---

[2] *Ta Nea* du 10.12.2010.

[3] Cf. O. Feiertag, « La crise des dettes souveraines : une crise de mondialisation », *in* J.-N. Jeanneney (dir.), *Au regard de l'histoire, l'actualité vue par les historiens, Du printemps arabe à l'élection présidentielle*, Paris, Autrement, 2012, p. 121-137.

l'action publique. Dans une phase historique caractérisée, certainement durablement, par « la politique des caisses vides », pour reprendre l'expression si parlante de l'historien suisse Sébastien Guex[4], quelle est la meilleure échelle du financement de l'action publique ?

Un modèle émerge à la lecture du livre publié par Fabien Bottini, qui permet d'esquisser une réponse à cette question cruciale qui est aussi une question politique, la seule qui vaille : L'État-nation, c'est-à-dire l'État central dont le Trésor public est le financier – au sens que ce terme avait au temps de Turgot –, est aujourd'hui chaque jour davantage doublé par les institutions financières qui se développent à la fois à une échelle supra-étatique – l'Europe pour faire vite – et à une échelle infra-étatique – disons celle des territoires pour désigner l'ensemble encore mal découpé des multiples collectivités territoriales. L'État central et national, directement en prise sur les dynamiques d'un marché financier devenu global, est devenu « pauvre ». Sa marge de manœuvre politique est fortement contrainte. Mais l'État-nation, longtemps source quasi unique du droit des finances publiques, n'est plus la seule échelle pertinente pour penser et normer l'action publique. L'échelle de l'Europe – espace voulu – et l'échelle des territoires – espaces vécus – sortent finalement toutes deux renforcées de la crise des dettes souveraines. Ce n'est pas la leçon la moins optimiste du livre très actuel qu'a composé Fabien Bottini.

[4] S. Guex, « La politique des caisses vides : État, finances publiques et mondialisation », *Actes de la Recherche en Sciences sociales*, n° 146-147, 2003, p. 51-61.

INTRODUCTION

Par
Fabien Bottini
Maître de conférences HDR
Membre du Conseil de direction du LexFEIM
Responsable du Master 2 Collectivités territoriales
de l'Université du Havre

Quels sont les effets de la mondialisation et du développement des idées néolibérales sur le droit public français ? Tel pourrait être le sous-titre des actes du colloque organisé par le LexFEIM de l'Université du Havre le 12 novembre 2012, tant sont nombreuses les contributions à avoir montré son influence sur les évolutions en cours des modes de financement de l'action publique.

Laurent Logiou a ouvert les débats, en sa qualité de vice-président de la région Haute-Normandie, en insistant sur l'originalité et l'intérêt d'un tel colloque. Son originalité découle de l'approche large du sujet : outre qu'elles dépassent le champ classique des finances publiques pour s'étendre à l'histoire du droit, au droit constitutionnel, au droit parlementaire, au droit administratif (général, des biens et de la commande publique !) et au droit communautaire, les réflexions entreprises mettent en perspective les évolutions que rencontre le financement public à différentes échelles : locale, nationale et communautaire. Son intérêt tient pour sa part à la conjoncture économique, qui pose la question du financement de l'action publique dans une période de rareté des deniers publics. Mais il est aussi, sur un plan plus politique, de montrer que le clivage gauche / droite est dépassé, dans la mesure où un consensus existe désormais sur la nécessité d'assurer une plus grande efficacité de l'action publique de façon à assurer un ratio coût / rendement des services publics qui soit à la hauteur des attentes des citoyens. La véritable opposition sur ces questions semble en effet aujourd'hui ailleurs et être à rechercher dans une sorte de renouveau du débat entre les thèses jacobines et girondines.

Jacques Bouveresse rappelle, dans une approche historique, que les révoltes fiscales masquent une continuité dans le consentement des Français à l'impôt et dans leur désir d'une plus grande justice sociale par la mise en place et le maintien des services publics. La remise en cause de la progressivité de l'impôt par le jeu de l'évasion fiscale pose toutefois la question de savoir comment l'État peut continuer à maintenir un haut niveau de service public sans perdre le soutien de l'immense majorité des membres de la classe moyenne sur qui l'essentiel des efforts repose aujourd'hui.

Éloi Diarra montre qu'en même temps qu'il cherchait à dissuader l'évasion fiscale en baissant les impôts l'État tentait de compenser le manque à gagner par un recours massif à l'emprunt. Celui-ci a ainsi progressivement été utilisé pour financer, outre des dépenses d'investissement, des dépenses de fonctionnement. Il atteint toutefois des proportions telles qu'aujourd'hui l'impôt sur le revenu permet seulement de rembourser les intérêts de sa dette. Le procédé ne permet ainsi plus à l'État d'enrichir son patrimoine. Seuls 4,5% des dépenses publiques sont d'ailleurs consacrées à l'investissement de nos jours contre 10% dans les années 1970. Certes la pensée néolibérale en tire argument pour justifier une contraction de l'État-providence. Et son influence explique que des activités autrefois directement gérées par l'État sous forme de services publics soient désormais exploitées par des entreprises privées dans un secteur ouvert à la concurrence dont le libre jeu est seulement contrebalancé par des obligations minimales de service public, limitées à certaines prestations déterminées. Son influence est également à l'origine de l'adoption de la LOLF, dont un des résultats a été d'entraîner la disparition pure et simple de certains services publics. Mais une telle contraction de l'action publique n'est admissible que jusqu'à un certain point si l'on veut prévenir de graves troubles sociaux. Le problème est que la démocratie économique et financière n'existe pas alors que la démocratie politique semble désormais dépassée.

Notre propos a été de confirmer l'influence des idées néolibérales sur les modes de financement de l'action publique. Cette influence se traduit par la remise en cause progressive de la distinction SPA/SPIC au profit de la distinction communautaire services publics marchands / services publics non marchands et par une reformulation de la loi de Rolland d'égalité. Cette dernière conduit à banaliser les tarifs sur mesure devant les services publics, avec une multiplication des tarifs sociaux pour les plus démunis et la prise en compte de la valeur particulière que certains acteurs économiques tirent de leurs prestations. Sans doute cette évolution semble-t-elle de prime abord se justifier par des considérations de justice sociale. Mais elle s'explique surtout par la primauté désormais donnée au libre jeu du marché. C'est pourquoi sa généralisation peut s'analyser comme une régression. Car elle traduit une redéfinition du caractère universel du service public. Celui-ci cesse en effet d'être universel au sens où chacun bénéficie des mêmes prestations sans distinction pour devenir universel au sens où chacun peut prétendre à des prestations de base en cas de revers de fortune. Comme ce n'est pas du tout la même chose, cette évolution devrait faire l'objet d'un véritable débat public. À défaut, elle devrait au minimum veiller à respecter une certaine progressivité pour ne pas nourrir de sentiments d'injustice de la part de ceux qui sont totalement exclus de ces tarifs préférentiels ou qui ont au contraire l'impression d'être trop fortement mis à contribution.

Jocelyn Clerckx montre à partir de l'étude de l'affaire dite des Brasseries Kronenbourg, tranchée par le tribunal administratif d'Orléans le 6 mars 2012, qu'une autre piste explorée par l'État pour compenser sa baisse de revenus consiste désormais à valoriser son patrimoine, et notamment son patrimoine immatériel (licences, brevets, marques, savoir-faire publics, bases de données, droits d'accès…). À ce titre, certaines personnes publiques sont tentées de monnayer l'utilisation, à des fins commerciales, de l'image de certains biens du domaine public, appartenant au patrimoine culturel de la France. Dans le silence des textes, les juges administratifs du fond ont certes en l'espèce refusé d'entériner une évolution qui contrevient à la jurisprudence de la Cour de cassation. Mais un désaveu législatif de cette solution n'est pas à exclure.

Christophe Lajoye souligne que leurs difficultés financières ont conduit les élus locaux à faire preuve d'imagination et d'audace en créant de toutes pièces de nouveaux contrats de la commande publique, dont l'existence a finalement été entérinée par le droit positif. Il s'agit de contrats complexes dépassant la dualité classique marchés publics / délégations de service public – comme le Bail Emphytéotique Administratif (BEA) ou les Autorisations d'Occupation Temporaire avec opération de construction (AOT) et la Vente en l'État Futur d'Achèvement (VEFA) – ou directement inspirés du droit anglo-saxon – comme le contrat de partenariat public-privé (PPP). Ces différents contrats ont pour avantage de faire financer par le secteur privé des biens ou des ouvrages destinés à l'usage du public ou d'un service public. Mais leur apparition s'est accompagnée d'un bouleversement des catégories juridiques traditionnelles du droit de la commande public. D'une part en effet, les marchés publics ne se caractérisent plus par le versement immédiat d'un prix par un acheteur public, dès lors que le paiement peut désormais être étalé dans le temps et qu'il peut, surtout, revêtir une forme autre que celle d'un paiement en argent. D'autre part, les délégations de service public ne se caractérisent plus exclusivement par le paiement du délégataire par une redevance payée par les usagers. Leur critère d'identification tient en effet désormais à l'existence d'une rémunération substantiellement liée aux résultats de l'exploitation qui peut à 70% – et même parfois 90% ! – être assurée par une personne publique. Sans doute ces évolutions s'efforcent-elles de trouver un équilibre satisfaisant entre le principe de continuité du service public et la nécessité de faire assumer par le gestionnaire privé les risques d'exploitation. Mais elles sont source d'insécurité juridique et augmentent paradoxalement parfois le coût de l'action publique sans que les économies attendues en retour soient véritablement vérifiées.

Pour Antoine Siffert, la société publique locale (SPL) s'inscrit dans le cadre des nouvelles structures de gestion d'un service public censées permettre aux autorités de faire des économies. Cette société commerciale présente en effet un double avantage : celui, d'abord, de permettre aux collectivités territoriales de mutualiser leurs moyens et de bénéficier ainsi de la jurisprudence Teckal sur le *in house* qui les dispense de soumettre l'attribution d'une délégation à une procédure préalable de publicité et de mise en concurrence ; celui, ensuite, d'échapper aux contraintes de la gestion publique dans l'exercice de leurs missions et d'offrir un mode de fonctionnement plus souple, caractérisé par le recours à des contrats ou des salariés de droit privé. Mais la SPL présente inversement l'inconvénient de renforcer le phénomène actuel de privatisation de l'action publique, dès lors que l'ouverture du capital de ces sociétés à des acteurs privés n'est pas exclue et qu'elles peuvent se voir confier des activités de service public administratif.

Pierre Albertini montre que l'évaluation pourrait aussi permettre à la puissance publique de faire de substantielles économies. Même s'il est impossible d'en donner une définition juridique, l'expression renvoie à un procédé d'origine anglo-saxonne dont l'intérêt est de contribuer à l'amélioration de la définition des politiques publiques ou de leur mise en œuvre. Ce n'est véritablement que dans les années 1980 que sa transposition a commencé à s'opérer en droit interne, tant à l'initiative du gouvernement Rocard que sous l'impulsion du droit communautaire. La technique est depuis présentée comme un moyen efficace d'assurer la maîtrise des dépenses publiques, ce qui explique les mesures prises pour y recourir. À l'échelle nationale, elles sont notamment illustrées par l'adoption de la LOLF, dont l'apport est de permettre une présentation plus claire et plus transparente du budget aux parlementaires grâce à une approche plus fonctionnelle des dépenses. À l'échelle locale, le pouvoir central tente d'imposer son utilisation, dès lors que l'action des autorités décentralisées représente désormais 11% du PIB national, 20% des dépenses publiques et 70% de l'investissement national. Mais une telle transposition se heurte à l'émiettement et à l'enchevêtrement des compétences des territoires. Se pose en outre la question de son opportunité dès lors que la LOLF n'a pas rempli sa fonction d'optimisation de la dépense publique dans un sens qualitatif. Une acculturation réussie supposerait donc de limiter son recours aux communes de plus de 10 000 habitants, d'élaborer un guide méthodologique clair de ses modalités à l'attention des élus, d'obliger ces derniers à débattre annuellement des conclusions des opérations en résultant, d'associer de façon plus poussée les citoyens à l'élaboration des politiques publiques ainsi inspirées et, enfin, de permettre aux chambres régionales des comptes de jouer un rôle, outre de contrôle, de conseil et d'assistance aux élus.

Patrice Gélard rappelle que si des progrès ont été faits en matière de financement des partis politiques, il convient de veiller à lutter contre les tentations de les financer de façon occulte, à mettre un terme aux stratégies de contournement de la législation mises en lumière par le développement des micro-partis et à réfléchir à l'opportunité d'introduire une dose de proportionnelle aux élections parlementaires, de façon à faciliter le financement de partis minoritaires. La diminution de la dotation globale de fonctionnement, la difficulté à obtenir les aides européennes, le maquis des lois et règlements s'imposant aux élus locaux sont en outre autant de freins au financement de l'action publique. L'État n'exploite enfin pas assez selon lui les ressources du secteur privé, faute d'une législation ambitieuse sur les fondations.

Au professeur Jean Gicquel on doit d'avoir rappelé que la déontologie, dont l'origine est à rechercher dans les idées libérales de Jeremy Bentham, constitue la nouvelle étape de la moralisation de la vie politique – pour ne pas dire de la lutte contre ces fléaux que constituent pour les deniers publics la corruption et les conflits d'intérêts. Au sein de l'Assemblée nationale, cette étape s'est traduite par la création d'un Code de déontologie et la nomination d'un déontologue dont la finalité est de faire des députés des « saints laïcs ». Les deux premières années d'activité du déontologue ont toutefois révélé une certaine réticence des parlementaires à se soumettre au contrôle d'une autorité, même morale.

Peut-être est-ce pour cela que ce dernier est révocable et dépourvu de tout pouvoir de sanction au profit d'un organe politique, le bureau de l'Assemblée ? Une certaine dynamique s'est malgré tout enclenchée, même s'il faudra probablement attendre quelques années avant de pouvoir dresser un véritable bilan de l'institution.

Michel Bruno montre que le budget européen est aujourd'hui insuffisant. Trop faible, il est impossible à réformer malgré les conséquences négatives qu'il a sur l'économie de certains États historiques de l'Europe des quinze. Celles-ci viennent de ce que leurs contributions sont utilisées pour abonder des fonds structurels qui servent à financer les économies des pays d'Europe centrale et orientale qui leur font directement concurrence. L'alternative consisterait, outre à généraliser la taxe sur les transactions financières, à renforcer les marges budgétaires de l'UE, en créant une TVA européenne et en lui permettant d'émettre des euro-obligations, de façon à pouvoir soutenir les pays en difficultés. Cette solution serait préférable à l'introduction de la règle d'or qui apparaît contreproductive d'un point de vue économique, dans la mesure où elle empêche les États de relancer leurs économies, et politique, dès lors qu'elle alimente l'euroscepticisme des citoyens.

Gilles Lebreton partage cette critique de la règle d'or du fait de l'orientation trop libérale de l'UE. Sur le plan idéologique, cette règle traduit en effet le choix de la rigueur plutôt que de la relance et du marché plutôt que de l'État comme remèdes à la crise actuelle, alors que l'efficacité de telles solutions reste à démontrer. Sur le plan juridique, la règle d'or est en outre révélatrice d'une certaine inversion de la hiérarchie des normes, dès lors que le droit communautaire tend à primer sur la Constitution à laquelle il est théoriquement inférieur. Cette inversion apparaît d'autant plus préoccupante que le respect de la règle d'or est assuré par une institution supranationale qui apparaît comme une sorte de *Big Brother européen* dont l'existence contrevient au principe de la souveraineté nationale.

Dans son rapport de synthèse, Guy Quintane replace toutes ces contributions dans un contexte plus général : celui de la marchandisation du monde induite par la transposition des mécanismes du marché au cœur de l'action publique et dont témoignent, au fond, les évolutions des modes de financement de l'action publique.

Ce colloque a, conformément au souhait du vice-président Laurent Logiou, débouché sur 17 propositions concrètes, dont la mise en œuvre a parfois en vain été proposée jusqu'alors et dont le rappel s'impose dès lors qu'elles permettraient aux élus d'améliorer le financement de l'action publique.

Certaines de ces propositions concernent les ressources mêmes de l'État et consistent à :

1°) Renforcer la progressivité de l'impôt de façon à rééquilibrer le poids des impositions directes pesant sur les classes moyennes et les revenus les plus importants ;

2°) Renforcer la lutte contre la fraude ou l'évasion fiscale ;

3°) Poser la question du maintien de l'interdiction faite aux États de l'UE d'emprunter directement auprès de la banque centrale européenne, dès lors que cette interdiction aggrave le poids de leur dette en les obligeant à emprunter à des taux plus élevés auprès d'intermédiaires financiers du secteur privé et revient, par suite, à faire supporter par les contribuables des dépenses publiques non indispensables ;

4°) Renforcer la taxe sur les transactions financières ;

5°) Revoir les modes de financement des services publics marchands de façon à privilégier une tarification plus progressive, mettant davantage à contribution les opérateurs économiques qui en retirent un avantage particulier tout en restant protectrice pour les démunis, grâce au maintien de tarifs sociaux dont les conditions d'accès se feraient selon des seuils lissés pour éviter tout effet d'éviction démesuré des membres de la classe moyenne inférieure ;

6°) Renforcer la valorisation du domaine public en permettant par exemple à l'administration de soumettre à redevance l'utilisation à des fins commerciales d'images de biens lui appartenant ;

7°) Renforcer les financements privés d'opérations d'intérêt général en améliorant la législation sur les fondations.

D'autres propositions tendent au contraire à lutter contre les gaspillages inutiles des deniers publics. À cette fin, il conviendrait, outre de simplifier le « millefeuille administratif », de :

8°) Poursuivre l'évolution du droit de la commande publique tendant à soustraire les contrats de délégations de service public ou de marché public au droit de la concurrence chaque fois que le coût des formalités de publicité et de mise en concurrence préalables apparaît excessif par rapport à la valeur de l'opération ;

9°) Veiller à ce que les contrats de délégation de service public ne couvrent pas leurs bénéficiaires de tous les risques d'exploitation, pour les inciter à faire preuve de rigueur dans l'exercice de leur gestion et prévenir, ainsi, tout transfert de charges préjudiciable à la collectivité ;

10°) Renforcer le recours à l'évaluation en permettant aux parlementaires de procéder à une appréciation véritablement qualitative des politiques gouvernementales lors du vote de la loi de finances et en incitant les collectivités locales de plus de 10 000 habitants à y recourir ;

11°) Associer davantage les citoyens à l'élaboration des politiques publiques par la mise en place de véritables mécanismes de démocratie participative ;

12°) Renforcer les missions et les effectifs des juridictions financières, notamment en permettant aux chambres régionales des comptes de jouer un rôle, outre de contrôle, de conseil et d'assistance aux élus locaux ;

13°) Renforcer la lutte contre la corruption et les conflits d'intérêts en interdisant aux micro-partis de bénéficier de la législation sur le financement des partis politiques et en assurant un meilleur respect des obligations déontologiques pesant sur les acteurs publics, politiques et administratifs, au besoin en reconnaissant un pouvoir de lanceur d'alerte aux citoyens ;

14°) Simplifier le droit de façon,

- d'une part, à supprimer les surcoûts liés au recouvrement de certains impôts comme, par exemple, les impositions indirectes alimentant le budget européen ;
- et d'autre part, à éliminer les surcoûts liés à l'élaboration et au traitement des demandes de subvention, notamment communautaires, formulées par les élus locaux ;

Enfin la question a été posée :

15°) De l'intérêt de l'adoption d'une règle d'or à l'échelle étatique, dès lors que sa mise en œuvre prive l'État de la marge de manœuvre politique dont il a besoin pour faire face à une situation économique difficile, sans que l'efficacité de cette solution ait à ce jour été vérifiée par la pratique ;

16°) De la nécessité de faciliter l'action des collectivités territoriales en assouplissant certaines lois, comme les lois montagne ou littoral, de façon à rendre possible sur leurs territoires l'exercice d'activités économiques dont les recettes contribueraient à alimenter leurs budgets ;

17°) De l'opportunité d'optimiser la gestion des personnels des services publics en favorisant, pour certaines activités, le recours au contrat de droit privé tout en veillant à ne pas priver l'administration des personnels permanents dont elle a besoin pour exercer au mieux ses missions de contrôle et d'évaluation.

Au-delà de ces propositions concrètes, ce colloque montre que les recherches du LexFEIM s'inscrivent dans la continuité de celles du GREDFIC en même temps qu'elles confirment l'intérêt de l'école du

Havre pour l'étude de l'impact du néolibéralisme sur le droit français à travers le prisme des droits fondamentaux. Ce colloque pourrait ainsi servir de base à une recherche plus générale sur l'impact du néolibéralisme anglo-saxon sur le droit public français. Voilà un thème qui, en tout cas, mériterait réflexion.

LES ÉVOLUTIONS DES MODES DE FINANCEMENT DE L'ACTION PUBLIQUE

Ouverture
par Laurent Logiou
Vice-président de la Région Haute-Normandie

Permettez-moi tout d'abord, M. Bottini, de vous remercier pour cette invitation ainsi que tous ceux qui ont contribué à l'organisation de cette journée d'étude. C'est un plaisir toujours renouvelé d'ouvrir ce type de manifestation scientifique à l'Université du Havre. Ce l'est encore plus quand il s'agit d'un colloque organisé par des publicistes puisque le droit public est le cœur de ma formation d'origine. Je veux à cet égard saluer les professeurs Gélard et Albertini dont j'ai pu suivre les cours comme étudiant à l'Université de Rouen – cela ne nous rajeunit pas - ou encore le professeur Eloi Diarra ou le doyen Guy Quintane aux côtés desquels j'ai eu l'honneur d'intervenir à l'IPAG.

Au-delà de ces raisons très personnelles, je tiens par ma présence à souligner l'importance pour la collectivité régionale de soutenir l'Université du Havre et ses enseignants-chercheurs. Des investissements importants, au-delà de nos propres compétences, ont été réalisés, le sont et le seront pour améliorer les conditions d'enseignement, de recherche et favoriser la réussite des étudiants. Je veux ici rappeler devant vous que l'Université représente à mes yeux le cœur, le pilier du pôle d'enseignement supérieur et de recherche d'excellence au Havre. Ce pôle d'enseignement supérieur est indispensable au rayonnement, au dynamisme et à l'avenir de notre ville et de ses habitants

Mais venons-en à présent au sujet qui vous réunit aujourd'hui. À première vue – et à première vue seulement –, on se dit qu'on se trouve face à un sujet très classique : « les modes de financement de l'action publique » mais en portant un regard plus attentif au sujet et au programme, force est de constater que votre approche suscite un nouvel intérêt.

Il y a d'abord la conjoncture : une période de crise. Au moment où l'État, les collectivités sont confrontés à d'immenses difficultés financières, il n'est pas inutile de s'interroger sur le devenir des modes de financement de l'action publique.

Cet intérêt renouvelé pour cette question tient, au-delà de la conjoncture, à la fois aux ambitions de ce colloque et aussi à une certaine prudence.

L'ambition c'est d'avoir retenu le terme générique d'« action publique » qui englobe nécessairement plusieurs niveaux, les échelons communautaire, national et local ; l'ambition c'est encore d'avoir voulu croiser différentes approches du droit public (histoire du droit, droit constitutionnel, droit administratif et droit communautaire) quand un tel sujet est souvent étudié sous un seul angle : celui des finances publiques.

La prudence et le caractère « presque fondamental » de votre recherche tiennent au pluriel ajouté au terme d'évolution. Or la question qui devra nécessairement se poser sera de savoir si, au-delà des différentes évolutions constatées, il existe une ligne directrice ou au moins des lignes de force…

Sans préjuger du fond de vos travaux, ce qui serait très présomptueux, je formule l'hypothèse que, dans bien des cas, nous aurons affaire à un mouvement dialectique voire une opposition entre, d'une part, une logique libérale – démarche de performance, instruments d'évaluation et de contrôle, règle d'or dont l'objectif est d'assainir les finances publiques... – et, d'autre part, une logique interventionniste : la volonté de penser et de mettre en place des instruments d'intervention – comme les groupements d'intérêt public, les partenariats publics privés, la société publique locale... – dont l'objectif est de garantir un niveau important d'investissement public.

Derrière ce mouvement dialectique, votre attention, à n'en pas douter, se portera sur le rapport entre le public et le privé, sur l'impact pourrait-on dire du public sur le privé et du privé sur le public.

En réalité, si ces logiques peuvent a priori paraître contradictoires, il n'est pas impossible, dans un contexte de rareté des crédits publics, qu'elles puissent se compléter et s'enrichir pour promouvoir une sorte de « dépenser moins mais mieux ». L'efficacité de la dépense publique n'est pas une affaire de droite ou de gauche ; c'est une affaire d'intérêt général, une question touchant aux fondements mêmes de notre démocratie et de notre pacte républicain.

Je crois que nous sommes aujourd'hui dans une telle situation au plan économique et financier que notre priorité doit être, par tous les moyens, de maintenir les investissements publics et les services publics. La question des outils, des moyens est évidemment très importante. Il est clair que dans certains domaines sensibles, notamment la politique de l'eau, on sait que le choix du modèle de financement de ce service (régie directe ou délégation de service public) n'est pas neutre.

Au-delà des constats, des réflexions, des questions que vos travaux permettront d'établir, je souhaite que des propositions ressortent de ce colloque même si je n'ignore pas que pour certains scientifiques, adeptes d'un positivisme pragmatique, la prescription n'est pas nécessairement naturelle.

Toutefois, je sais aussi très bien – c'est l'une des forces de ce colloque – qu'il fait intervenir des scientifiques qui ont eu ou ont d'importantes expériences pratiques en tant qu'élus et je suis persuadé que la rencontre de points de vue théoriques et pratiques est toujours riche d'enseignements.

C'est pourquoi je souhaiterais mettre en exergue ce que les collectivités territoriales de votre région ont pu mettre en place ces dernières années.

Je pense très récemment au fonds d'amorçage interrégional ou à la mise en place d'appels à projets. L'appel à projet, qui est de plus en plus utilisé par les collectivités territoriales, est, je pense, un bon exemple de l'évolution des modes de financement de l'action publique.

Enfin, je pense à la coopération 276 mise en place par la Région et les deux départements au travers des contrats de territoires. Vous le savez, je suis en charge du suivi des contrats de territoire à la Région ; or je constate que ces instruments finalement assez souples ont eu de véritables effets et qu'au moment où le gouvernement prépare une nouvelle étape de la décentralisation, ce modèle pourrait nous permettre d'avancer. Je n'ai pas ici le temps d'entrer dans le détail puisqu'il s'agit d'un mot en ouverture mais j'entends par là témoigner de mon plus vif intérêt pour vos travaux et vous redire combien la collectivité régionale est hier, aujourd'hui et demain prête à vous appuyer dans vos initiatives.

Comment conclure sans dire un mot sur le nouvel acte de la décentralisation qui suscite de nombreux espoirs mais aussi de vives inquiétudes, espoirs si le gouvernement et nos parlementaires arrivent à mieux définir la notion de chef de file, à limiter les financements croisés, à donner aux Régions la gestion des fonds européens, inquiétudes si baronnies politiques et administratives empêchent les clarifications nécessaires ! Même si la décentralisation fait aujourd'hui partie du patrimoine constitutionnel de notre pays, l'opposition entre jacobins et girondins n'est pas tout à fait terminée et rend sans doute plus problématique l'affrontement entre les approches régionalistes et départementalistes. Ces rapports de forces, ces divergences ont et auront encore, qu'on le veuille ou non, des influences sur l'évolution des modes de financement de l'action publique.

Je vous remercie de votre attention et vous souhaite un excellent colloque.

IMPLICITE OU EXPLICITE, OFFENSIF OU DÉFENSIF : LES FORMES DU CONSENTEMENT PERMANENT DES FRANÇAIS À L'IMPÔT*

Par
Jacques Bouveresse
Professeur d'Histoire du droit
à l'Université de Rouen

L'impôt est une technique d'appropriation de la ressource des contribuables. Que ceux-ci protestent, avec plus ou moins de force, contre les mesures qui les frappent, qui ponctionnent leurs revenus et entament leur patrimoine, rien d'étonnant à cela. Les histoires de l'impôt

---

* Consulter, pour commencer, les ouvrages généraux sur la fiscalité : René Stourm, *Le budget*, Guillaumin, 1896,3^e^ éd. ; Maurice Bouvier, *Introduction au droit fiscal général et à la théorie de l'impôt*, LGDG, 2007, 8e éd. Sur l'histoire de l'impôt, voir Gabriel Ardant, *Histoire de l'impôt*, Fayard, coll. Les grandes études historiques, 2 vol., 1971 et 1972 ; Emmanuel de Crouy-Chanel, *Le contribuable-citoyen : Histoire d'une représentation fiscale*, 1750-1799, thèse droit, Paris I, 1999 ; Benoît Jean-Antoine, *Les normes constitutionnelles financières en droit français de 1789 à nos jours*, thèse droit, Paris I, 2009 ; Marcel Marion, *Histoire financière de la France depuis 1715*, Rousseau, 1914, 2 vol. ; et *Dictionnaire des institutions de la France aux XVIIe et XVIIIe siècles*, Picard, 1968 ; A. Vinty, *Étude sur le régime financier de la France avant la Révolution de 1789*, Guillaumin, 1878, 2 vol. Sur la question précise du consentement à l'impôt, voir : André Barilari, *Le consentement à l'impôt*, Presses de Sciences-Po, 2000 ; Yves Thomas, *Essai sur le consentement à l'impôt aux derniers siècles de l'ancien régime (XVe – XVIIIe siècle),* thèse droit, Paris II, 1974 ; Benoît Jean-Antoine « Le principe du consentement de l'impôt et la constitution de l'ancienne France », *in Revue française des finances publiques*, octobre 2009, n° 108 ; Nicolas Delalande, « Le consentement à l'impôt en France : les contribuables, l'administration et le problème de la confiance », in *Revue d'histoire moderne et contemporaine*, 2009/2, n°56-2.

sont donc souvent des histoires de la résistance à l'impôt : faire l'histoire de la fiscalité revient à passer d'une révolte à l'autre, d'une explosion sociale à un soulèvement, de la description des formes de dissimulation de la matière imposable à l'énumération des innombrables manières de tourner la loi et d'échapper au fisc. Chercher à donner une consistance et une crédibilité à l'hypothèse d'un « consentement à l'impôt » s'apparente presque à une entreprise contre nature. Les publicistes intéressés par la question mettent volontiers en évidence le caractère purement formel de ce consentement donné par des assemblées peu ou pas démocratiques, soumises à la pression irrésistible de la puissance publique. Et pourtant c'est bien la société elle-même, et non pas un groupe de représentants, membres des États généraux et provinciaux, plus tard Chambre des députés et Assemblée nationale, qui consent implicitement à l'impôt. Le Tiers Etat, avant 1789, entend se placer sous l'égide d'un État monarchique producteur de sécurité ; à l'époque contemporaine, le consentement est plus que jamais présent : il se teinte de la préoccupation d'une plus grande justice fiscale, du souci d'élargir les missions de l'État à de nouveaux services publics. Ce n'est donc pas la résistance à l'impôt qui domine l'histoire de la fiscalité, mais bien l'acceptation de douloureux prélèvements, le consentement du groupe central des Français.

I. LE CONSENTEMENT IMPLICITE DU TIERS ÉTAT

La France est un très vieux pays où s'observe, sur un millénaire, la continuité de la volonté sociale. Au cœur de la société française, un monde immense est à l'œuvre depuis le Moyen Âge. Ce groupe central, c'est le Tiers Etat, avec ses bourgeois, ses paysans, ses artisans. Pour se libérer de la féodalité, de l'oppression des seigneurs, les forces vives du pays ont réclamé très tôt un État producteur de sécurité, garantissant à chacun, autant que possible, le premier droit de l'homme, celui de travailler en paix, sous la protection d'une véritable autorité publique chargée des tâches proprement régaliennes : la justice, la police du royaume, la garde des frontières. À plus long terme, le Tiers Etat fixe, plus ou moins consciemment, des objectifs que le pays devra s'efforcer d'atteindre : faire fructifier, au cœur de la société, le principe d'égalité proclamé par le christianisme, constituer avec patience et progressivement, par intégration des exclus et rabotage des privilèges, une immense « classe moyenne », qui n'est rien d'autre que le Tiers Etat émancipé et prospère. L'État offrira la protection de son droit et de son organisation aux propriétaires, aux épargnants, à cette constellation en expansion à partir du noyau de la bourgeoisie, véritable terre promise des pauvres et des prolétaires. Ce grand projet intégrateur vient de loin. Il n'y aurait jamais eu de 1789 si la France, dans ses profondeurs et dès le Moyen Âge, ne s'était pas identifiée à cette espérance.

Longtemps trop faible pour mener à bien son projet, le Tiers Etat s'en remet au roi. Le prince a donc reçu mandat, au moins tacite, de désarmer, de domestiquer tous ceux qui s'opposent à lui, c'est-à-dire à l'État, dont le pouvoir se concentre en sa personne. Et plus le temps passe, plus cet absolutisme se renforce. La noblesse est subjuguée, le clergé placé sous contrôle, le roi disposant par son droit de nomination des principales dignités et bénéfices ecclésiastiques. La bourgeoisie, elle aussi, est tombée dans l'orbite royale et la tutelle du monarque s'appesantit sur les paysans, comme sur les artisans et commerçants des villes.

Tout ceci est vrai. Rien de plus trompeur cependant que d'évoquer l'absolutisme hors de son contexte. Car le roi absolu n'est que l'instrument de la volonté du peuple qui seule indique, à la manière de l'aiguille d'une boussole, la direction à suivre. Édifier un véritable État sur le modèle romain, la mission royale est tacitement, mais clairement précisée. Faire preuve, dans cette entreprise, d'acharnement, d'entêtement, ne suffit pas ; il y faut aussi des moyens, et en premier lieu de l'argent. Le consentement à l'impôt est donc la conséquence logique de la mission, du mandat confié par le Tiers Etat au roi.

Ces affirmations ne peuvent pas manquer de susciter la controverse, car les juristes, et particulièrement les historiens du droit, entendent ne rien avancer qui ne soit étayé par des textes. Qu'est-ce donc, se demandent-ils, que ce mandat tacite confié au roi et qui, comme tel, n'a jamais laissé de traces écrites, pas plus d'ailleurs que le consentement implicite à l'impôt qui en est le prolongement naturel ? Au regard de l'historien du droit, le seul consentement qui vaille et qui puisse être pris en compte est le consentement à l'impôt expressément et explicitement formulé par les assujettis eux-mêmes ou leurs représentants.

Ce consentement formel exprimé, rien ne permet de le détecter à l'époque franque et féodale[1], en un temps où la fiscalité directe a pratiquement disparu, faute d'un cadastre et de recensements régulièrement tenus. L'impôt foncier et l'impôt personnel se sont depuis longtemps figés en un cens fixe réel ou personnel, là seulement où subsistent des documents fiscaux. En revanche, les impôts indirects, péages, tonlieux, se maintiennent, car ils sont plus faciles à percevoir : mais la coutume seule les accrédite, et non le consentement des intéressés. Seigneur parmi les seigneurs, le roi vit donc, comme eux, des revenus de son domaine[2], de son patrimoine foncier : la réserve, gérée en exploitation directe, les terres concédées à ses vassaux qui lui devaient l'aide aux quatre cas, et des droits de mutation : taxe de relief ou droit de quint, droits casuels sans périodicité définie. Les paysans qui avaient reçu directement une tenure, qu'ils fussent serfs ou roturiers, lui devaient une redevance annuelle, cens ou champart, et des droits de mutation, les lods et ventes qui entraient dans la catégorie des profits casuels. Pour les serfs, s'ajoutaient une taxe de chevage et des droits de mainmorte, selon les modalités de la coutume locale. Comme seigneur territorial disposant d'un pouvoir de commandement ou de ban, le roi disposait aussi de monopoles économiques avantageux[3]. Il tirait enfin de la possession exclusive de la justice territoriale et féodale des profits et des avantages variés[4].

Il est inutile ici d'entrer plus avant dans le détail. Ce qu'il importe de remarquer, c'est que le roi peut percevoir les ressources de son domaine, appelées ressources ordinaires, sans avoir besoin du consentement de ses sujets. Ces revenus relèvent en grande partie du droit patrimonial, du droit privé. Ils sont comparables en tous points aux revenus des autres

---

[1] Voir Pierre-Clément Timbal, *Histoire des institutions et des faits sociaux*, Dalloz, coll. des précis Dalloz, 1974, 5e éd., n° 162 ; Francis Garrisson, *Histoire des institutions publiques et des faits sociaux,* Faculté de Droit de Paris, coll. des cours de droit, 1966-1967, p. 174-175.

[2] Voir Lydvine Scordia, *Le roi doit vivre du sien. La théorie de l'impôt en France, XIIIe et XVe siècles*, Paris, Institut d'études augustiniennes, 2005 ; Francis Garrisson, *op. cit.*, p. 428-429 ; Pierre-Clément Timbal, *op. cit.*, n° 704-705.

[3] Francis Garrisson, *op. cit.*, p. 431-432.

[4] *Ibid.*, p. 432-433.

seigneurs du royaume ; bref, les finances royales ont encore un caractère seigneurial[5].

Or, la seigneurie va s'affaiblir. Elle vivait souvent de prélèvements variables, imprévisibles qui s'apparentaient parfois au pillage ou à la réquisition organisée. L'impôt, par essence, ne s'accommode pas de l'arbitraire[6]. Dans la France du Moyen Âge, on observe que les corvées se restreignirent au profit d'un cens, d'une redevance fixe, que la taille seigneuriale d'abord incertaine se heurta à la résistance des communautés paysannes (on finit par s'abonner) qu'elle ne demeura arbitraire que pour les serfs ; de même, au XIIIe siècle, le servage disparut progressivement contre versement d'une somme payée une fois pour toutes ou fixation d'une somme à payer annuellement. Les villes s'arrachent à l'emprise du seigneur[7]. La suppression de l'arbitraire fiscal tient une grande place dans les chartes de franchise et les chartes de communes. La taille est souvent abolie et, avec elle, certains droits seigneuriaux : les banalités, le chevage, la mainmorte. Les obligations des bourgeois envers le seigneur sont limitées et fixées. La procédure, les amendes et les frais de justice sont établis avec précision. Le seigneur ne peut plus commettre d'exactions. D'anciens impôts seigneuriaux deviennent municipaux, votés par l'assemblée des habitants qui contrôle aussi les dépenses. On essaie de proportionner les impôts aux fortunes, de les affecter à des dépenses bien définies. Le mouvement communal sape l'autorité des seigneurs : la protection militaire offerte par ces derniers paraît moins utile depuis que les villes sont fortifiées ; la bourgeoisie urbaine, désormais, se tourne vers le roi.

Avec le roi, il est question de reconstruire un État, d'équiper une armée disciplinée, de relever une justice dont l'exercice ne soit pas abandonné à des particuliers. La constitution d'une monarchie administrative n'est donc pas exactement la conséquence de l'ambition des souverains ; ce qui est déterminant, ce sont la volonté et l'appui de la population ; elle trouve, dans cette entreprise, la promesse d'un minimum d'ordre.

---

[5] Pierre-Clément Timbal, *op. cit.*, n° 704.

[6] Gabriel Ardant (*op. cit.*, I, p. 299-311) développe cette idée.

[7] Voir une bonne synthèse sur le mouvement communal dans Jacques Ellul, *Histoire des institutions de l'époque franque à la Révolution*, PUF, coll. Thémis, 1964, 4e éd., p. 192-204.

Contrairement à ce qu'affirme Gabriel Ardant[8], l'État ne s'est pas édifié pour répondre aux besoins des finances publiques ; tout au contraire, le prodigieux essor des finances publiques n'a fait qu'accompagner, comme une nécessité impérieuse, l'institution et le développement de l'État. Cet appareil de puissance publique est coûteux, avec sa hiérarchie de soldats et de fonctionnaires payés par l'autorité centrale. L'administration ne repose plus sur le service féodal. La vénalité des offices procure des ressources, mais les gages des officiers pèsent lourdement sur le budget, sauf s'ils sont rémunérés par les usagers sous forme d'épices ; pour se gagner les faveurs de la noblesse, le roi doit entretenir une cour, verser des pensions et des gratifications ; l'armée, peuplée de mercenaires, dotée d'une artillerie, est un gouffre pour les finances publiques[9]. Les ressources ordinaires, le produit du domaine sur lequel le roi avait longtemps vivoté, ne suffisent plus ; il faut les doubler par des ressources extraordinaires qui, à la différence des revenus du domaine, exigent le consentement des sujets. Ces ressources extraordinaires portent un nom : l'impôt.

Sur le moment de ce basculement d'une fiscalité de type féodal, assise sur le produit du domaine, à une fiscalité d'allure « moderne » adossée à l'impôt, les historiens sont à peu près d'accord : il correspond à la période 1430-1445 où s'établit de façon définitive l'impôt direct, la taille royale, en liaison avec la création de l'armée permanente. L'ordonnance de 1439, dont on admet souvent qu'elle constitue l'acte de naissance de la taille, avait pour objet principal l'enrôlement dans des formations régulières des bandes qui avaient combattu ou pillé durant la guerre de Cent Ans. L'opération consistait donc à transformer ces bandes qui vivaient sur le pays en troupes régulièrement soldées[10].

Ici surgit une contradiction qui se formulera ainsi : la dépense permanente exigée par l'entretien d'une armée permanente ne saurait être couverte que par des ressources permanentes ; or l'impôt, qui relève des recettes extraordinaires, est de débit incertain ; il doit toujours être consenti, le roi n'ayant pas le droit de taxer librement ses sujets ; seuls les

---

[8] *Op. cit.*, I, p. 10.

[9] *Ibid.*, I, p. 241.

[10] Sur la distinction des finances ordinaires et des finances extraordinaires et sur la création de la taille royale, voir Francis Garrisson, *op. cit.*, p. 789 ; Pierre-Clément Timbal, *op. cit.*, n° 704 ; Gabriel Ardant, *op. cit.*, I, p. 238-239.

non-libres peuvent être imposés contre leur volonté. Alors qu'adviendrait-il si les sujets en venaient à refuser leur consentement et repoussaient l'impôt demandé par le roi ? L'hypothèse a peu de chances de se produire, car l'impôt est étroitement lié à la construction de l'État : sans impôt, pas d'État, plus de cette entreprise monarchique soutenue avec passion par le Tiers Etat. Et la mise en place d'une armée permanente présente de tels avantages que la population française, raisonnable et réfléchie, ne repoussera pas la taille indispensable au paiement des soldats.

Il reste que l'impôt doit être explicitement consenti par le truchement des États généraux qui accueillent, à partir des assemblées de 1302 et de 1308, les représentants des communes aux côtés des représentants des deux autres ordres. Ce consentement donné par les États Généraux fait question. Car de deux choses l'une : ou bien l'assentiment du peuple est évident, indiscutable, et il n'est nul besoin de le doubler d'une approbation formelle par les États ou, au contraire, l'assentiment tacite de la population est si peu sûr que l'acceptation explicite d'une assemblée n'arrangera rien en démontrant que le rôle des contribuables est complètement passif. Un examen de la manière dont les choses se passent montre d'ailleurs que le rôle des États Généraux est plus symbolique que réel. En premier lieu, le droit d'être convoqués à intervalles réguliers, cette périodicité de leurs réunions, ils ne l'obtiendront jamais. Le roi les réunit souvent dans la première moitié du XIVe siècle, vers la fin de la guerre de Cent Ans, et, à partir de 1560, dans la phase la plus active des guerres de religion. En revanche, on relève une absence à peu près complète d'États Généraux de Louis XI à Henri II et, de 1614 à 1789, le roi se dispense de les convoquer : les incessantes chamailleries entre les trois ordres l'ont indisposé, comme le refus des subsides voté par les assemblées de 1560 et de 1576. Dans le même temps, les États Provinciaux, qui intervenaient après les États Généraux et obtenaient parfois un rabais, disparaissent, province après province : ceux du Dauphiné en 1628, ceux de Normandie en 1655, ceux d'Auvergne en 1680[11].

Au total, les États Généraux ne devinrent jamais un véritable rouage constitutionnel[12]. Ils avaient conservé leur structure féodale alors que la

---

[11] Gabriel Ardant (*op. cit.*, I, p . 461-463) évoque ces États Provinciaux.

[12] Francis Garrisson, *op. cit.*, p. 729-731.

monarchie avait déjà atteint le stade de la souveraineté. La division en trois ordres faisait obstacle à la cohésion et à l'efficacité de leur action. Leur rôle était étroitement délimité. Dès lors qu'ils avaient consenti à la levée de tel impôt, ce consentement était considéré comme définitif et un vote n'était plus nécessaire que pour les impôts nouveaux. Les États Généraux ne sont donc pas arrivés à donner naissance à un véritable régime représentatif[13]. Ils manquaient au fond d'un appui populaire[14]. Les rassembler coûtait cher. Beaucoup de réunions aboutissaient à des levées fiscales. L'opinion manifestait plus de confiance au roi qu'aux gens des États. Ceux-ci, on ne les plaignait guère d'être si peu écoutés lorsqu'ils présentaient les doléances de leurs ordres respectifs ; nul ne s'inquiétait de la non-périodicité et des longues éclipses de ces assemblées.

Le roi est soutenu par ses sujets dans l'exacte mesure où il est fidèle à son mandat. Ce soutien n'a pas besoin d'être attesté officiellement. Le consentement à l'impôt délivré de manière explicite par les États Généraux et Provinciaux n'a rien d'indispensable. Ce consentement est souhaitable dans la mesure où il permet d'obtenir quelques avantages, quelques rabais à la marge ; il conserve une valeur théorique et sa fonction symbolique comme manière de rappeler que le roi est soumis à la volonté de son peuple. Mais ce n'est pas dans le consentement explicite des États Généraux que se concentre la puissance agissante de la démocratie ; elle trouve à s'incarner dans la personne même du roi, et ce consentement tacite du peuple fournit une réserve de force presque illimitée au monarque. Les ambassadeurs étrangers en sont frappés au XVIe siècle. Giustiniano, qui représente Venise, remarque en 1535 : « Non seulement il (le roi) est fort par les armes, mais par l'argent aussi et le dévouement de son peuple. Son revenu ordinaire est de deux millions et demi d'écus, mais il peut augmenter les tailles à plaisir. Plus ses peuples sont grevés plus ils payent gaiement ». Par la suite, d'autres ambassadeurs insistent sur la facilité avec laquelle les rois de France peuvent faire appel à la fortune de leurs sujets. « Ce dévouement, déclare l'un d'eux, vaut la peine d'être remarqué comme une chose unique dans le monde chrétien, comme un des grands fondements de la puissance de

---

[13] Gabriel Ardant, *op. cit.*, I, p. 536.
[14] Francis Garrisson, *op. cit.*, p. 721.

ces rois »[15]. Certes, les contribuables persiflent les ministres, les assemblées et l'administration, font des couplets contre l'autorité et chantent des chansons. « Qu'ils chantent, qu'ils chantent, pourvu qu'ils paient », disait le cardinal Mazarin. Et les Français ont toujours payé, sauf dans les premières années de la Révolution.

Soit, répondra-t-on, mais que pouvaient-ils faire d'autre ? Eh bien, il leur était presque toujours possible de se révolter, de conduire contre le fisc de grands mouvements de protestation, de dures guérillas. Certains présentateurs de l'histoire des impôts eurent parfois un peu trop tendance à mettre en exergue la révolte contre l'impôt[16] pour mieux dissimuler l'acquits du consentement à l'impôt. Des révoltes, sans nul doute, éclatèrent en de multiples circonstances et dans les lieux les plus divers, mais elles ne prirent jamais un caractère continu, systématique, irrésistible. Elles agissaient plutôt comme des coups de boutoir, des actions brutales et sporadiques. Il y eut donc des périodes riches en révoltes fiscales : du début du XIVe siècle au milieu du XVe siècle, des années 1640-1650 aux années 1720-1730, avec le pic de la véritable insurrection de 1675. Mais en d'autres temps, l'agitation retombe : Louis XI a beau avoir besoin d'argent, les révoltes fiscales, sous son règne, ne sont ni très violentes ni très durables ; sous François Ier, les ambassadeurs vénitiens, nous l'avons noté, insistent sur la facilité des rentrées fiscales, sans doute à cause de l'essor du commerce méditerranéen[17].

Les mouvements de révolte n'altèrent donc en rien la réalité substantielle du consentement tacite à l'impôt ; elles s'expliquent d'abord par le fait que l'impôt pèse sur une population au niveau de vie très bas, que le prélèvement fiscal prive quelquefois du nécessaire. Le roi est conscient de la situation. La création monétaire, il l'a, bien sûr, envisagée ; mais il n'a pas le soutien d'une banque comme la banque d'Angleterre, créée en 1694 et disposant du droit d'émettre des billets. En France, l'épisode de John Law a ruiné la confiance dans le papier-monnaie ; en 1776 seulement la Caisse d'escompte en émettra de nouveau. Faute d'avoir le courage de lancer une réforme financière, le roi vit d'expédients : anticipation sur les revenus, mutations monétaires,

---

[15] Ces citations d'ambassadeurs sont tirées de Gabriel Ardant, *op. cit.*, I, p. 243.
[16] Gabriel Ardant en est un bon exemple.
[17] Sur ces révoltes fiscales, voir Jean Nicolas, *La rébellion française. Mouvements populaires et conscience sociale 1661-1789*, Seuil, 2002.

création d'offices, emprunts. Les prêteurs exigent d'onéreuses garanties. On en revient donc toujours aux impôts.

Les impôts directs sont perçus en régie par les agents du roi. Boisguilbert[18] insiste sur l'arbitraire de la taille, impôt de répartition dont le montant, fixé par le Conseil du roi, est réparti entre les généralités, puis par l'intendant entre les paroisses, et par les assemblées de paroisses entre les particuliers. Ces particuliers finissent par payer une taille personnelle sans rapport avec leurs revenus, tantôt beaucoup très faible et tantôt excessive. Boisguilbert lui préfère donc la taille réelle du Midi de la France, qui repose sur des cadastres, les compoix, qui prennent en compte la valeur et la superficie des terres : cette taille est fixe ; l'arbitraire a disparu. Encore faut-il que les éléments d'appréciation soient sûrs. Vauban, dans sa dîme royale, préconise un prélèvement sur le produit brut de la terre inspiré de la dîme ecclésiastique[19]. Mais Turgot observera qu'une dîme en nature levée sur la récolte d'une propriété médiocre sera finalement beaucoup plus lourde que celle qui est levée sur un sol de qualité. En 1787, devant l'assemblée des notables, Calonne fera varier le taux de l'impôt suivant la valeur des terres.

La taille est injuste aussi par le fait qu'elle épargne les deux ordres privilégiés, la noblesse et le clergé. La grande nouveauté des impôts créés par Louis XIV, et notamment de la capitation, tient au fait qu'ils frappent sans distinction tous les sujets du roi, répartis en 22 classes taxées de 1 à 2000 livres. Cet impôt direct, né en 1695, suppose un recensement fiable de la population, donc une bonne organisation administrative mais son caractère forfaitaire la rend trop légère pour les uns et trop lourde pour les autres[20]. Quant aux impôts indirects, les aides, les traites, la gabelle, ils sont, à la fin de l'Ancien Régime, concédés à une compagnie de financiers, la Ferme générale, dont les abus, particulièrement voyants, provoquent le mécontentement des assujettis et une impopularité contagieuse. Necker lui retirera les aides et la perception des revenus du domaine, et la Constituante généralisera le système de la régie[21].

---

[18] Sur Boisguilbert, voir Gabriel Ardant, *op. cit.*, I, p. 369-375.

[19] *Ibid.*, I, p. 381-389.

[20] *Ibid.*, I, p. 392-396.

[21] La Ferme est évoquée par Francis Garrisson, *op. cit.*, p. 1041-1044, et par Pierre-Clément Timbal, *op. cit.*, n° 720.

En définitive, au long du Moyen Âge et de l'Ancien Régime, rien n'a pu ébranler le consentement tacite à l'impôt, traversé de rares éclairs de révolte : ni la lourdeur des prélèvements, plus pesants, semble-t-il, que dans d'autres pays, ni l'injustice d'une fiscalité directe (la taille), qui exonère les privilégiés, ni les imperfections de l'assiette de la taille réelle ou de la répartition de la taille personnelle, ni la préférence donnée aux impôts indirects, qui frappent davantage les pauvres que les riches et sont affermés à des traitants abusifs. Les Français paraissent tout supporter presque sans broncher ; c'est encore une fois que le projet qu'ils ont en tête, celui d'un État producteur d'une sécurité indispensable au travail paisible et fructueux, ce projet exige d'être financé ; chacun le sait bien, l'admet et a donné son consentement tacite au roi, chargé de le mener à son terme.

Pour cette longue période qui court du Moyen Âge à la Révolution, on ne saurait trop revenir sur la distinction, absolument fondamentale, du consentement implicite donné par le Tiers Etat lui-même, et du consentement explicite accordé par différentes assemblées et compagnies, États Généraux, États Provinciaux, Parlements. Force est de constater que le consentement explicite fut rarement sollicité. René Stourm a noté fort justement que « l'impôt jusqu'en 1789 ne tira presque jamais son origine de la sanction des représentants du pays »[22]. Benoît Jean-Antoine en conclut que « le consentement à l'impôt n'est pas une coutume intangible puisque ce principe a été constamment bafoué par la volonté royale »[23]. Dès lors qu'il est question du consentement explicite d'assemblées qualifiées, l'acquiescement obligatoire ne relève pas d'une règle de droit positif et encore moins des lois fondamentales[24]. Mais il faut s'entendre : le roi peut se passer de ce consentement explicite, institutionnel, dans la mesure où le consentement tacite, implicite, silencieux, souterrain, de son peuple lui est acquis. Ce consentement nécessaire et suffisant va brusquement lui manquer à la fin du XVIIIe siècle.

---

[22] René Stourm, *op. cit.*, p. 31.
[23] Benoît Jean-Antoine, « Le principe du consentement... », *op. cit.*, p. 105.
[24] *Ibid.*

II. Le temps des incertitudes et du consentement défensif

Très tardivement, dans les dernières décennies de l'Ancien Régime, les Français semblent refuser, pour la première fois, leur implicite consentement à la levée des impôts. Ils renâclent devant la hauteur de l'obstacle à franchir, face à l'alourdissement régulier et comme inexorable de la charge fiscale. Un frémissement d'opposition parcourt l'opinion publique. Signe que le consentement implicite manque, on assiste au retour en force de l'exigence d'un consentement explicite. La contestation est désormais menée par les Parlements auxquels le Régent a rendu en 1716 leur droit de remontrance : ils entendent désormais juger de l'opportunité de toutes les mesures fiscales prises par le gouvernement royal. Énoncée pour la première fois par le Parlement de Normandie dans des remontrances du 10 mai 1760, la « théorie de l'interstice »[25] les autorise, en l'absence des États Généraux, à confisquer à leur profit et au nom de la nation l'indispensable consentement. La monarchie multipliant, sur ces entrefaites, les créations d'impôts non consentis, le Parlement de Paris produit, le 3 mai 1788, une « Déclaration des lois fondamentales du royaume », liste des règles constitutionnelles coutumières, dont il serait le gardien, dans laquelle figure, au deuxième rang, le consentement national à l'impôt par l'organe des États Généraux[26].

Le 17 juin 1789, les États Généraux se proclament Assemblée nationale. Un décret pris ce même jour fait du consentement à l'impôt un « principe constitutionnel et à jamais sacré, authentiquement reconnu par le roi et solennellement proclamé par toutes les assemblées de la Nation ; principe qui s'oppose à toute levée de deniers et de contributions dans le royaume, sans le consentement formel des représentants de la Nation »[27]. Ces représentants de la Nation, ce sont les membres de la nouvelle Assemblée nationale qui va se transformer le 3 juillet suivant en

---

[25] Cette théorie est commentée dans : *ibid.*, p. 122, et par Marcel Marion, *op. cit.*, t. I, p. 399 et s.

[26] Benoît Jean-Antoine, « Le principe du consentement… », *op. cit.*, p. 123.

[27] *Ibid.*, p. 124.

Assemblée nationale constituante. Des Parlements et des États Généraux, il n'en est plus question : le tourbillon révolutionnaire les a balayés.

En attendant d'indispensables réformes, le consentement populaire fait défaut. Au cours des années 1789 et 1790, le recouvrement des impôts directs est plus que médiocre. Barrières d'octroi, bureaux de contrôle : toute l'armature des impôts indirects est mise en pièces par la population. De nombreux fermiers généraux, dont on sait à quel point ils étaient détestés, seront guillotinés sous la Convention. Confiscation des biens d'Église, de la couronne, des émigrés, fabrication effrénée de papier-monnaie : avec la disparition de l'impôt, l'État en est réduit aux expédients. Cette situation ne peut pas durer. Les dirigeants révolutionnaires voient bien que sans impôts au rendement suffisant et régulier, c'est-à-dire sans l'adhésion tacite de la population à une nouvelle fiscalité, on ne parviendra pas à remettre en route la machine étatique. Il ne faudrait pas que se dessine un mouvement de rejet de l'impôt analogue à celui qui a touché les droits féodaux que les paysans, à partir de juillet 1789, refusent obstinément de payer. Le principe même de l'impôt serait touché, de cet impôt permanent tacitement accepté depuis des siècles par ces Français qui ont lié leur sort à l'édification de l'État. Un pareil rejet général était jusqu'alors de l'ordre du tabou, de l'impensable. Mais nous sommes désormais en Révolution, et les Français semblent prêts à aller au bras de fer, si les exigences qu'ils posent et d'abord l'éradication de l'arbitraire fiscal ne sont pas prises en considération.

Éradication de l'arbitraire : vaste programme ! L'impôt, d'abord, ne doit plus échapper à l'examen et à la décision des assujettis ou de leurs représentants. La Déclaration des droits de l'Homme pose ainsi, le 26 août 1789 : « Tous les citoyens ont le droit de constater, par eux-mêmes ou par leurs représentants, la nécessité de la contribution publique, de la consentir librement, d'en suivre l'emploi et d'en déterminer la quotité, l'assiette, le recouvrement et la durée ».

Cet article 14 appelle quelques commentaires. S'il a été inséré dans la déclaration, c'est qu'il convient de donner toute sa portée solennelle au principe même de l'impôt, à son absolue nécessité. La « nécessité » dont parle l'article 14 ne concerne donc pas l'impôt dans sa généralité, mais telle contribution particulière ou nouvelle, dont l'opportunité et les modalités seront soumises à un débat. En ce sens, le consentement ne porte plus que sur « la quotité, l'assiette, le recouvrement et la durée » de chacune des contributions envisagées. Ce consentement, les citoyens le donnent « par eux-mêmes ou par leurs représentants ». Qu'est-ce à dire ?

L'article paraît postuler une sorte d'équivalence des deux modalités de consentement. Mais on peut se demander si le consentement « par eux-mêmes » n'est pas uniquement là pour accréditer ou cautionner les représentants comme mandataires de la nation avec laquelle ils entendent se confondre. On ne voit d'ailleurs pas clairement comment les citoyens pourraient faire « par eux-mêmes » le constat de la nécessité de l'impôt. La formule de l'article 14 traduit cependant une poussée de l'exigence démocratique : les Constituants ont parfaitement senti que le groupe central des Français, par-delà ses représentants, se réservait son droit irrécusable, et que sans la pesée de son consentement tacite, diffus, porté par l'opinion publique, rien dans le domaine de l'impôt, ni du reste dans les autres matières, ne saurait être durablement établi. Ce qu'indique au fond l'article 14, c'est que l'impôt, pour s'incorporer la volonté des Français, doit perdre son caractère arbitraire pour se transformer en une véritable « contribution ».

Concrètement, la Révolution a supprimé les ordres et, avec eux, les privilèges de la noblesse et du clergé ; la dîme et les droits féodaux ont été abolis, tout comme les impôts indirects, rejetés par les Français, en raison de leur mode de perception, abandonné à la Ferme générale, et de leur caractère injuste, puisqu'ils pesaient également sur les pauvres et sur les riches. L'Empire, il est vrai, les rétablira. Surtout, la refonte des impôts directs est décidée et les « quatre vieilles » contributions, instituées au cours de la décennie révolutionnaire, subsisteront jusqu'à la guerre de 1914. La contribution foncière, dans un pays où la terre est encore la principale source de richesse, fournit de loin l'apport le plus important. La contribution mobilière, la patente et l'impôt sur les portes et fenêtres créé par le Directoire complètent la liste des impôts directs qui reposent, non sur une déclaration de revenus, mais sur la taxation des signes extérieurs de richesse. L'autre principe est celui de la proportionnalité qui implique qu'à richesse égale les contribuables versent une même proportion de leurs revenus au Trésor public. La justice fiscale a ses exigences : les Français consentent à payer l'impôt à la condition que chacun assume sa part du fardeau collectif, et d'abord les propriétaires fonciers. Pour éviter les abus, Napoléon procèdera à l'établissement d'un cadastre. Le système métrique, le Code civil, le cadastre : tout doit être mesuré, classé, rangé par catégories, afin de faciliter la tâche de l'État.

L'arbitraire doit donc être écarté par tous les moyens. Mais pour que l'impôt puisse être accepté par le pays dans son principe et dans ses modalités, une deuxième condition est exigée, au moins aussi impérative que la première : sa limitation ou, si l'on préfère, son plafonnement. Cette revendication, qui s'affirme avec force sous la Restauration et la monarchie de Juillet, est démocratique plus encore que libérale. Elle implique certes, et la perspective ici est bien libérale, un strict contrôle des dépenses publiques et le cantonnement de l'État à ses missions régaliennes[28]. Mais elle est pour l'essentiel démocratique, les deux ensembles du consentement populaire tacite et du consentement explicite donné par les assemblées parlementaires en venant à coïncider exactement dans la mesure où les Français paraissent déterminés à payer moins d'impôts, tandis que, de son côté, le Parlement conduit une politique fiscale très prudente. Cette phase de modération fiscale fait un peu exception dans notre histoire. Les Français n'avaient jamais rechigné au Moyen Âge et sous l'Ancien Régime à acquitter de lourdes contributions pour construire cet État fort conforme à leurs vœux. Voilà qu'après les violents soubresauts de la Révolution et de l'Empire, le pays ne semble plus aspirer qu'à la paix, à la tranquillité. En outre, l'État reste un État de conformation traditionnelle ; on a pris l'habitude, à son propos, de parler d'un « État-gendarme ». La révolution industrielle le contraindra plus tard à se remobiliser lentement: mais elle ne fait que pointer à l'horizon.

La démocratie française est donc une démocratie de petits propriétaires, paysans, artisans, boutiquiers que la Révolution a émancipés en disséminant la propriété par tous les moyens : partage des Biens nationaux, abolition des droits féodaux, proclamation de l'égalité successorale entre tous les enfants, garçons et filles, du de cujus, suppression des corporations… Ici encore, ce n'est ni la « bourgeoisie », ni le libéralisme économique, synonyme de grande propriété, de concentration capitaliste, qui triomphe. Et la multitude des petits propriétaires confortés dans leur droit sait ce qu'elle veut : introduire davantage d'égalité dans la société sans commotion, sans atteinte à la propriété dont la Déclaration de 1789 a fait un « droit inviolable et sacré ». On fera justement observer que, de 1814 à 1848, en régime

---

[28] Pour une présentation synthétique du système fiscal français au XIXe siècle, on lira Jean Bouvier, « Le système fiscal français au XIXe siècle. Étude critique d'un immobilisme », *in* Jean Bouvier, Jacques Wolf (éd.), *Deux siècles de fiscalité française, XIXe –XXe siècles. Histoire, économie, politique,* Mouton, 1973 et Maurice Lévy-Leboyer, Michel Lescure et Alain Plessis (éd.), *L'impôt en France au XIXe et XXe siècle*, Cheff, 2006.

censitaire, ces petits propriétaires ne votent pas : mais les Chambres font valoir très exactement leurs intérêts et leur volonté, qui tient en peu de mots : la propriété étant le fondement du pacte social, l'impôt ne devra jamais menacer les Français dans la paisible jouissance de ce qui leur appartient. Le consentement tacite des Français, comme le consentement explicite des Chambres qui en est l'exact prolongement a donc pris à cette époque une tournure purement défensive. Moins d'impôts, cela suppose un contrôle serré de la dépense publique. Précisément, le principe de la spécialisation budgétaire s'imposa sous la Restauration. Au départ, le vote était global et le budget voté dans son ensemble. À partir de 1817, le vote intervint par ministère puis, à partir de 1827, par sections spécialisées à l'intérieur de chaque ministère. L'examen du budget en devenait plus minutieux et plus détaillé : en 1831, il intervint chapitre par chapitre. En définitive, les dépenses de l'État ne représentent qu'un pourcentage constant, et assez faible en comparaison des chiffres actuels, du produit national brut : 11,6 % en moyenne entre 1835 et 1844, 13,1 %, de 1855 à 1865. Cette période de stabilité se prolonge jusqu'en 1914. Au cours de la période 1905-1913, les dépenses de l'État ne représentent encore que 14,7 % du produit national brut. Ce pourcentage avait culminé à 18,8 % de 1885 à 1894, à un moment de ralentissement de la croissance économique[29].

Un rythme soutenu de croissance économique est donc le premier facteur de stabilisation du prélèvement fiscal. Or le produit national brut français est passé, en millions de francs, de l'indice 5 097, pour la décennie 1781-1790, à l'indice 25 814 entre 1905 et 1913 : il a donc été multiplié par cinq[30]. Il n'y a rien d'étonnant à ce que le budget de l'État suive la même progression : d'un milliard sous la Restauration, il passe à 2 milliards vers 1860, trois vers 1875, quatre vers 1905, cinq en 1911[31]. Et pourtant, le poids de l'impôt ne varie guère au cours de ce siècle.

C'est ici qu'intervient le deuxième facteur de stabilité : la structure de la société s'est peu modifiée des temps napoléoniens à la guerre de 1914. À la veille de la grande conflagration, la France reste un pays de petits propriétaires et de petits producteurs indépendants. La révolution industrielle n'a pas encore ébranlé l'arborescence interne du pays : le

---

[29] Chiffres fournis par Gabriel Ardant, *op. cit.*, II, p. 276.
[30] *Ibid.*
[31] *Ibid.*, II, p. 260.

salariat de manufacture y reste largement minoritaire, tandis que la lente migration des paysans vers les villes, dont s'alarme un René Bazin dans son roman *La terre qui meurt*, est compensée par la forte augmentation du nombre de petits commerçants. L'opinion de ce groupe central sur l'impôt n'a pas varié depuis la première moitié du XIXe siècle, et le consentement qu'il accorde est purement défensif. Ce consentement n'est plus donné tacitement : le suffrage universel traduit la volonté des électeurs, notamment des paysans portés par le député de l'arrondissement au Parlement. L'adéquation est clairement posée entre la volonté du peuple souverain et la décision en matière fiscale et budgétaire de ses représentants parlementaires. Beaucoup plus qu'à l'époque du suffrage censitaire, le pouvoir législatif, incarnation de la volonté nationale, est désormais l'indiscutable détenteur de la prérogative fiscale. Et le Parlement républicain rappelle volontiers, dans les années 1870-1914, que les impôts ne sont établis que pour les nécessités indispensables. Ainsi l'impôt sur le revenu, qui figurait déjà, en 1869, dans le fameux programme de Belleville du candidat républicain à la députation Léon Gambetta, ne sera adopté que près d'un demi-siècle plus tard, en 1914, non sans une longue résistance du Sénat.

Le suffrage universel et la démocratie représentative rendent compte de la confiance des citoyens dans le fonctionnement de leurs institutions. L'administration fiscale joue aussi son rôle : elle apporte un grand soin à améliorer l'image et l'efficacité de ses agents, transformant le recrutement des percepteurs pour en faire un corps de fonctionnaires compétents, impartiaux et dévoués[32]. La réorganisation vise à en faire un service public de proximité, de manière à réduire le coût en temps et en argent qu'implique le fait de se rendre chez le percepteur[33]. On entend aussi mettre l'accent sur la capacité des contribuables à s'exprimer et à peser sur les décisions de l'institution à l'occasion du dépôt de plaintes ou de réclamations auprès de l'autorité préfectorale[34].

À mesure que des changements s'opèrent, lentement, mais inexorablement, dans la structure de l'économie et de la société, la posture des citoyens va d'ailleurs se modifier et le consentement à

---

[32] Nicolas Delalande, *op. cit.*, p. 4.
[33] *Ibid.*, p. 6-7.
[34] *Ibid.*, p. 8.

l'impôt, de purement défensif, va prendre un caractère plus ouvert, plus déterminé et plus offensif.

III. LE CONSENTEMENT OFFENSIF CONTEMPORAIN

La révolution industrielle et la généralisation du salariat posent, de manière encore timide, la question de l'État social, destiné à doubler, à étoffer le vieil État-gendarme. L'intervention directe de l'État dans l'économie est envisagée. La généralisation de l'obligation scolaire conduit à la création de dizaines de milliers de postes d'instituteurs. Or, de manière insensible, officieuse et tacite, et sans renoncer à la prudence qui est celle de ce monde de petits propriétaires, les Français paraissent accepter la perspective de cet État social qui signifie augmentation de la dépense publique et donc de la charge fiscale.

Un autre argument est susceptible de les entraîner : celui de la justice fiscale. On les convaincra d'autant plus aisément que sera invoqué le mot magique de « réforme », que l'annonce d'une aggravation des impôts sera aussitôt liée à celle de leur meilleure et plus juste répartition. Le radical Joseph Caillaux, pour « vendre » son projet d'impôt sur le revenu au Parlement rétif, pour lever le blocage sénatorial, mit donc en avant, de 1907 à 1914, la nécessité d'établir la justice fiscale. Il insista d'abord sur les iniquités et les absurdités du système fiscal français : part trop élevée des contributions indirectes, qui lésait les petits revenus (en 1907, l'impôt sur la consommation représentait 58 % des recettes de l'État, et les contributions directes 14,2 %), inégalité entre les régions, la contribution foncière non bâtie et la taxe sur les loyers variant d'une ville à l'autre et de département à département, aberration de l'impôt sur les portes et fenêtres, qui incitait les propriétaires à murer les ouvertures de leurs maisons et appartements. Bref les « quatre vieilles » étaient désormais bien archaïques et source de graves injustices. Le XIXe siècle avait résolument ignoré la progressivité de l'impôt. En créant l'impôt général sur le revenu, Joseph Caillaux en fit un impôt légèrement progressif. Cet impôt devait être acquitté par tous les contribuables sur leurs revenus supérieurs à 5000 francs. Son taux allait de 0,20% jusqu'à 5500 francs à 4 % pour les fortunes supérieures à 100 000 francs. Ces pourcentages restaient faibles ; en marquant de la modération, il fallait rester à l'écoute des contribuables et du Parlement. Cet impôt général, ou complémentaire, se superposait à sept catégories ou « cédules » de revenus, taxées à un taux variant de 3 à 4 % selon les cédules[35].

L'impôt sur le revenu était donc juste en ce qu'il permettait, par sa progressivité, d'atteindre davantage les riches. Il l'était surtout du fait de l'abandon de l'imposition sur les signes extérieurs au profit de la déclaration. Les « quatre vieilles » reposaient en effet sur les signes extérieurs de richesse. Dans ce système, l'administration n'avait pas à connaître les revenus des individus pour déterminer le montant de leur impôt. C'est en observant un certain nombre d'indices matériels : taille de l'habitation, valeur locative, nombre de portes et fenêtres, emploi de domestiques que l'administration se faisait une vague idée des ressources des contribuables. On imagine aisément les dangers d'un tel système. Certes, celui qui payait un loyer plus élevé avait vraisemblablement un revenu plus important que celui qui était modérément taxé ; certes, le nombre de fenêtres avait quelque rapport avec la valeur de la maison. Mais ces rapports étaient approximatifs. La patente, par exemple, faisait payer le même impôt à deux commerçants, qui, dans des locaux analogues, réalisait des chiffres d'affaires et des bénéfices très différents. Les contributions locales, qui reposaient sur des centimes additionnels aux impôts d'État, présentaient le même caractère aléatoire[36]. En raison des besoins croissants de l'État, les signes extérieurs dévoilaient leurs limites. Il faut maintenant s'efforcer d'évaluer les ressources des citoyens, dans leur réalité et non plus seulement dans leur apparence. Pour cela, l'impôt sur le revenu fera confiance aux contribuables qui devront, dans leur déclaration envoyée à l'administration, faire preuve d'honnêteté et de civisme[37]. Ce fort degré de confiance entre les citoyens et l'institution fiscale est mis en évidence par le simple fait que les Français, à la différence de tant d'autres peuples, paient leurs impôts sans regimber, signe d'un consentement, intériorisé par la conscience collective, aux nouvelles obligations imposées par la guerre et, au-delà,

---

[35] Voir Myriam Frajerman et Dominique Winock, *Le vote de l'impôt sur le revenu, 1907-1914*, Publications de l'AUDIR, Hachette, 1973 ; Jean-Claude Allain, « Joseph Caillaux, promoteur de l'impôt général sur le revenu », *Études et documents*, XI, 1999 ; Jean-Denis Bredin, *Caillaux*, Hachette, 1980; « L'an I de l'impôt sur le revenu », *Le Monde*, 16 et 17 février 1997 (article signé BLG).

[36] Gabriel Ardant, *op. cit.*, t. II, p. 351.

[37] Nicolas Delalande, *op. cit.*, p. 12-13.

par la perspective d'une prodigieuse extension de ce qui n'est encore que l'embryon d'un État social. Après avoir longtemps traîné dans les cartons des ministères, la réforme de Joseph Caillaux vient à son heure. Contribuables et parlementaires ont longtemps hésité : ils sentaient bien que l'impôt sur le revenu, pour être plus juste que les anciennes contributions, serait aussi plus lourd et susceptible d'aggravations continuelles ; la justice fiscale n'était au fond que l'accessoire de l'efficacité, du rendement, véritables objectifs de Joseph Caillaux.

Sous la IIIe République, le Parlement, dans ses atermoiements comme dans sa tardive acceptation de l'impôt sur le revenu, colle exactement à la volonté du pays, qui hésite entre le ni trop ni trop peu : le consentement des Chambres à la réforme fiscale est conditionné par l'adhésion du pays. Cette adhésion, formulée non plus tacitement, mais explicitement par le suffrage universel, se retrouve dans les votes des assemblées parlementaires. C'était au fond déjà le cas au XIXe siècle, au temps de ce régime censitaire, qui reflétait aussi exactement que le suffrage universel le vœu profond d'un pays rétif à l'impôt, si bien que la grande différence des deux époques tient, non au passage du consentement tacite au consentement explicite de la société, par le moyen du suffrage universel, mais au glissement d'un consentement défensif du monde timoré des petits propriétaires à un consentement offensif, celui d'une nation mise en mouvement par la révolution industrielle, désireuse de transformer par étapes le vieil État-gendarme en un État social au nom de la justice et de l'égalité.

Tout s'accélère à partir de 1945. Les « Trente Glorieuses » sont une période de forte croissance. Celle des États-Unis passe de 1 % entre 1925 et 1938 à 4 % entre 1955 et 1965 ; celle de la France, dans les mêmes intervalles de temps, progresse de 0 % à 5,5 %[38]. Cette forte croissance des années 1950 et 1960 autorise une élévation presque indolore de la pression fiscale, qui, dans la plupart des cas, ne prive plus les ménages et les individus du nécessaire, mais seulement d'une partie de leur superflu. Aussi atteint-elle en 1972 une fraction de 30 à 40 % du revenu national en Europe et en Amérique du Nord. L'ascension, depuis, s'est poursuivie. Les prélèvements obligatoires de l'État, des collectivités locales et de la sécurité sociale représentent en 2012 45 % du produit national brut. Il faut payer les salaires des très nombreux agents publics, rembourser les

---

[38] Gabriel Ardant, *op. cit.*, t. II, p. 546.

intérêts d'une dette qui explose, parer à l'alourdissement des dépenses de santé, financer des régimes de retraite coûteux, compenser par le prélèvement des impôts locaux les charges nouvelles que les lois de décentralisation font peser sur les collectivités territoriales. Cette situation est bien connue. Et nous n'oserons pas l'avouer ouvertement : si l'imposition est élevée, c'est que nous l'avons voulue ainsi. Plus encore que le droit de vote ou, naguère, le service militaire, le paiement d'une lourde contribution est un rite sacrificiel qui nous fait passer de l'état de citoyen passif à celui de citoyen actif et entrer de plein droit dans la Cité, une Cité où l'intérêt particulier se subordonne à l'intérêt général, où le niveau des dépenses publiques révèle les ambitions du contrat social. Or, on attend tout, en France, ou presque tout de l'État qui, au-delà d'une fonction de simple régulation et d'arbitrage s'est trouvé, dès le Moyen Âge, investi d'une mission intégratrice globale. Omniprésent, omnipotent et omniscient, cet État-là a besoin de bonnes finances pour accomplir sa tâche. Après les sujets du roi, les citoyens n'ont jamais refusé de les lui accorder. Et quant aux élections européennes de 1999 la liste de Nicolas Minguet, baptisée « Moins d'impôts maintenant », a obtenu 1,78 % des voix, personne ne s'en est étonné. Entre une subvention de moins et un impôt de plus, les Français choisiront toujours la deuxième solution, constatent, un brin désabusé, les économistes libéraux. C'est, encore une fois, que les Français ne souhaitent pas que le périmètre de l'intervention publique se rétrécisse, ni que l'État soit contraint de renoncer à ses nombreuses fonctions ou que le démantèlement des services publics puisse être envisagé, et pas davantage que la puissance publique abandonne ses programmes de relance de l'activité sur le mode keynésien.

À notre époque, le véritable moteur du consentement à l'impôt est peut-être ailleurs : il tiendrait tout entier dans l'obsession de l'égalité, dans la jalousie démocratique à l'égard de ceux qui ont beaucoup d'argent. Cette haine de l'argent est un héritage catholique et républicain. En période de crise, en ces temps où le chômage progresse vite, où « l'ascenseur social » est bloqué, la rage, la fureur des exclus de la « grande société » libérale et consumériste se font plus âpres. L'impôt punitif réclamé par une majorité marginalisée et appauvrie viendra sanctionner la réussite et la fortune. C'est la réflexion de Stendhal qui voyait dans la modernité le triomphe de l'envie impuissante. L'objectif ici, dans les projections les plus radicales, est peut-être moins le rendement, ou même la simple recherche de l'équité, que le nivellement des conditions. Il est néanmoins difficile de croire que le groupe central des Français puisse donner son aval à ces formes d'égalitarisme radical. Il semble prêt, en revanche, à confier à l'impôt une fonction redistributrice[39] destinée à corriger, dans une certaine mesure, la répartition des revenus en vue de favoriser l'émergence d'une société plus juste. La justice recherchée sera d'abord commutative : elle renverra au concept d'équité horizontale selon lequel deux personnes se trouvant dans la même situation devraient avoir les mêmes droits et obligations : « à situation égale, impôt égal ». La justice sera aussi distributive ; elle reposera alors sur la notion d'équité verticale, et cherchera à réduire les écarts de niveaux de vie entre individus par la progressivité de l'impôt[40]. Le consentement à l'impôt se fera donc non seulement sur une charge fiscale globale très élevée, mais sur l'idée qu'une réforme de l'impôt est toujours souhaitable dans la mesure où les riches, en proportion de leur fortune, continueront de payer moins d'impôts que les pauvres[41].

Mais les Français peuvent être pris à revers par les classes dirigeantes. Sans doute croient-ils encore et acceptent-ils de payer de lourds impôts en espérant, par ce moyen, sauvegarder un État fort, assuré de ses pouvoirs régaliens, et un État-providence, gestionnaire d'une vaste machinerie sociale et promoteur de solidarité. Le paradoxe est que, pris dans la spirale de la mondialisation mise en place par les gouvernements des pays développés depuis quarante ou cinquante ans, les appareils des États semblent voués au dépérissement, alors même qu'ils prélèvent près de 50 % de la matière imposable et ne semblent pas désireux de modérer leur appétit. Cet abaissement ne serait que le prélude au transfert des prérogatives régaliennes, de ce droit de décider « par-dessus tout » monopolisé jusqu'ici par la puissance publique, à des conglomérats économiques et financiers multinationaux. En attendant le terme de cette évolution, les impôts, qui ne cessent de s'alourdir, peuvent être rapprochés des formes anciennes de l'évergétisme. À Rome, les nantis et l'empereur lui-même achetaient la paix sociale en payant de leurs deniers

---

[39] Ces objectifs de la fiscalité en termes de réduction des inégalités des revenus sont mis en évidence par Thomas Piketty, *Les hauts revenus en France au XXe siècle. Inégalités et redistribution*, Grasset 2001, et *Revue d'histoire moderne et contemporaine*, juillet-septembre 2003, 50-3. Voir aussi Laurent Simula, « Réformer la fiscalité », *Cahiers français*, n° 366.

[40] Laurent Simula, *op. cit.*, p. 56.

[41] *Ibid.*, p. 57. Laurent Simula s'appuie sur le livre de Camille Landais, Thomas Piketty et Emmanuel Saez, *Pour une révolution fiscale*, paru en 2011.

les spectacles et les distributions de vivres à la populace. L'oligarchie contemporaine est moins généreuse : les nouveaux évergètes entendent faire peser sur les classes moyennes la charge des transferts sociaux, de l'entretien des exclus, dont dépend la tranquillité collective. Les riches, qui peuvent délocaliser leur fortune dans les paradis fiscaux, sont exonérés et les pauvres ne sauraient être sollicités. Seules donc les classes moyennes paieront : et ce qu'elles verseront n'aura plus rien à voir avec l'impôt consenti de l'époque démocratique ; la taxation prendra la forme d'un tribut arbitraire versé par le groupe central des Français, par les vaincus de la démocratie à leurs vainqueurs oligarchiques.

Prise entre le dénigrement de l'État et l'appropriation de la machine étatique, l'oligarchie ne semble guère gênée par ses contradictions. Quant au groupe central des Français, s'il s'efforce de conserver envers et contre tout certaines illusions, il se partage de plus en plus entre le découragement et l'aigreur. Mais que peut-il faire ?

L'ÉVOLUTION DES MODES DE FINANCEMENT DES SPA ET DES SPIC

Par
Fabien Bottini
Maître de conférences HDR
Membre du Conseil de direction du LexFEIM
Responsable du Master 2 Collectivités territoriales
de l'Université du Havre

« 3 millions d'euros » : c'est, d'après le journal *Le Monde* (édition du 9.11.2012), la somme que devrait rapporter en un an la vente des données personnelles contenues dans le fichier des cartes crises. Après celles de l'INSEE[1], la commercialisation de ces nouvelles données publiques met en lumière les trésors d'imagination que l'État est désormais obligé de déployer pour financer son action. Sous l'influence des idées néolibérales, la mise en concurrence des législations nationales à laquelle conduit la mondialisation l'oblige en effet à revoir ses modes de financement.

Notamment forgé par Friedrich Hayek (1899-1992)[2] et Milton Friedman (1912-2006)[3], le néolibéralisme est un courant de pensée qui vise à renouveler les thèses libérales classiques pour les adapter au capitalisme mondialisé. Comme l'a résumé le président Ronald Reagan en 1981, son originalité repose sur l'idée que « l'État n'est pas la solution » mais le « problème » dans la mesure où son intervention compromet le libre jeu du marché qui, seul, peut assurer la prospérité économique du pays et, à travers elle, le progrès social.

---

1 CE 29.7.2002, Sct CEGEDIM, *R.* 280.
2 *La Route de la servitude*, Paris, de Médicis 1946 ; *Droit, législation et liberté*, Paris, PUF 1980 ; *La Constitution de la liberté*, Paris, Litec 1994.
3 *Capitalisme et liberté*, Paris, Laffont 1962 ; *La liberté du choix*, Paris, Belfond 1980.

Du fait du consensus de Washington mis en lumière en 1989 par l'économiste John Williamson, ce postulat s'est trouvé relayé par les grandes organisations internationales et le droit communautaire. Par leur truchement, les idées néolibérales se sont ainsi trouvées diffusées dans le droit interne de nombreux États dont la France.

Au sein de la République, leur développement a entraîné la remise en cause d'un certain nombre de règles traditionnelles du droit administratif. Quels sont les enseignements des évolutions des modes de financement des SPA et des SPIC au regard du régime juridique du service public ? Voilà l'une des questions posées par leur transposition. Dès lors que ces évolutions ont des incidences très concrètes sur l'ordre de juridiction compétent ou les règles de fond applicables en cas de litige, leur compréhension revêt une importance pratique de premier plan.

À l'analyse, l'influence des idées néolibérales semble alimenter la crise du droit administratif à deux égards. Outre qu'elle pose la question du maintien de la distinction SPA/SPIC, leur diffusion favorise une reformulation de la loi de Rolland d'égalité. L'interpénétration accrue du mode de financement des SPA et des SPIC (I) s'accompagne en effet d'une individualisation croissante du coût de leurs prestations (II).

I. L'INTERPÉNÉTRATION DES MODES DE FINANCEMENT

L'interpénétration des modes de financement se déduit de l'abandon des financements spécialisés (A) au profit d'une multiplication des financements croisés (B).

A. L'ABANDON DES FINANCEMENTS SPÉCIALISÉS

Du XXe siècle jusque dans les années 1980, le principe de neutralité de l'impôt avait conduit les autorités à poser pour principe que les SPA et les SPIC devaient être financés de deux façons distinctes.

Comme l'explique Adam Smith en 1776 dans *La richesse des nations*, ce principe dérivé de la pensée libérale classique interdit à l'État de prélever l'impôt pour assurer une quelconque redistribution des richesses, sous peine de décourager l'initiative privée. L'article 13 de la déclaration de 1789 en a déduit que seuls « l'entretien de la force publique et (...) les dépenses d'administration » pouvaient en principe être financés par une contribution commune pesant également sur tous. S'il a fallu attendre 1983 pour que le Conseil constitutionnel affirme la « force constitutionnelle »[4] de cette disposition, les juridictions ordinaires lui avaient fait produire des effets de droit dès le début du XXe siècle, en en déduisant la nécessité de dissocier le mode de financement des services publics en fonction de leur nature administrative ou industrielle et commerciale.

Dès lors qu'ils correspondent aux activités régaliennes « qui incombent par nature à l'État »[5], les premiers doivent en effet normalement être financés par l'impôt, éventuellement sous forme de taxes spécialement fléchées en vue du financement d'une activité déterminée[6]. Clairement posée dans la première moitié du XXe siècle[7], cette solution a été reprise par la jurisprudence constitutionnelle[8], si bien que sont normalement illicites les décisions visant à alimenter le budget d'un SPA par d'autres ressources, comme par exemple celles tirées du fonctionnement d'un service industriel ou commercial[9].

Dans la mesure où ils correspondent à des activités pouvant être prises en charge par l'initiative privée et que l'État décide d'ériger en service public pour assurer une certaine redistribution des richesses, les SPIC doivent au contraire être financés par une redevance, c'est-à-dire par un prix payé par l'usager « en contrepartie (...) des prestations fournies par le service »[10]. Outre le refus des juridictions d'ériger la gratuité du service public en PDG[11] ou en PFR[12], ce nouvel aspect du principe de neutralité explique l'obligation faite aux SPIC de fixer leurs redevances de telle façon que leur budget soit en équilibre (comme le rappellent par exemple les articles R. 2221-38 et R. 2221-72 du CGCT). Si le prix plancher des services industriels et commerciaux ne peut normalement être inférieur à leur coût global, s'ils ne peuvent en d'autres termes en principe pas fonctionner à perte, c'est en effet parce qu'il n'est normalement pas possible de les faire financer par l'impôt.

---

[4] CC 164 DC du 29.12.1983, Loi de finances pour 1984, *R.* 67, cs. 27.
[5] CE Ass. 30.10.1996, Wajs et Monnier, *AJDA* 1996. 973.
[6] TC 28.6.1965, Dlle Ruban c/ Sct de l'autoroute Esterel-Côte d'Azur, *D.* 1966. 380, note Colin ; 28.5.1979, Synd. aménagement de Cergy-Pontoise, *R.* 672.
[7] CE Sect. 30.6.1950, Sct Merrienne, *R.* 408.
[8] CC 441 DC du 28.12.2000, Loi de finances rectificative pour 2000, *R.* 201, cs. 41.
[9] CE 30.9.1996, Sct stéphanoise des eaux et ville de Saint-Etienne, *R.* 355.
[10] CE 21.11.1958, Synd. nat. des transporteurs aériens, *R.* 572.
[11] CE Ass. 10.7.1996, Sct Direct Mail Promotion, *AJDA* 1997. 189, note Maisl.
[12] CC 107 DC du 12.7.1979, Ponts à péages, *R.* 31, cs. 3.

Le principe de neutralité explique ainsi que les juridictions aient fait de la façon dont les services publics sont financés l'un des trois indices permettant de distinguer les SPA des SPIC. À côté de l'« objet » (des « missions) et des « modalités de fonctionnement » (ou « d'intervention ») du service, le juge s'intéresse en effet à « l'origine de ses ressources », c'est-à-dire à son « mode de financement »[13]. Or ce dernier indice a semblé revêtir une importance particulière dans les années 1990, lorsque le Conseil d'État a estimé qu'il suffisait parfois seul à caractériser la nature de l'activité[14].

L'importance de ce critère se trouve toutefois désormais remise en cause par le recours accru aux financements croisés.

B. La multiplication des financements croisés

Cette évolution concerne tant les SPA que les SPIC.

S'agissant des premiers, elle conduit à faire cofinancer ceux qui ont un impact sur le secteur marchand par une redevance prélevée sur les usagers.

Dans un premier temps, le droit positif a tenté de sauver les apparences en requalifiant certains SPA en SPIC sous le contrôle bienveillant du juge constitutionnel[15] et administratif[16]. C'est ainsi que la loi n° 74-1129 du 30 décembre 1974 ou le décret n° 87-833 du 12 octobre 1987 [17] ont respectivement requalifié d'administratif le service d'enlèvement des ordures ménagères soumis à redevance et la Caisse nationale de prévoyance. Bien que formellement respectueuses de l'état du droit traditionnel, de telles requalifications n'en demeurent pas moins matériellement en rupture avec lui, dans la mesure où elles reviennent à faire financer par les particuliers une activité dont la nature intrinsèquement administrative reste inchangée.

Dans un second temps, des dispositions ont organisé purement et simplement le financement d'un SPA par des redevances

---

[13] CE Ass. 16.11.1956, Union syndicale des industries aéronautiques, *D.* 1956. 759, concl. Laurent ; TC 20.1.1986, SA Roblot *AJDA* 1986, 267, note Richer ; CC 439 DC du 16.1.2001, Loi relative à l'archéologie préventive, *R.* 42, cs. 6.

[14] CE avis Sect. 10.4.1992, SARL Hofmiller, *AJDA* 1992. 688, note Prétot.

[15] CC 108 L. du 25.7.1979, ANPE, *R.* 45, cs. 2.

[16] CE avis Sect. 10.4.1992, *préc.*

[17] *JO* resp. du 31.12.1974. 13243 et du 13.10.1987. 11911.

proportionnelles[18] ou non[19] à son coût réel. Sans doute cette faculté est-elle parfois limitée aux « prestations supplémentaires (...) excédant les besoins normaux (...) auxquels la collectivité est tenue de pourvoir dans l'intérêt général » comme en matière de police administrative[20] ou de secours aux personnes[21] ou aux biens[22]. Mais un nombre croissant de textes permet désormais de faire bénéficier les SPA de ce genre de ressources dans d'autres cas. C'est ainsi que les services publics autoroutiers[23] et de la recherche archéologique[24] peuvent être financés au moyen de redevances en dépit de leur caractère administratif.

Inversement, le droit positif admet plus facilement un cofinancement des SPIC par l'impôt.

Non seulement une personne publique organisatrice peut dorénavant financer elle-même directement un SPIC, mais ce financement peut être coassuré par une personne publique tierce. C'est ainsi que l'article L. 2224-2 du CGCT permet à n'importe quelle commune de subventionner une activité industrielle et commerciale 1°) lorsqu'elle lui impose des contraintes particulières ou 2°) que sa non-intervention se

---

[18] CE Sect. 5.10.1984, Commissaire de la République de l'Ariège, *AJDA* 1984. 692, chron. Schoettl et Hubac.

[19] CE 21.10.1988, Synd. nat. des transporteurs aériens, *RDP* 1989. 1464, note Gaudemet.

[20] CE Sect. 17.12.1937, Garnier et Legris, *R.* 1053 ; 29.12.1949, Sté Ciné Lorrain, *R.* 584 ; 19.2.1988, *préc.* ; L. 95-73 du 21.1.1995, d'orientation et de programmation relative à la sécurité, *JO* du 24.1. 1249.

[21] D. n° 85-889 du 12.8.1985, *JO* 23.8. 9743 : institution d'une redevance destinée à financer les services de la navigation aérienne à la charge des exploitants des aéronefs ; L. n° 85-30 du 9.1.1985, *JO* 10.1.1995. 336, art. 97 ; Circ. du 4.12.1990, *JO* 29.1. 1504 : autorisation donnée aux communes de se faire rembourser les frais de secours dont ont bénéficié les skieurs ; L. n° 2002-276 du 27.2.2002, *JO* 28.2, texte n° 2, art. 54 (codifié à l'article L. 2321-2 du CGCT) : autorisation donnée aux communes de se faire rembourser les frais de secours dépensés dans le cadre de « toute activité sportive ou de loisir ».

[22] D. n° 94-491 du 16.6.1994, *JO* 18.6. 8800 : facturation des services de secours maritimes.

[23] C. voierie routière, art. L. 122-4 et L. 153-1 ; CC 12.7.1979, *préc.* ; CE 19.2.1988, SARL Pore Gestion, *R.* 77 ; 21.10.1988, *préc.* ; TC 20.11.2006, Sct EGTL c/ Escota, *AJDA* 2007. 849.

[24] L. n° 2001-44 du 17.1.2001, *JO* 18.1.2001, texte n° 2 validée par CC 439 DC du 16.1.2001, Loi relative à l'archéologie préventive, *R.* 42 : prévoit que, en dépit de son « caractère administratif » (art. 4), l'établissement public national en charge des diagnostics et opérations de fouilles d'archéologie préventive sera entre autres financé par des « redevances d'archéologie préventive (...) dues par les personnes publiques ou privées projetant d'exécuter » des travaux dont elle donne la liste (art. 9).

traduirait par une hausse importante des tarifs, du fait du financement d'investissements lourds ou d'une libéralisation des prix. De même, l'article 21-4 de la loi modifiée n° 82-1153 du 30 décembre 1982 d'orientation des transports intérieurs[25] habilite les régions à cofinancer le transport ferroviaire régional organisé par la SNCF, un ÉPIC.

Cette banalisation des financements croisés n'est pas sans incidence sur la jurisprudence Union syndicale des industries aéronautiques, dans la mesure où elle relativise l'importance de l'indice tiré du « mode de financement ». Depuis les années 1990, des décisions concordantes semblent en effet faire du critère de l'objet de l'activité l'élément majeur de distinction[26].

L'interpénétration des modes de financement des SPA et des SPIC est ainsi révélatrice des transformations qui affectent le régime juridique du service public, dans la mesure où elle annonce à terme, sinon le remplacement, du moins l'alignement de la distinction sur celle communautaire de services économiques (marchands) / non économiques (non marchands)[27]. Si ce premier aspect de l'évolution des modes de financement des services est pour cette raison symptomatique de la crise que traverse actuellement le droit administratif, celle-ci semble d'autant plus importante que l'individualisation du coût des prestations devant les services publics montre qu'une reformulation de la loi de Rolland d'égalité est parallèlement en cours de réalisation.

---

[25] *JO* 31.12. 4004.

[26] TC 19.2.1990, Thomas, *AJDA* 1990. 558, obs. Théron ; 21.3.2005, Alberti-Scott, *RFDA* 2006. 119, note Lachaume ; 2.5.2011, Sct Mona parfums Holding c/ Centre départemental de télésurveillance sécurité, *AJDA* 2011. 928.

[27] Sur ces notions, v. notre article « Le service public français face au service d'intérêt général communautaire » *in* Chabal P., *Concurrences interrégionales et relations Europe-Asie au XXIe siècle* (à paraître).

II. L'INDIVIDUALISATION DU COÛT DES PRESTATIONS

L'individualisation du coût des prestations se déduit du recul de l'uniformité tarifaire (A) au profit d'une banalisation des tarifs sur mesure (B).

A. LE RECUL DE L'UNIFORMITÉ TARIFAIRE

Jusqu'au début du XXe siècle, le libéralisme classique a encouragé le droit positif à faire peser de façon uniforme le financement du service public sur les administrés.

En conséquence du principe de neutralité de l'impôt, les SPA étaient en effet financés par les contribuables indépendamment de leurs conditions de fortune. Car dès lors qu'elles n'avaient pas pour objectif de corriger les inégalités sociales, il semblait logique de faire peser les impositions de la même manière sur tous, indépendamment du niveau de ressources de chacun. Outre en matière de contributions indirectes, cette égalité stricte de traitement jouait à l'égard des contributions directes puisque, jusqu'à l'instauration de l'impôt progressif sur le revenu en 1907, ces dernières taxaient de la même manière la propriété ou la possession d'un même type de bien[28].

La même égalité stricte de traitement prévalait en principe devant les SPIC[29].

D'une part en effet, les juridictions refusaient de reconnaître à leurs usagers le droit d'exiger d'elles qu'ils adaptent leur tarification à la spécificité de leur situation. Dégagée par le Conseil d'État à propos des SPIC locaux organisés par le pouvoir réglementaire[30], cette règle s'est trouvée transposée à l'initiative du Conseil constitutionnel aux SPIC nationaux organisés par le pouvoir législatif. D'abord implicitement

---

[28] Sur ces questions, v. Lehmann P.-J., « Le rôle des finances publiques dans la régulation de l'économie selon Léon Say » *in L'État interventionniste*, L'Harmattan 2012. 39.

[29] CE 25.6.1948, Sct Journal *L'Aurore*, *R.* 289 : principe de l'égalité de traitement tarifaire des usagers du SPIC.

[30] CE 22.3.1950, Sct des ciments français, *R.* 175 ; 14.10.2009, Cne de Saint-Jean-d'Aulps, *AJDA* 2009. 1922.

consacrée dans les décisions imposant « de traiter de la même façon des personnes qui se trouvent dans la même situation », elle s'est par la suite traduite par l'affirmation selon laquelle le principe d'égalité n'oblige pas « à traiter différemment des personnes se trouvant dans des situations différentes »[31].

D'autre part, les juridictions tendaient plus facilement à admettre les mesures tarifaires visant à uniformiser les prix. Non content de censurer les mesures accordant, dans le silence des textes, des exonérations de prix pour des raisons sociales[32], le juge administratif validait ainsi au nom de l'intérêt général les nouvelles tarifications visant à mettre un terme à des adaptations tarifaires, dès lors qu'elles étaient en rapport avec les conditions d'exploitation du service[33].

Cette cohérence d'ensemble se trouve toutefois désormais remise en cause par le développement du néolibéralisme. Dès lors que le bon fonctionnement du marché suppose selon lui de permettre aux opérateurs économiques d'adapter la nature de leur offre à la situation personnelle des consommateurs, il convient en effet d'individualiser davantage le coût des prestations des services publics ayant un impact sur le secteur marchand.

B. La banalisation des tarifs sur mesure

Sous l'influence des idées néolibérales, cette banalisation se traduit par un accès aux prestations de services publics facilité pour les plus démunis et plus onéreux pour ceux qui en retirent un avantage particulier.

Les premiers bénéficient en effet désormais d'une politique tarifaire protectrice prenant la forme de tarifs préférentiels. À partir des années 1960, les juridictions ont progressivement admis la validité des différences de traitement fondées sur des différences de situation[34] ou des

---

[31] CC 489 DC du 29.12.2003, Loi de finances pour 2004, *R.* 487, cs. 37.

[32] CE 17.12.1982, Préfet de la Charente-Maritime, *R.* 427 : âge des usagers ; 26.4.1985, Ville de Tarbes, *RFDA* 1985. 707, concl. Lasserre ; *AJDA* 1985.409, chron. Schoettl et Hubac : ressources familiales des usagers.

[33] CE 13.3.2002, Union fédérale des consommateurs, *AJDA* 2002. 976, note Guglieli et Koubi.

[34] Cf. CE 22.3.1950, Sct des ciments français, *R.* 175 et CC 254 DC du 4.7.1989, Modalités d'application des privatisations, *D.* 1990. 209, note Luchaire, cs. 18.

considérations d'intérêt général[35] tant qu'elles étaient proportionnées à l'objectif poursuivi[36], rendant ainsi possible la mise en place de tarifs « sociaux » devant les SPA et les SPIC.

Devant les SPA, le Tribunal des conflits[37] et le juge administratif[38] ont dans un premier temps admis que les services publics sociaux puissent instaurer des tarifs plus favorables pour les usagers en situation de précarité ou à revenus modestes. Revenant sur la jurisprudence Ville de Tarbes précitée, le juge administratif a dans un deuxième temps généralisé cette solution en la transposant à tous les SPA, indépendamment de leur objet[39]. L'article 147 de la loi n° 98-657 du 29 juillet 1998 relative à la lutte contre les exclusions[40] a dans un troisième temps validé cette évolution en permettant à l'administration de fixer « les tarifs des services administratifs à caractère facultatif (...) en fonction du niveau de revenu des usagers et du nombre des personnes vivant au foyer » sans encourir la censure du juge constitutionnel[41].

Devant les SPIC, cette jurisprudence a de même conduit les autorités à mettre en place un système d'aides afin de permettre l'accès des plus démunis à certaines prestations. Qu'ils soient[42] ou non[43] confrontés à des difficultés de paiement, les intéressés ont par exemple désormais le droit de solliciter une aide de la collectivité de façon à bénéficier d'un accès continuel à l'eau potable, à l'énergie ou à la téléphonie en vertu de l'article 75 de la loi n° 2006-872 du 13 juillet 2006, portant engagement national pour le logement (ENL)[44] – ce droit ne pouvant leur être refusé pendant la période hivernale (du 1er novembre au 15 mars).

---

[35] Cf. CE Sect. 10.5.1974, Chorques et Denoyez, *AJDA* 1974. 298, chron. Franc et Boyon et CC 254 DC du 4.7.1989, *préc.*

[36] Cf. CE Ass. 28.10. 2002, Villemain, *AJDA* 2002. 586, chron. Donnat et Casas et CC 254 DC du 4.7.1989, *préc.*

[37] TC 22.1.1955, Naliato, *RDP* 1955. 716, note Waline.

[38] CE 20.1.1989, CCAS de La Rochelle, *AJDA* 1989. 398, obs. Prétot ; 18.3.1994, Dejonckeere, *LPA* 4.1.1994. 19, note Haïm.

[39] CE Sect. 29.12.1997, Cnes de Gennevilliers et de Nanterre [2 esp.], *AJDA* 1998. 168, chron. Girardot et Raynaud.

[40] *JO* 31.12. 11679.

[41] CC 403 DC du 29.7.1998, Lutte contre les exclusions, *R.* 276.

[42] Code de l'action sociale et des familles, art. L. 115-3 (issu de la L. n° 98-657 du 29.7.1998, d'orientation relative à la lutte contre les exclusions, art. 136).

[43] CGCT, art. L. 2224-12-3-1 issu de la L. n° 2011-156 du 7.2.2011, relative à la solidarité dans les domaines de l'alimentation en eau et de l'assainissement, *JO*. 2472.

[44] *JO* 16.7, texte 1.

Cette évolution est d'autant plus marquée qu'elle est encouragée par le droit communautaire à l'égard des services publics (administratifs ou industriels et commerciaux) ayant un impact dans le domaine marchand.

D'une façon générale, celui-ci encourage en effet les États membres à mettre en place des discriminations positives au profit des plus défavorisés. Les articles 22 et 23 de la Charte des droits fondamentaux de l'UE du 7 décembre 2000 et l'article 157 du TFUE du 19 novembre 2009 font en effet de ces discriminations une conséquence de la conception du principe d'égalité promu par l'Union. La loi n° 2008-496 du 27 mai 2008 portant diverses dispositions d'adaptation au droit communautaire[45] en a logiquement déduit la validité des « mesures susceptible[s] d'entraîner [...] un désavantage particulier pour des personnes par rapport à d'autres » dès lors qu'elles sont « objectivement justifié[es] par un but légitime » et qu'elles emploient des moyens « nécessaires et appropriés » pour atteindre ce but (art. 1er). Or ces discriminations positives prennent la forme devant les services publics marchands de « prix abordables ». Promue par la Commission européenne[46], l'expression vise en effet à permettre aux plus démunis d'accéder plus facilement aux « services de base », c'est-à-dire aux services publics nationaux exploités en réseau (postes et télécommunications, électricité, gaz...), par le biais de tarifs préférentiels.

Le développement des tarifs sociaux participe ainsi de la reformulation en cours de la loi de Rolland d'égalité, dès lors qu'il ne s'agit « plus d'assurer l'égalité de tous devant la loi, mais de rechercher l'égalité de tous par la loi » comme le résume le professeur Jean-Bernard Auby[47]. Force est toutefois de constater que cette évolution ne touche pas uniquement les plus démunis.

On assiste en effet parallèlement à la mise en place d'une politique tarifaire progressive destinée à mettre davantage à contribution ceux qui retirent un bénéfice particulier du service public, qu'il soit ou non financé par l'impôt.

Lorsqu'il l'est, comme c'est en principe le cas pour les SPA, ces adaptations peuvent valablement intervenir pour compenser le fait que

---

45 *JO* 25.5, texte 1.

46 Communication sur les services d'intérêt général en Europe, JOCE 96/C 281/03, § 28.

47 « Quelques observations sur l'administration "délibérative" » *in* CE, *Rapport public*, EDCE 2011-62. 188. Cf. CE, *Rapports publics 1994* et *1996*.

certains de ses bénéficiaires ne sont pas assujettis à la contribution qui le finance. Dans ce cas, la jurisprudence administrative admet en effet de soumettre l'usager à une redevance plus élevée dès lors 1°) que le service n'est pas obligatoire, 2°) qu'elle n'excède pas le coût réel de la prestation[48] et 3°) qu'elle est justifiée par des considérations d'intérêt général[49]. Surtout, de telles adaptations peuvent se fonder sur le fait que la prestation ne bénéficie qu'à une catégorie spécifique d'usagers, comme l'a considéré le Conseil constitutionnel à propos d'une taxe faisant peser sur les entreprises de transport aérien l'essentiel du financement des services de « sécurité-incendie-sauvetage »[50].

De telles modulations sont en outre également possibles depuis le tournant des années 2000 lorsque la prestation est financée par une redevance. Revenant sur la jurisprudence Commissaire de la République de l'Ariège précitée, le juge administratif admet en effet désormais que le juste prix du service puisse être fonction, non de son coût comptable, mais de l'utilité qu'en retire son bénéficiaire. La jurisprudence tend ainsi à généraliser une solution ancienne que l'article 41 du décret du 18 décembre 1927 avait retenue s'agissant des prestations des associations syndicales autorisées[51]. Implicitement annoncée par certaines décisions[52], cette extension a clairement été préconisée par le Conseil d'État dans son rapport du 24 octobre 2002 intitulé « Redevances pour service rendu et redevances pour occupation du domaine public »[53] dans lequel son Assemblée générale estimait « souhaitable d'admettre un assouplissement du critère traditionnel de plafonnement selon le coût du service ». La Section du contentieux l'a finalement consacrée en 2007 et 2009 en validant les redevances supérieures au coût comptable d'un SPA [54] et d'un SPIC [55] pesant sur ceux qui en retirent une valeur

---

[48] CE Sect. 5.10.1984, *préc.*

[49] CE 2.12.1987, Cne de Romainville, *RFDA* 1988. 414, concl. Massot : affirme que la différenciation tarifaire entre résidents et non-résidents ne porte pas atteinte au principe d'égalité devant le service public.

[50] CC 405 DC du 29.12.1998, Loi de finances pour 1999, *R.* 326, cs. 63 s.

[51] CE 28.7.1993, Bernadet, *R.* 232.

[52] CE Ass. 10.7.1996, Sct Direct Mail Promotion, *AJDA* 16.7.2007 ; 13.10.1999, Cie Air France, *R.* 303.

[53] DF 2002. 57.

[54] CE Ass. 16.7.2007, Synd. nat. de défense de l'exercice libéral de la médecine à l'hôpital, *RFDA* 2007-6. 1269 concl. Devys et note Terneyre.

[55] CE 7.10.2009, Sct d'équipement de Tahiti et des îles, *LPA* 2009-253. 15, note Ziani.

économique particulière. La tendance à une véritable banalisation des tarifs sur mesure devant les services publics s'en est ainsi trouvée renforcée.

* *

*

En conclusion, l'évolution des modes de financement du service public est révélatrice de la crise que connaît le droit administratif français sous l'influence du néolibéralisme anglo-saxon, dans la mesure où ce dernier n'emporte pas les mêmes conséquences que le libéralisme classique. La question se pose ainsi de savoir ce qu'il restera du droit administratif hérité du XXe siècle lorsque sa transposition en droit interne sera arrivée à son terme.

L'alignement progressif de ce dernier sur la distinction services marchands (économiques) / non marchands (non économiques) du droit communautaire semble toutefois d'ores et déjà acquis, du fait de l'accent désormais mis sur le critère de l'objet pour distinguer les SPIC des SPA. Si cette évolution a le mérite de simplifier les règles applicables, elle n'est pas sans poser des difficultés nouvelles, ne serait-ce qu'en termes de répartition des compétences entre les deux ordres de juridictions. Dès lors en effet que le critère de la gestion publique conduit à scinder le contentieux des SPA et des SPIC entre le juge administratif et son homologue judiciaire, l'évolution en cours n'annonce-t-elle pas une sorte de marginalisation du rôle du juge administratif ? Le primat du libre jeu du marché n'est-il en effet pas destiné à ne lui laisser que le contentieux des actes de puissance publique des services publics n'ayant aucun impact dans le secteur économique, au nom d'une réserve de compétence faisant du contentieux des atteintes au droit de la concurrence une prérogative relevant d'un juge judiciaire par nature réputé plus respectueux de la liberté d'entreprendre et du droit de propriété privé ? La réponse à cette question explique sans doute la découverte par le juge du Palais-Royal d'un « principe de libre concurrence » s'imposant aux actes de l'administration en droit administratif. Reste à savoir si la parade sera suffisante pour lui permettre de conserver ce pan important de son contentieux traditionnel à l'ère du néolibéralisme triomphant.

Il faut de même s'attendre à une redéfinition de la vocation universelle du service public. Car celui-ci cesse progressivement d'être généralisé, pour ne s'adresser qu'à quelques-uns, et global, pour revêtir une dimension purement sectorielle – conformément à l'approche du droit communautaire qui fixe le régime juridique des services universels domaine d'activité par domaine d'activité. Au lieu d'une activité ouverte à tous chaque fois que l'intérêt général justifie de la faire « assurer ou assumer » par l'administration (selon le mot précité de R. Chapus), le service public tend sous la pression des lois du marché, ainsi que le relève le professeur Didier Truchet[56], à se réduire dans le domaine économique à un nombre limité de prestations, le plus souvent délivrées par des personnes privées, dont l'accès se fait, domaine d'activité par domaine d'activité, à des conditions plus avantageuses pour les plus démunis. Les effets d'éviction engendrés par les seuils au-delà desquels il n'est pas possible d'en bénéficier sont toutefois tels que leur bénéfice est en pratique refusé à un grand nombre de personnes à un euro près. Les conditions de ressources fixées par le législateur sont en effet parfois si difficiles à satisfaire que seules les personnes en situation de grande précarité peuvent se prévaloir de cette législation protectrice. Au lieu d'être universel au sens où chacun bénéficie des mêmes prestations sans distinction, le service public devient ainsi universel au sens où chacun peut prétendre à des prestations de base en cas de revers de fortune. Ce qui n'est pas du tout la même chose. Rien d'étonnant dès lors à ce que cette évolution alimente un sentiment d'abandon au sein des classes moyennes en cette période de récession économique. À défaut de pouvoir (ou de vouloir...) défendre le statu quo, pourquoi ne pas au moins systématiquement lisser ces seuils de façon à éviter ce phénomène d'exclusion à l'euro près ?

Cette piste mériterait en tout cas d'être explorée tant les tensions sociales nées de l'incapacité des États démocratiques à assurer une juste redistribution des richesses en période de crise compromet leurs fondements mêmes. C'est ce que nous rappelle la situation actuelle. Or qui peut véritablement avoir intérêt à leurs disparitions ?

---

[56] *Droit administratif*, PUF 2010. 330 ; « Renoncer à l'expression "service public" ? », *AJDA* 2008. 553.

L'ÉVALUATION DANS LES COLLECTIVITÉS LOCALES À LA LUMIÈRE DE LA LOLF

Par
Pierre Albertini
Professeur émérite à l'Université de Rouen
Ancien député et maire

La France a fait tardivement et de manière parcellaire l'apprentissage de l'évaluation. Il n'est pas inutile d'en rappeler les grandes étapes et d'en faire un bilan rapide pour mieux comprendre les enjeux d'une évaluation de l'action des collectivités locales, aujourd'hui encore balbutiante.

C'est dans la période 1968-1984 qu'il commence, sous la forme d'une rationalisation des choix budgétaires, inspirée par les méthodes américaines du PPBS[1]. Mais le véritable départ est donné en 1988-1989 avec le Gouvernement Rocard dont la démarche s'inscrit, d'une manière plus générale, dans le cadre d'un renouveau du service public. Le rapport Viveret[2] sert alors de base à la création d'un ensemble d'instruments par le décret n° 90-82 du 22 janvier 1990 : Comité interministériel de l'évaluation, Conseil scientifique de l'évaluation, chargés l'un de l'impulser, l'autre d'en définir le cadre méthodologique. Quant au suivi, il est assuré par le Commissariat général du plan. Le bilan de cette première expérience qui se voulait ambitieuse est cependant modeste : faiblesse du nombre des évaluations, délais excessifs, travaux sans véritables enjeux, si bien que le dispositif va peu à peu s'éteindre, faute de commandes et de volonté politique. En revanche, aspect plus positif, une série d'expérimentations ciblées sur quelques politiques publiques vont se développer dans les années 1990 : la recherche, le RMI, la politique de la ville servent ainsi de cadre à une approche critique. À la demande de l'Union européenne, les contrats de plan État-régions,

---

[1] *Planning-Programing- Budgeting- System.*
[2] *L'évaluation des politiques et des actions publiques*, DF 1989.

largement alimentés à l'époque par les fonds européens, font également l'objet d'une expertise dont la rigueur, autre que formelle, laisse beaucoup à désirer. Ces démarches, dispersées et d'intensité inégale, posent néanmoins les premiers jalons d'une culture administrative de l'évaluation.

Le décret n° 98-1048 du 18 novembre1998 tente de relancer un processus jusqu'alors chaotique : il remplace à cet effet le précédent conseil scientifique par un Conseil national de l'évaluation (aujourd'hui supprimé) mais, surtout, il propose une vision plus complète de l'évaluation autour de six critères :

- la cohérence dans la conception et la mise en œuvre
- l'atteinte des objectifs fixés
- l'efficacité (mesure des effets observés et conformité aux objectifs)
- l'efficience (utilisation des ressources mobilisées)
- l'impact (positif ou négatif) sur la société
- la pertinence (adaptation des objectifs aux problèmes à résoudre).

Malgré cet effort méthodologique louable, les résultats obtenus sont en demi-teinte sous l'effet de plusieurs facteurs dont certains se révèleront chroniques : l'émiettement des structures administratives et la faiblesse de l'interministériel, la réticence éprouvée par l'administration, l'insuffisance des moyens mis en œuvre pour la surmonter. Alors que la pratique dans les pays anglo-saxons et chez certains de nos voisins européens est plus ancienne, « historiquement, l'évaluation des politiques publiques a connu un développement lent en France pour des raisons de culture politique et administrative »[3]. Contrairement aux expériences étrangères les plus fécondes, le Parlement n'y a guère été associé, ce qui a aggravé la perception de son caractère technocratique.

Paradoxalement, c'est d'initiatives parlementaires que sont venus le renouveau de l'évaluation et son développement à plus grande échelle. Alors que l'État se satisfaisait de la modestie des résultats engrangés, ce sont des élus qui ont bousculé une administration centrale qui trouvait intérêt à jouer de l'absence d'implication des assemblées. Ainsi, en 1999, la Commission des finances de l'Assemblée nationale crée la MEC, Mission d'évaluation et de contrôle, qui, de manière pragmatique et sans

---

[3] J.-F. Calmette, « L'évaluation des politiques publiques : un moyen de contrôle de l'action du Gouvernement ? » *in Pouvoir exécutif et Parlement : de nouveaux équilibres ?*, PUAM 2012, p. 91.

l'assistance d'autres institutions, entreprend les premières analyses critiques de l'action gouvernementale. Parallèlement, les matériaux ainsi recueillis conduisent rapidement le député Didier Migaud et le sénateur Alain Lambert à mettre sur le métier une ambitieuse refonte de l'ordonnance organique de 1959, devenue archaïque mais qui avantageait outrageusement l'exécutif, en particulier le ministère des Finances. La démarche convaincra si bien leurs collègues qu'ils adopteront en 2001[4] la loi organique relative à la loi de finances, présentée alors comme une révolution culturelle et qui servira de cadre à notre réflexion.

L'extension du dispositif aux lois de financement de la Sécurité sociale, principale source de dépense publique, s'inscrit dans la même perspective. Elle est complétée par l'adoption de la loi organique relative à l'expérimentation par les collectivités territoriales, en 2004 : dans un pays dont l'unité a été forgée autour de l'État, émerge timidement l'idée selon laquelle la République pourrait ne pas être administrée uniformément, en Alsace, en Corse ou en Bretagne, par exemple. Mais c'est le Président Nicolas Sarkozy qui contribue le plus fortement à propager la nécessité d'une évaluation de l'action gouvernementale en lançant, en 2007-2008, la Révision générale des politiques publiques (RGPP). Désormais, pour l'État du moins, l'évaluation est un moyen mis au service d'une fin plus large : la réforme administrative et l'optimisation de la dépense publique. Il restait à en tirer aussi les conséquences sur l'équilibre des pouvoirs et le renforcement souhaitable du rôle du Parlement, ce que fera la révision constitutionnelle de 2008, en consacrant sa mission d'évaluation, à côté de celle plus traditionnelle de législation et de contrôle (article 24 C) et, pour ce faire, l'assistance de la Cour des comptes (article 47-2 C)

Comme on le voit, il aura fallu près d'un demi-siècle pour que s'apprivoise, dans notre pays, une démarche de préparation et de suivi des choix publics, déjà largement mise en œuvre ailleurs. On peut penser que, malgré ses imperfections, le processus est désormais irréversible. En témoigne le remplacement, annoncé fin 2012, par le Gouvernement Ayrault de la RGPP par la Modernisation de l'action publique (MAP)[5]:

---

[4] L. org. n° 2001-692 du 1er.8.2001, relative à la loi de finances (appliquée intégralement depuis 2006, après une généralisation progressive à toutes les missions de l'État).

[5] Un Commissariat à la stratégie et à la prospective est rétabli, après la disparition funeste du Commissariat au plan, et un Comité interministériel pour la modernisation de l'action publique est créé.

sous couvert d'un changement de méthode, qui sacrifie plus au discours politique qu'à l'abandon des objectifs initiaux, la perspective demeure la modernisation des structures administratives et la rationalisation de la dépense publique (entendons la réalisation d'économies). Limitée jusqu'ici aux politiques de l'État, l'évaluation devra désormais s'étendre, au fil du quinquennat, à la Sécurité sociale et aux collectivités locales. La pression exercée par l'Union européenne et la crainte de voir les marchés sanctionner financièrement le pays ne sont évidemment pas étrangères à une perception accrue de l'intérêt de développer une culture française de l'expertise, même si les critiques demeurent vives aux extrêmes de l'échiquier politique.

Jusqu'ici hors du champ de l'évaluation, les collectivités locales sont donc condamnées, si l'on peut dire, à en intégrer elles aussi les impératifs dans la définition et la mise en œuvre de leurs politiques locales. Nous soulignerons d'abord l'intérêt qui s'attache à une évaluation de leur action, en raison de leur poids dans la dépense publique nationale (I). Puis, à travers ses principaux outils, nous dresserons un bilan critique de la LOLF (II) et nous formulerons enfin des propositions, dans la perspective d'une transposition de la démarche aux politiques locales (III).

I. L'INTÉRÊT D'UNE ÉVALUATION DES COLLECTIVITÉS LOCALES

Il est impossible de donner une définition purement juridique de l'évaluation. D'une part, en tant que méthode, l'évaluation prend des formes différentes et s'exerce à divers moments de l'action administrative. En outre, elle est complémentaire de l'expérimentation et n'est pas vraiment séparable du contrôle : à quoi servirait-elle en effet si elle n'était assortie, sinon d'aucune sanction, du moins d'aucun mécanisme correcteur ? D'autre part, il n'est pas aisé d'enfermer dans des critères précis les contours d'une politique publique tant celle-ci se développe à des niveaux variables et mobilise des moyens de toute nature : juridiques, financiers, humains, d'information, de communication... Malgré la difficulté de l'exercice, le décret précité du 22 janvier 1990 a au moins le mérite de préciser la finalité de l'opération, ce qui, du point de vue qui nous intéresse ici, est essentiel :

« L'évaluation d'une politique publique a pour objet de rechercher si les moyens juridiques, administratifs ou financiers mis en œuvre permettent de produire les effets attendus de cette politique et d'atteindre les objectifs qui lui sont assignés ».

Si toute tentative de circonscrire l'évaluation est vaine, l'intérêt qu'elle présente, pour les collectivités locales, est sensiblement le même que pour l'État. On peut en distinguer deux aspects permanents et un troisième plus contextuel :

- en premier lieu, l'amélioration des politiques publiques locales qui sont aujourd'hui nombreuses même si elles sont pour la plupart partagées: action sociale, petite enfance et périscolaire, logement, environnement, urbanisme, soutien à l'économie et à l'emploi, formation professionnelle, sport, culture. La liste n'est pas exhaustive. Qu'elle s'applique à la préparation des choix (*ex ante*) ou à l'appréciation des résultats obtenus (*ex post*), l'évaluation permet une meilleure articulation entre les objectifs et les moyens, facilite l'identification des difficultés rencontrées et une éventuelle correction de trajectoire. À travers la qualité, toujours perfectible, des services, elle concerne donc la vie quotidienne de nos concitoyens ;
- en second lieu, au-delà de cette expertise, utile aux décideurs comme aux bénéficiaires, l'évaluation a l'avantage d'ouvrir un espace de discussion sur la pertinence des actions entreprises et l'utilisation des fonds publics qui y sont affectés. Mieux encore, on peut espérer de cette culture de l'expertise une implication citoyenne et donc un renforcement de la démocratie locale. Le débat public, trop restreint à quelques cercles dans notre pays, gagnerait à être plus intense : la responsabilisation des acteurs et des consommateurs est à ce prix ;
- enfin, une raison plus contextuelle, de plus en plus prégnante, ajoute à l'intérêt d'engager les collectivités locales dans un processus d'évaluation systématique : le rétablissement des finances publiques qui ne peut ignorer la part prise par les Administrations publiques locales (APUL) dans la dépense totale.

A. Le poids croissant du secteur public local

La première façon d'appréhender le poids économique du secteur public local est de mesurer ce qu'il représente dans la richesse nationale : il s'agit aujourd'hui de plus de 11 % du PIB, ce qui est tout sauf négligeable. Mais c'est surtout sa part dans la dépense publique qui retient l'attention, en raison de l'impératif de redressement des comptes.

Or si l'État et la Sécurité sociale en ont longtemps pris en charge, dans notre pays, une part écrasante, il n'en est plus de même aujourd'hui. En effet, comme le montrent les chiffres et les graphiques ci-dessous, le secteur public local, essentiellement composé par les collectivités et les établissements qui leur sont rattachés, en assure aujourd'hui plus de 20 % (soit 229,1 milliards d'euros, en 2011). Son poids en matière d'investissement civil est même aujourd'hui très prépondérant.

STRUCTURE DES DÉPENSES PUBLIQUES
en milliards d'euros 2011

État et ODAC (Org. div. d'adm. cent.) :	369,2
ASSO (Adm. de Séc. soc.) :	520,4
APUL (Adm. pub. Loc.) :	229,1 (20,4 %)
Total :	1118,7

ÉVOLUTION DE LA DÉPENSE PUBLIQUE
base 100 = 1978
source INSEE, calculs DG Trésor

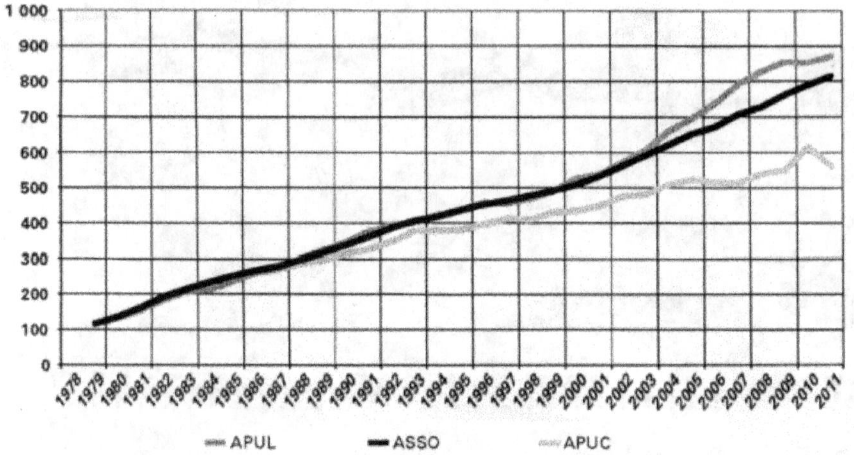

La décomposition par nature de ces dépenses fait apparaître de fortes différences. En matière d'investissement, on s'accorde à reconnaître que les collectivités locales et leurs établissements en réalisent plus de 70 %. Le sens de l'évolution depuis plusieurs dizaines d'années est très clair : si l'on met à part les investissements de défense, la part de l'État n'a cessé de régresser, au point d'être très minoritaire aujourd'hui, alors que celle des APUL est nettement dominante. Par les commandes publiques générées, cette répartition a d'ailleurs sur l'économie et sur l'emploi un impact important. Même à long terme, le croisement des courbes, déclinante pour l'État, ascendante pour les collectivités, n'a pas de chance de s'inverser.

DÉPENSE D'INVESTISSEMENT PAR SECTEUR
source INSEE, Direction Budget

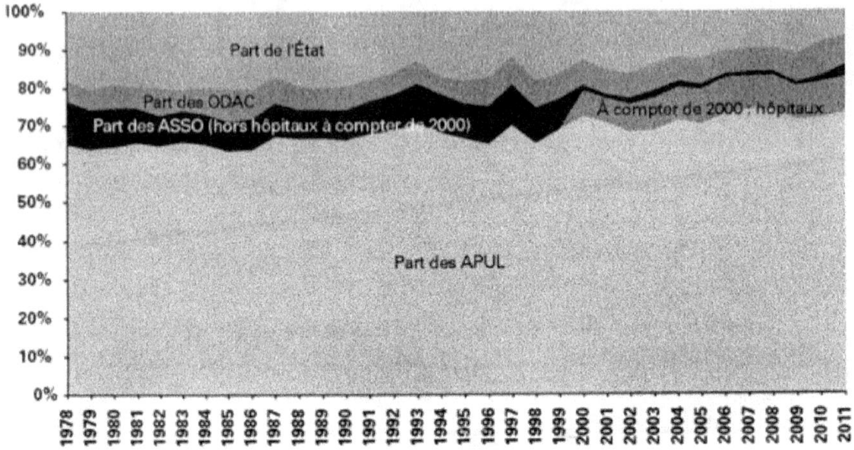

En matière de fonctionnement, la proportion est inverse, en raison de la masse des frais de personnel (traitements et retraites) et de la dette, mais le rythme d'augmentation, ces dernières années, est plus soutenu pour les collectivités locales que pour l'État : ce dernier s'est en effet engagé plus tôt dans une réduction de ses effectifs et bénéficie également des transferts de compétence et de personnel organisés par les lois de décentralisation successives.

La réduction du déficit est ressentie aujourd'hui comme un enjeu prioritaire par l'Union européenne et par la France : globalement, c'est une centaine de milliards qui font défaut pour ajuster les dépenses aux recettes. Comment, économiquement et moralement, exonérer les collectivités locales de l'effort national demandé ? Cette exigence s'impose d'autant plus dans une perspective de consolidation des comptes publics qui paraît évidente mais que, curieusement, notre pays n'avait jamais réalisée jusqu'ici.

TRAJECTOIRE DE RÉDUCTION DU DÉFICIT

Source : Cour des comptes juillet 2012

2011 : 5,2 %
2012 : 4,4 %
2013 : 3 %[6]
2017 : équilibre

CONSOLIDATION DES DÉPENSES PUBLIQUES EN 2011

Source : INSEE -Direction du Trésor

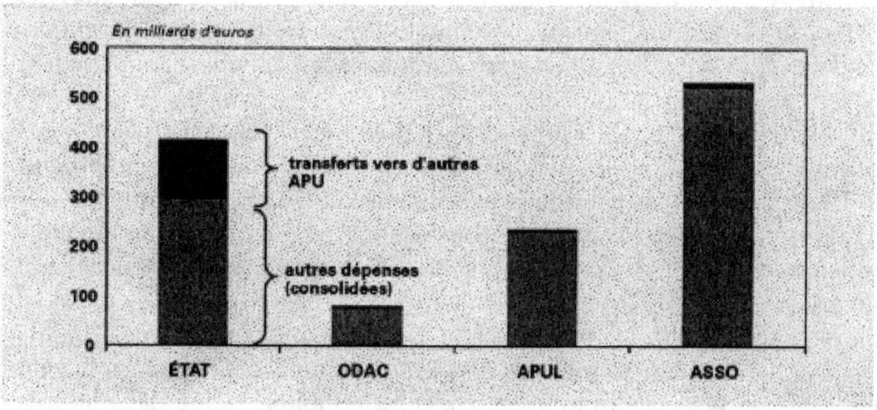

Contrairement aux apparences, il n'y a guère de cloisons étanches entre les différentes sources de dépenses publiques. Il y a, bien au contraire, des transferts, plus ou moins importants, de l'État vers les autres administrations publiques et qui ne sont pas tous inspirés par la rationalité économique mais parfois par la volonté de masquer certains déficits politiquement sensibles : il en est ainsi de la prise en charge par le budget de l'État de dépenses qui relèvent, par vocation, de la Sécurité sociale. Mais l'enveloppe la plus conséquente concerne de loin les collectivités

[6] Début 2013, le gouvernement a admis que la réduction des perspectives de croissance obligeait à restreindre l'objectif des 3 % : tout en maintenant le cap de l'équilibre budgétaire en 2017, il évoque désormais un déficit de 3,7 % cette année.

locales (dotations, compensations d'exonérations fiscales, produits d'impôts transférés) : intégrée dans la loi de finances, elle autorise ainsi une présentation optique plus flatteuse mais illusoire de leur situation financière[7].

B. Les difficultés propres de l'exercice

Destinée à améliorer la gestion publique, l'évaluation est toujours d'un maniement délicat : elle doit évoluer entre des écueils contradictoires, son caractère superficiel ou, à l'inverse, excessivement lent et tatillon, la rigueur pointilleuse de ses méthodes ou, à l'opposé, la complaisance coupable de ses conclusions. Elle l'est plus encore s'agissant des collectivités locales pour deux raisons : l'une, de nature structurelle, résulte de leur émiettement chronique, l'autre, de nature juridique, provient de l'enchevêtrement des compétences qu'elles se partagent souvent de façon indéterminée.

Il est devenu banal aujourd'hui d'évoquer la multiplicité des collectivités locales et des établissements publics de coopération, produit de l'histoire mais aussi d'une politique sédimentaire, accumulant les créations sans faire disparaître pour autant les structures antérieures, inadaptées à l'évolution des besoins. Jusqu'ici, aucun remède efficace n'a été trouvé, ni de manière incitative ni, encore moins, de façon contraignante. Dans un pays dont la population n'a même pas doublé depuis 1900 et dont les moyens de communication ont été sensiblement améliorés, le paysage administratif local a toujours évolué dans le sens d'une multiplication des niveaux et des structures. Au premier janvier 2012, on dénombrait ainsi 36 786 communes (dont 73 % ont moins de 1000 habitants), 2 581 EPCI à fiscalité propre et 14 787 syndicats. Au total, les structures de coopération, toutes confondues, sont 17 368 ! Sur cette trame qui forme le « bloc communal », ont été superposés, à la Révolution, les départements (101) et, beaucoup plus récemment, les régions (26), sans que l'émiettement de la base soit corrigé.

Le mal serait moins grave si, entre elles, existait la répartition différenciée et hiérarchisée des compétences, que les législateurs successifs n'ont pas voulu ou pas pu mettre en œuvre. L'uniformité du

---

[7] Globalement, le phénomène, qui obscurcit les comptes, est loin d'être négligeable : 118,8 milliards en 2011, du budget de l'État vers les autres APU.

statut des communes, quelle que soit leur taille, est largement fictive ; l'absence proclamée de tutelle d'une catégorie de collectivité à l'autre n'empêche pas la dépendance financière des plus petites, et le transfert par « bloc de compétences » homogènes, promis en 1982 par Gaston Defferre, a plutôt donné lieu à un partage indistinct que les lois récentes ont obscurci plus que clarifié. Même si elle permet un maillage fin du territoire, les faiblesses d'une telle organisation l'emportent désormais sur ses avantages : elles rendent l'action publique locale indéchiffrable par le citoyen et renchérissent le coût d'ensemble, au moment où l'argent public, plus rare, devrait être utilisé avec plus de discernement.

Parmi les politiques publiques locales, plusieurs s'enchevêtrent inextricablement ou se partagent à l'infini : action sociale, logement, action économique, environnement, culture, sport. La clause générale de compétence, à l'origine réservée aux communes, puis revendiquée et obtenue par les départements et les régions, facilite, quoi qu'on en dise, une intervention en tous sens, au nom du principe d'autonomie sur lequel elle repose. Si l'on ajoute à ce constat le principe selon lequel ce qui n'est pas interdit est permis, on comprend qu'aujourd'hui le chevauchement l'emporte, et de loin, sur la clarification et la hiérarchie des compétences. L'État lui-même a d'ailleurs encouragé le phénomène en sollicitant, même pour l'exercice de ses propres missions, le concours financier multiple des autres collectivités.

EXEMPLE DE LA POLITIQUE FAMILIALE

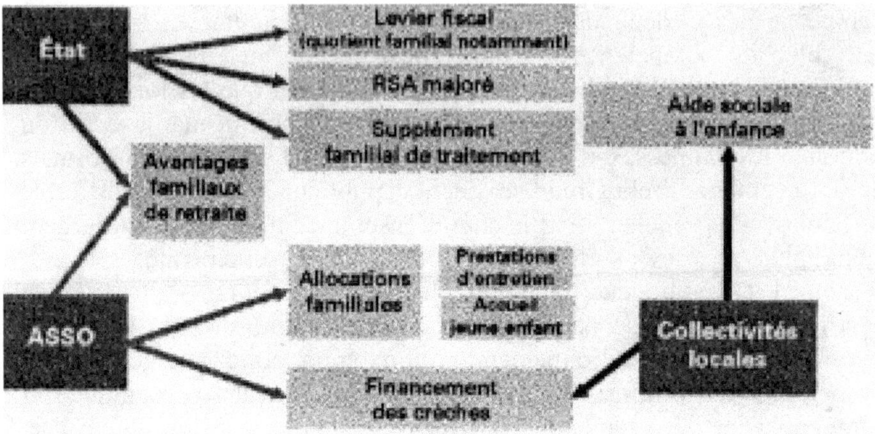

Dans ces conditions, l'évaluation des collectivités locales ne peut se développer sans une chirurgie fine permettant de dénouer l'écheveau des interventions et des financements. Du moins, l'expérience acquise, particulièrement avec la LOLF, devrait être pour nous un guide utile.

II. L'EXPÉRIENCE CONTRASTÉE DE LA LOLF

Globalement, les finances publiques souffrent d'un contexte peu favorable : la quasi-stagnation de la croissance en 2013 (0,1 % selon les dernières estimations) et les maigres perspectives pour 2014 laissent entrevoir une moins-value conséquente de recettes fiscales. L'augmentation attendue du chômage, au moins à court terme, va de son côté accroître le déficit de la Sécurité sociale. Dans ces conditions, la situation financière des collectivités locales ne peut être que de plus en plus tendue, ce qui renforce la nécessité d'une évaluation de la pertinence des politiques qu'elles conduisent.

Les aspects les plus préoccupants de cette tension sont multiples : d'une manière générale, les concours financiers de l'État, déjà gelés, vont subir une contraction sensible (baisse de 3 milliards) en 2014 et 2016. Les départements qui éprouvent déjà des difficultés à financer l'aide sociale (APA, RSA) sont dans une situation financière fragile comme vient de le constater le rapport public annuel de la Cour. Quant aux régions, elles subissent une perte d'autonomie régulière qu'atteste la diminution relative de leurs recettes fiscales et des autres ressources propres. Or, malgré cette inversion de tendance, l'augmentation des effectifs des collectivités locales a été continue. Le dernier rapport du conseil supérieur de la fonction publique territoriale[8] reconnaît ainsi une création de 34 000 emplois par an, en moyenne, hors transfert, sur la période 1998-2010. Cette dernière est notamment le fait du « bloc communal » qui, loin de générer des économies d'échelles, a au contraire alourdi le poids de la masse salariale. La seule note positive dans ce concert de préoccupations actuelles et à venir est le plus faible niveau d'endettement des collectivités locales[9] qui ont pris soin, plus que l'État, d'épargner les générations futures. Mais cela reste une maigre consolation.

A. LES PROGRÈS DE LA LOLF

L'ambition de la LOLF était, si l'on en croit Philippe Séguin, d'entreprendre une « réforme de l'État par le budget ». Avec le recul, l'espérance mérite au moins d'être relativisée. En effet, si la nouvelle procédure a permis d'incontestables avancées, elle n'a pas pour autant révolutionné la gestion des politiques publiques. La voie choisie était celle d'un renforcement des pouvoirs de contrôle et d'évaluation du Parlement, avec le concours de la Cour des comptes. Les outils essentiels de la LOLF étaient les suivants :

- la réorganisation du budget en missions, programmes et actions ;
- l'introduction d'indicateurs de performance ;
- la fongibilité asymétrique des crédits et la justification au premier euro[10] ;
- le plafond d'emplois, exprimé en équivalents temps plein travaillé (ETPT) ;
- la certification des comptes de l'État par la Cour des comptes.

Appliquée progressivement jusqu'en 2005, cette démarche qui renforce l'autonomie de gestion est devenue, avec la révision générale des

---

[8] Rapport rendu public le 28 février 2013.
[9] En 20 ans (1990 - 2010), la dette de l'État est passée de 263,1 à 1245 milliards d'euros, celle des administrations locales de 90 à 160,6.
[10] Abandon de la règle des « services votés » de l'ordonnance de 1959, examinés en bloc, et de la limitation de la discussion aux mesures nouvelles.

politiques publiques, l'instrument privilégié du redressement des finances françaises. Quel bilan peut-on en dresser, dans la perspective qui nous intéresse ici de sa transposition aux collectivités locales ?

C'est l'appréciation critique réalisée par la Cour des comptes[11], en novembre 2011, qui nous servira de guide. Celle-ci relève des « progrès sensibles » à plusieurs niveaux, en premier lieu dans la présentation du budget qu'elle reconnaît plus claire qu'auparavant. En contrepoint, elle note que l'architecture des missions et des programmes (respectivement, 33 et 143 en 2010) demeure stable et ne fait guère l'objet d'une adaptation périodique, ce qu'elle regrette. En second lieu, on note des progrès dans l'amélioration de la quantité et de la qualité de l'information fournie au Parlement. La Cour fait cependant observer que celle-ci est d'un « intérêt inégal » et qu'elle ne peut appréhender l'usage réel qu'en font les parlementaires. Au-delà de ces points positifs, il convient de souligner que la démarche de performance est, dans l'ensemble, acceptée par les agents publics : ce constat est réconfortant car, sans leur adhésion, elle serait condamnée à demeurer superficielle. Enfin, la certification des comptes de l'État (et de la Sécurité sociale) par la Cour des comptes est évidemment un gage de plus grande sincérité budgétaire.

B. LES RECOMMANDATIONS

Dans son bilan, la Cour ne cache pas les déceptions éprouvées, à l'expérience. D'une part, la perspective d'une nouvelle gestion par grandes politiques a été freinée par une culture encore réticente au changement et par l'insuffisance de l'aiguillon parlementaire, ce qui n'est pas fait pour nous surprendre. Passé le stade du défi que représente l'application de la réforme, les pratiques routinières reprennent souvent le dessus. La confortable culture de soumission dans laquelle baignent les députés n'est pas près de céder la place à l'audace de s'affranchir de la « dictature » majoritaire. D'autre part, l'urgence du rétablissement des finances publiques, aggravée par la crise de 2008, a éclipsé, en grande partie, les objectifs initiaux et ambitieux de la LOLF : de la réforme de l'État, espérée par le Premier Président Philippe Séguin, subsiste surtout une recherche d'économies de fonctionnement, parfois à courte vue, dans

---

[11] *La mise en œuvre de la LOLF : un bilan pour de nouvelles perspectives*, DF 2011.

laquelle les impératifs budgétaires l'emportent sur l'évaluation qualitative.

Aussi, pour éviter que la réforme ne s'enlise, la Cour formule une série de recommandations. L'évaluation, qui est en soi un processus complexe, l'est plus encore par le partage actuel des politiques publiques entre l'État, les administrations de Sécurité sociale et les collectivités locales. C'est la question de l'unité de direction qui, selon la Cour, devrait revenir à l'État, qui se trouve ainsi posée. Dans cette perspective, la Cour des comptes propose d'abord la transposition de la LOLF aux collectivités locales qui sont les seules à en être affranchies. Elle suggère aussi une hiérarchisation des objectifs à atteindre et une évaluation parlementaire plus poussée : pour ce faire, elle conseille de distinguer entre des indicateurs stratégiques, pluriannuels, et des indicateurs de gestion courante, annuels. Enfin, la recherche d'une plus grande cohérence implique une vision politique que la simple addition de programmes ne saurait remplacer : ainsi, on ne fera pas, selon elle, l'économie d'une répartition plus claire des responsabilités entre le Premier ministre (maillon à renforcer) et les ministres. Variations sur un thème connu et leçons pour l'avenir !

III. LA TRANSPOSITION AUX COLLECTIVITÉS LOCALES

Dans les collectivités locales, l'évaluation ne prend aujourd'hui appui sur aucun dispositif juridique. Pour préparer le terrain à une éventuelle adaptation de la LOLF, quelques expérimentations volontaires ont cependant eu lieu depuis 2006 : la Cour des comptes en donne des exemples mais reconnaît aussitôt qu'aucun bilan n'en a été fait, à sa connaissance. La rénovation de la comptabilité engagée récemment améliore certes l'information budgétaire et financière, notamment sur leur situation patrimoniale. Pour les régions[12], les départements[13] et pour les plus grandes communes[14], elle autorise une présentation fonctionnelle de leur budget, plus adaptée aux politiques qu'elles conduisent. Mais tout,

---

[12] Instruction M 71.

[13] Instruction M 52.

[14] Instruction M 14. La présentation par fonction n'est obligatoire que pour les communes de plus de 10.000 habitants. Facultative en-deçà de ce seuil, elle est encore trop peu utilisée.

ou presque, est à construire, et ce dans un cadre normatif plus contraignant aujourd'hui.

Longtemps, seule la Constitution en fournissait le socle, par la consécration de l'objectif d'équilibre des comptes, du principe de libre administration et de la compétence législative. Mais l'adoption du Traité européen du 2 mars 2012 sur la stabilité, la coordination et la gouvernance, plus connu sous le nom de « pacte budgétaire », vient de créer une obligation plus stricte que celle résultant du Traité de Maastricht que beaucoup d'États, dont la France, avaient décidé, en 2007-2008, de reporter à l'après-crise. Son article 3 impose désormais un objectif d'équilibre « à moyen terme », défini par un solde structurel des administrations publiques inférieur à 0,5 % du PIB. La loi organique du 17 décembre 2012, relative à la programmation et à la gouvernance des finances publiques tire les conséquences législatives[15] de cette norme de consolidation des comptes, incluant les collectivités locales. Face à ces nouvelles contraintes, la nécessité d'une évaluation de leurs politiques ne peut donc plus être récusée : mais comment la concilier avec le principe constitutionnel de libre administration ?

A. AUTONOMIE ET ÉVALUATION

C'est dans les articles 34 et 72 de la Constitution que le principe de libre administration des collectivités est proclamé et décliné en termes de compétences, de ressources, d'élection des conseils et d'exercice du pouvoir réglementaire, dans la sphère qui leur est dévolue. Si cette autonomie ne s'oppose pas, par nature, à l'adoption d'un dispositif d'évaluation, elle en conditionne la forme et le contenu. Ainsi, le Conseil constitutionnel a reconnu pour la première fois en 1979[16] puis précisé, en 1982[17], que la libre administration des collectivités territoriales est un principe constitutionnel. Elle leur garantit, à ce titre, une autonomie institutionnelle et fonctionnelle. Mais pour autant, elle n'implique ni une libre réglementation ni un libre gouvernement. La liberté

---

[15] Le Traité évoquait une transposition de « préférence constitutionnelle », que la France n'a pas retenue.

[16] CC 104 DC du 23.5.1979, Nouvelle-Calédonie, *R.* 27, cs. 9.

[17] CC 137 DC du 25.2.1982, Loi relative aux droits et libertés des communes, des départements et des régions, *R.* 38, cs. 2.

d'administration doit en effet se combiner avec d'autres principes de même valeur (égalité, continuité), ce qui en restreint la portée. C'est au législateur seul qu'il appartient d'en opérer la conciliation, donc d'en tracer les limites.

Au-delà de cette confrontation de principes de même rang, le Conseil subordonne l'encadrement législatif de l'autonomie locale à l'existence d'un intérêt général. Dans une décision récente, il considère que si la loi « peut, sur le fondement des articles 34 et 72 de la Constitution, assujettir les collectivités territoriales ou leurs groupements à des obligations, c'est à la condition notamment que celles-ci concourent à des fins d'intérêt général » [18] . La mise en place, par le législateur, d'un dispositif d'évaluation répondrait-elle à une telle condition ? La réponse positive ne fait pas de doute. D'une part, la finalité de l'évaluation est, non de contraindre, mais d'éclairer les choix, non de restreindre l'autonomie mais d'améliorer les politiques conduites. Elle n'impose pas un contrôle supplémentaire mais invite à une recherche qualitative, sous la forme d'un bilan coût-avantages. D'autre part, c'est à la collectivité elle-même qu'il appartient d'en tirer les conséquences pour l'avenir, en reconduisant l'action, en l'infléchissant ou en la supprimant. De l'abondante jurisprudence du Conseil constitutionnel sur les attributs et les limites de la libre administration, on peut conclure que l'autonomie n'exclut pas l'évaluation. La loi pourrait donc mettre en place un ou des mécanismes en ce sens, sous réserve de ne pas constituer une contrainte excessive ou une sanction[19]. Comme on le voit, il s'agit d'une question de degré et non de nature. Quelles propositions concrètes peut-on alors avancer pour développer une démarche nécessaire au rétablissement de fondamentaux, aujourd'hui dégradés ?

B. Quels mécanismes d'évaluation ?

Comment encourager la culture de l'évaluation dans un paysage administratif émietté et enchevêtré ? Si l'on pense comme Voltaire que « le mieux est l'ennemi du bien », c'est à l'essentiel qu'il faut aller, sans ajouter encore une couche bureaucratique à un « millefeuille » déjà épais.

---

[18] CC 543 DC du 30.11.2006, Loi relative au secteur de l'énergie, *R* 120, cs. 29.

[19] CC 316 DC du 20.1.1993, Loi relative à la prévention de la corruption, *R.* 14, cs. 42 ; 168 DC du 20.1.1984, Loi sur la fonction publique territoriale, *R.* 38, cs. 5.

Or, si l'application d'une méthode évaluative aux politiques des départements et des régions relève de l'évidence, la question ne se pose pas dans les mêmes termes pour les communes, en raison de leurs différences de taille. La plupart d'entre elles gèrent un budget et des services trop modestes pour que l'exercice leur soit appliqué avec profit : un seuil démographique raisonnable doit donc être retenu. Dans un souci de progressivité, il pourrait être fixé, au départ, à 10.000 habitants, ce qui n'exclurait ni une expérimentation volontaire en-deçà, ni une extension ultérieure du dispositif, au fil du temps.

En outre, c'est aux politiques les plus significatives, par leur impact budgétaire, qu'il faut s'atteler prioritairement. On devrait retrouver ici la vocation principale de chaque niveau de collectivité que la dispersion législative a hélas fait perdre de vue depuis 1982. Pour la région, l'évaluation devrait porter d'abord sur les politiques-clé qu'elle est chargée de conduire : l'action économique, l'aménagement du territoire, la formation professionnelle et les lycées, les transports. Chez les départements, c'est l'action sociale, dans ses différentes dimensions, qui mérite une absolue priorité : RSA, APA, prévention médico-sociale. S'y ajouteraient les autres domaines les plus coûteux tels que la voirie et les réseaux et les collèges. Enfin, pour les communes, on pourrait retenir, en première approche, la politique de la ville, la sécurité, l'école, l'enfance et la jeunesse. Cette liste, comme on le voit, n'englobe pas l'ensemble des actions locales : plusieurs d'entre elles sont en effet si partagées qu'une méthode d'évaluation commune serait la plus adaptée. C'est notamment le cas du logement, de la culture, du sport, de l'environnement qui donnent lieu à une mobilisation variable des catégories de collectivité, sans oublier l'État et les EPCI. En fonction de l'implication des élus, un chef de file pourrait être utilement désigné, à l'amiable, pour en assumer la responsabilité.

Parmi les outils de la LOLF, ceux qui peuvent être le plus aisément transposés sont les indicateurs de performance. Leur intégration dans le budget ne pose pas de difficulté. C'est plutôt à leur nature et à leur nombre qu'il convient de réfléchir préalablement. En effet, la performance ne se résume pas à une seule dimension : elle est, à la fois, économique, sociale et environnementale. Or c'est trop souvent à la première que l'on s'attache, au détriment des autres, ce qui conduit malheureusement à sacrifier le long terme au court terme. L'expérience de la LOLF montre aussi que l'abondance d'indicateurs est non seulement chronophage, mais aussi nuisible à la cohérence. Comme le suggère la Cour des comptes, quelques indicateurs stratégiques devraient fixer les objectifs à atteindre à moyen ou long terme, par différence avec ceux, plus nombreux, mesurant la gestion courante, à un rythme annuel. Comme le disait, avec sagesse, Einstein, « ce qui compte ne peut pas toujours être compté et ce qui peut être compté ne compte pas forcément ».

La méditation contemplative des indicateurs ne procure cependant qu'un plaisir intellectuel et n'alimente que l'autosatisfaction. Or la finalité de l'évaluation est une amélioration constante de la qualité des actions entreprises. Dans cette perspective, c'est une véritable culture de l'appréciation critique et du débat qu'il importe de promouvoir. Plusieurs dispositifs peuvent y concourir. En premier lieu, l'introduction d'un débat annuel sur le projet de performance des services serait bienvenue. Il pourrait remplacer utilement celui consacré aux orientations budgétaires qui, rituel et peu opérationnel, n'a pas fait ses preuves. Au contraire, à l'occasion du vote du compte administratif, par exemple, une discussion publique sur les objectifs assignés et les résultats obtenus éclairerait les choix budgétaires à venir. En second lieu, l'activation et l'extension du rôle de la commission consultative des services publics locaux[20], conçue de manière trop restrictive, sont souhaitables. Applicable seulement aux communes de plus de 10.000 et aux EPCI de plus de 50.000 habitants, la commission est axée, défensivement, sur les délégations de services publics, ce qui explique la réticence des élus qui la perçoivent comme un contre-pouvoir plutôt que comme un organe d'information et de proposition. Étendue aux départements et aux régions, associée de manière consultative à la gestion des services publics, une telle commission permettrait de recueillir les suggestions et les critiques des citoyens (il faut savoir accepter les unes et les autres). Son rapport, annuel et mis à la disposition du public, aurait ainsi l'avantage de l'inscrire dans une pratique régulière, gage de respect mutuel. On pourrait espérer qu'un nouvel espace de dialogue entre les élus et les usagers serait ainsi créé.

Une comparaison avec les pays voisins les plus avancés en ce domaine montre bien qu'une culture de l'évaluation ne se décrète pas mais se forge progressivement, par une méthode empirique, reposant sur la durée et le bénéfice partagé. Dans cette perspective, que j'appelle de mes vœux, je voudrais formuler deux ultimes souhaits livrés à la réflexion des

[20] Art. L. 1413-1 du CGCT.

décideurs. Préalablement à la généralisation de l'expérience, il serait judicieux de rédiger, en concertation avec les associations d'élus et d'usagers, un guide méthodologique de l'évaluation des politiques locales, pour démythifier l'exercice et faciliter son usage. Les matériaux accumulés aujourd'hui sont suffisamment nombreux pour qu'on puisse en tirer un mode d'emploi, à la fois simple et utile, servant de référence et non de modèle. Car le dogmatisme des solutions toutes faites sera toujours l'ennemi d'une évaluation opérationnelle. Enfin, pour stimuler l'esprit de responsabilité, pourquoi ne pas faire évoluer l'examen de la gestion tel qu'il est pratiqué par les chambres régionales et territoriales des comptes ? Ce dernier est censé porter sur la régularité, l'économie des moyens mis en œuvre et sur l'évaluation des résultats atteints[21]. Pourtant, à l'usage, il est surtout ressenti comme lent, tardif et procédurier : le contrôle de la conformité aux règles d'exécution des dépenses et des recettes est nécessaire mais il gagnerait à être allégé et accompagné par une mission d'assistance, d'expertise comparable à celle que remplit la Cour des comptes.

* *

*

En définitive, s'il fallait ne retenir de la culture de l'évaluation qu'un seul mérite, ce serait celui de fortifier, à travers des espaces de débat et de critique, l'esprit de responsabilité sans lequel il n'y a pas de démocratie adulte.

---

[21] Art. L. 211-8 du Code des juridictions financières.

LA MORALISATION DE LA VIE PUBLIQUE

Par
Jean Gicquel
Professeur émérite de droit public
de l'Université de Paris I (*Panthéon-Sorbonne*)
Ancien membre du CSM
Ancien déontologue de l'Assemblée nationale

Chers collègues, chers étudiants,

Permettez-moi d'abord de dire tout le plaisir que j'ai à me retrouver à l'Université du Havre, à y retrouver son père fondateur, mon ami, le doyen Patrice Gélard.

« Les Français estiment que l'éthique politique recule en France ». Cette affirmation résulte d'un sondage publié par le journal *Le Monde* le 2 février 2012 et mérite qu'on s'y attarde. Y aurait-il en France un désenchantement de la démocratie ? Poser cette question revient à réfléchir sur les rapports entre l'éthique et la politique.

Si l'éthique est la science de la morale, la politique est, selon la définition cinglante de d'Alembert, « l'art de tromper les hommes ». Le rapprochement de ces deux notions permet ainsi de comprendre qu'elles aient pu dans un premier temps paraître incompatibles. Mais la culture de la démocratie et de l'État de droit a permis de les concilier. Dans cet ordre d'idées, il faut rappeler que la politique au sens noble du terme implique désormais le civisme, le désintéressement jusqu'à l'abnégation. Comment ne pas avoir présent à l'esprit ce fait divers tragique lorsque, en 2002, des conseillers municipaux de Nanterre ont été froidement abattus[1] ?

Cette transformation de la politique a d'abord été permise par le perfectionnement du mode de désignation des gouvernants privilégié par le droit constitutionnel moderne : l'élection. Le temps n'est en effet plus

---

[1] « La folle tragédie de Nanterre », *Le Monde* 28.3.2002.

où un Premier ministre britannique pouvait dire qu'il connaissait le tarif de la conscience de chacun de ses électeurs. Aujourd'hui, chacun peut apprécier le caractère précautionneux du droit électoral et tous les détails qui font que l'opération électorale ressortit à la sincérité, à la loyauté, d'autant que le Conseil constitutionnel s'emploie, comme chacun le sait, à veiller au respect de ces principes.

Mais une nouvelle étape s'impose à nous. Elle s'incarne dans cette notion de déontologie dont l'actualité tient à la publication, en novembre 2012, du rapport de la Commission Jospin[2]. La déontologie et l'action politique sont donc amenées à cohabiter, ce qui nous interpelle.

S'agit-il de la déontologie ? Il faut rappeler que ce terme a été forgé par Jeremy Bentham[3] et que, selon *Le Littré*, c'est la « science des devoirs ». Toute personne, quelle que soit l'activité exercée, quelle que soit la fonction assumée, est tenue de respecter les devoirs qui s'attachent à son état, dans l'intérêt de l'institution dont elle relève. C'est dans cet ordre d'idées que cette notion de déontologie prend tout son sens à l'égard notamment des détenteurs d'un mandat public, qu'il s'agisse d'un parlementaire ou qu'il s'agisse, au sens général du terme, de fonctionnaires. Concernant ces derniers, la déontologie s'impose lorsqu'une personne dépositaire de l'intérêt général – qui n'est autre que la version laïque de la notion théologique de bien commun – se trouve être aux prises avec un intérêt privé qui découle d'elle-même ou de ses proches. Car de l'interférence entre un intérêt général et un intérêt privé naît ce qu'on appelle le conflit d'intérêts. Il importe d'éviter que ce dernier ne détourne le titulaire du mandat ou de la fonction de sa mission.

De ce point de vue, conflit d'intérêts et déontologie sont intimement liés. Juridiquement, ledit conflit n'est toutefois pas une incompatibilité. Il ne se réduit pas non plus au délit de prise illégale d'intérêt tel qu'il figure à l'article 432-12 du Code pénal. C'est une notion nouvelle découlant de la célèbre affaire Woerth - Bettencourt. Celle-ci a conduit le président Nicolas Sarkozy à demander au vice-président du Conseil d'État de présenter un rapport sur les conflits d'intérêts[4]. Ce dernier a débouché sur

---

[2] Jospin L. (dir.), *Pour un renouveau démocratique : rapport de la Commission de rénovation et de déontologie de la vie publique*, DF 2012.

[3] *Déontologie ou science de la morale*, éd. Charpentier 1834.

[4] Sauvé J.-M. (dir.), *Pour une nouvelle déontologie de la vie publique. Rapport de la Commission de réflexion pour la prévention des conflits d'intérêts dans la vie publique*, DF 2011.

un projet de loi[5] qui ne concernait que les parlementaires et n'a, de toute façon, jamais été soumis au Parlement.

Invoquant le principe de la séparation des pouvoirs, les Assemblées ont en effet chacune adopté une solution originale pour résoudre les difficultés posées par de tels conflits en leur sein. Monsieur le sénateur ne me démentira pas : la Haute Assemblée a été la première à intervenir en créant un Comité de déontologie parlementaire composé de sénateurs à raison d'un membre par groupe[6]. Robert Badinter en a été le premier président et, présentement, Catherine Tasca le préside.

L'Assemblée nationale a pour sa part voulu faire preuve d'innovation – ce qui illustre un bon aspect du bicamérisme – en créant une fonction particulière : celle de « déontologue de l'Assemblée nationale »[7], ce dernier devant offrir un regard distancié afin de faire progresser les choses. C'est à cette fonction que j'ai eu le redoutable honneur d'être élu. Cet honneur s'est toutefois achevé avec la XIVe législature ; un successeur m'a été trouvé en la personne de Noëlle Lenoir, le 10 octobre 2012, de sorte que je peux parler maintenant du déontologue avec suffisamment de sérénité.

C'est une fonction particulière, *sui generis*. Pour simplifier, cette fonction se ramène à deux idées : c'est, d'abord, une sorte d'autorité autonome au sein de l'Assemblée (I) et, ensuite, une autorité qui a pour finalité de conseiller les députés (II).

I. Une autorité autonome

Le statut du déontologue a été fixé par un arrêté du bureau de l'Assemblée nationale en date du 6 avril 2011. Deux particularités méritent d'être soulignées. Celles-ci tiennent à la condition de nomination (A) et à la durée des fonctions (B) de l'intéressé.

---

[5] « Projet de loi relatif à la déontologie et à la prévention des conflits d'intérêts dans la vie publique », *Doc. AN*, n° 3704 du 27.7.2011.

[6] Arrêté du Bureau du Sénat n° 2009-286 du 25.11.2009.

[7] Décision du Bureau de l'Assemblée nationale du 6.4.2011.

A. La condition de nomination

Le président Accoyer a eu pour souci de pratiquer ce qu'il a appelé le « système du binôme ». Ce système consiste à créer et confier une mission à deux rapporteurs, un de la majorité et un de l'opposition, dans le but de dégager autant que possible des solutions consensuelles. C'est cette méthode qui a été utilisée en matière de déontologie. Elle a abouti à l'alinéa 1er de l'article 2 de l'arrêté du 6 avril 2011 dont il ressort que le déontologue est élu par le bureau de l'Assemblée, c'est-à-dire par son instance dirigeante sur la proposition conjointe du président de l'Assemblée et d'au moins un président de groupe de l'opposition.

Le candidat est auditionné par le bureau. Il expose son programme, la manière dont il va concevoir son rôle. Puis il doit, selon le même alinéa 2, être élu à la majorité qualifiée des trois cinquièmes. C'est la même majorité que celle qui a été retenue par la révision constitutionnelle du 23 juillet 2008, dans le nouvel article 13, alinéa 5, concernant le contrôle parlementaire des nominations présidentielles. Elle présente l'avantage d'éviter tout vote partisan et de permettre au candidat de recueillir un large consensus. Le terme « élu » apparaît toutefois impropre aux parlementaires, car les seuls élus ce sont eux-mêmes. Ils préfèrent donc parler de « nomination » à propos du mode de désignation du déontologue.

Quoi qu'il en soit, la seule condition posée à l'alinéa 1er de l'article 2 tient au fait que le déontologue doit être une personnalité indépendante à l'égard du pouvoir politique et, surtout, du pouvoir économique. Là réside la difficulté, sans conteste.

B. La durée de la fonction

L'alinéa 2 de l'article 2 de l'arrêté du 6 avril 2011 prévoit que le déontologue est nommé pour la durée de la législature, c'est-à-dire normalement cinq ans, sauf si, entre temps, l'Assemblée se trouvait dissoute. En tout état de cause, il ne peut pas être renouvelé dans ses fonctions. C'est une condition d'indépendance et d'impartialité. Le déontologue n'a de ce fait pas à redouter pour ce qu'il a fait ou ce qu'il n'a pas fait puisqu'en aucune façon il ne sera reconduit.

Ceci n'aboutit pas, pour autant, à une situation d'inamovibilité. L'alinéa 2 de l'article 2 organise en effet un mécanisme de révocation du déontologue. En la forme, la procédure suivie est la même que celle prévue pour sa nomination : il faut une initiative conjointe du président de l'Assemblée et du président d'un des groupes au moins de l'opposition et un vote à la majorité des trois cinquièmes. Au fond, cette procédure peut jouer si le déontologue est frappé d'impéritie ou si ses facultés mentales s'altèrent. Mais elle vise surtout à sanctionner ses éventuels manquements à son obligation de stricte confidentialité du fait notamment d'indiscrétions, à la presse par exemple.

Quant à sa place au sein de l'Assemblée, le déontologue se situe *grosso modo* entre les fonctionnaires de la chambre et les parlementaires. Le restaurant de l'Assemblée nationale, situé au huitième étage, ne lui est ainsi pas accessible les jours réservés aux députés : le mardi et le mercredi, ce qui le place parfois dans une situation délicate.

Quoi qu'il en soit, son statut est assez original en ce qu'il lui garantit une grande autonomie interne et permet ainsi d'en faire un conseil efficace.

II. UN CONSEIL DES DÉPUTÉS

La déontologie vise d'abord à servir la représentation nationale pour mieux la protéger du populisme ambiant, d'un antiparlementarisme rampant. Il s'agit, en un mot, de protéger le parlementaire contre lui-même. C'est la raison pour laquelle le bureau de l'Assemblée nationale a prévu pour le déontologue trois fonctions.

Il est, d'abord, le garant du code de déontologie qui a été adopté par le bureau de l'Assemblée le même jour que sa création, soit le 6 avril 2011 (A). Il est, ensuite, le juge de la nouvelle obligation déclarative sur les intérêts pesant sur les députés (B). Il est, enfin, un consultant, en ce qu'il peut être saisi par n'importe quel député d'une demande d'avis sur un possible conflit d'intérêts (C).

A. LE GARANT DE L'APPLICATION DU CODE DE DÉONTOLOGIE

Cette première fonction lui est assignée par l'article 1er de son statut. D'après l'arrêté du 6 avril 2011 l'édictant, ce code comporte un préambule et six articles.

Le préambule rappelle que, en tout état de cause, un député doit se prévaloir de l'intérêt général et que c'est par rapport à l'intérêt général qu'il doit agir.

Pour sa part, l'article 1er prévoit qu'un député ne doit jamais se placer dans une situation de dépendance par rapport au secteur privé ou à un groupe de pression. Parallèlement, l'article 4 l'oblige à rendre compte de son action, celle-ci devant être transparente comme le prévoit l'article 15 de la Déclaration de 1789. L'article 5 apparaît comme la disposition matricielle puisqu'il pose le principe de la probité ou de la rectitude du député, ce dernier devant indiquer les intérêts privés dont il est lui-même l'incarnation ou ceux qui découleraient de ses proches. On songe à cette célèbre chanson que l'on chantonnait dans les rues de Paris en 1887 : « Ah quel malheur d'avoir un gendre ! », lorsque le président Jules Grévy fut contraint à la démission du fait que son gendre s'adonnait à un trafic d'un genre très particulier : celui de la légion d'honneur ! Aujourd'hui, soit dit en passant, le roi d'Espagne pourrait reprendre cet air à son compte !

L'article 6 clôt le code de déontologie. Il proclame le principe de l'exemplarité. Ce principe rappelle Montesquieu, selon lequel le ressort de la démocratie était la « vertu ». Faire des parlementaires des saints laïques : voilà l'objectif poursuivi par le bureau lorsqu'il a voté ce code de déontologie.

B. Le juge des intérêts déclarés par le parlementaire

L'annexe du statut du déontologue contient un modèle de déclaration comportant des rubriques qui doivent être remplies par le parlementaire. D'après l'article 4 du statut, cette déclaration oblige le député à rappeler ses activités professionnelles dans les cinq ans qui ont précédé son arrivée à l'Assemblée, quelles sont ses activités professionnelles et le montant des rémunérations qu'il continue de percevoir, à indiquer s'il exerce des fonctions de conseil – le rôle de l'avocat étant visé à travers cet aspect – et s'il dispose d'une participation dans des sociétés à hauteur de 15 000 euros, ou d'autres intérêts par ses proches.

Aux termes de l'article 3 du statut, il appartient au déontologue de recueillir ces déclarations. Comment s'y prend-il ? D'après l'article 4, les députés sont tenus de déposer cette déclaration dans le mois qui suit leur entrée en fonction. Selon l'article 6, cette disposition n'est toutefois applicable qu'aux seuls députés élus à l'occasion de la XIVe législature au mois de juin 2012. Le premier déontologue n'a ainsi pas pu traiter la question ; il a pu seulement l'aborder. C'est une situation à tout le moins baroque. Car qu'est-ce qu'un déontologue en quête d'un rôle de déontologue ?

L'article 3 réserve au déontologue l'accès à ces informations. Pour se faire, un coffre-fort est mis à sa disposition afin qu'il puisse mettre les déclarations d'intérêts qui lui sont remises à l'abri de toute fuite. Pour les députés, c'est le choix entre le déontologue, une sorte de confesseur laïque, et le *Canard enchaîné*, si l'on ose dire. Si un député s'abstient de déposer sa déclaration, l'article 5 confie au déontologue le soin de lui rappeler son obligation. S'il persistait, le déontologue devrait, en vertu du même article, alerter le président de l'Assemblée nationale pour qu'il saisisse, le cas échéant, le bureau, qui trancherait en définitive. À l'Assemblée comme au Sénat, c'est donc au bureau, instance politique, que revient le pouvoir de décision.

C. Le consultant des députés

Sans préjudice du rapport d'activités, rendu public, l'alinéa 2 de l'article 3 du statut permet aux députés de saisir le déontologue de leur situation afin de savoir s'ils sont en règle au regard du code de déontologie. L'alinéa 2 insiste sur la confidentialité des demandes de consultation et des avis remis, ceux-ci ne pouvant être rendus publics que par le député concerné. Une quinzaine de députés de la XIIIe législature ont consulté le premier déontologue. Sur 577 députés, c'est peu il est vrai. Mais cela montre que les choses sont en train d'évoluer, en vue de l'intériorisation du processus.

*   *

*

L'essor de la déontologie révèle une nouvelle phase de la moralisation de la vie politique qui prendra du temps, un peu comme la loi de 1988 qui avait introduit le financement public des élections avec les comptes de campagne[8]. Car, aujourd'hui, il n'y a pas un seul parlementaire qui ignore

---

[8] L. modifiée n° 88-227 du 11.3.1988, relative à la transparence financière de la vie politique, *JO* 12.3.1988. 3290.

la manière dont les choses se déroulent et la sanction qu'il encourt en cas de manquement à ses obligations professionnelles.

Sur ces entrefaites, la Commission Jospin sur la rénovation de la vie politique et de la déontologie a rendu son rapport[9]. Ce dernier prévoit « une stratégie globale » concernant la classe politique tout entière, aussi bien les membres du gouvernement – qui ont, du reste, souscrit à une charte de déontologie dès leur prise de fonction au mois de mai dernier – que les parlementaires. La commission préconise la création d'une nouvelle Autorité administrative indépendante (AAI). Appelée Commission de la déontologie, celle-ci serait compétente à l'égard de l'ensemble des gouvernants, à l'unisson de la Commission pour la transparence financière de la vie politique. Pour assurer son autorité, le rapport préconise de composer cette nouvelle commission de neuf membres : du vice-président du Conseil d'État, du premier président de la Cour de cassation, de celui de la Cour des comptes et de six personnalités qualifiées, respectivement nommées par le président de l'Assemblée nationale, celui du Sénat et le président de la République. La 35e et dernière proposition de la Commission Jospin innove en proposant la mise en place d'une alerte éthique. Toute personne constatant un conflit d'intérêts évident pourrait ainsi saisir officiellement cette AAI afin qu'elle y mette un terme[10]. Comme on le voit, la moralisation de la vie publique demeure d'actualité.

---

[9] Jospin L. (dir.), *op. cit.*

[10] Le Goff S., *La prévention et le traitement des conflits d'intérêts en droit parlementaire français*, mémoire, Paris-I 2012.

LA RÈGLE D'OR

Par
Gilles Lebreton
Professeur de droit public à l'Université du Havre
Doyen honoraire de la Faculté des Affaires internationales
Ancien directeur du GREDFIC

« Je dirige un pays en faillite ». Cette déclaration du Premier ministre François Fillon avait causé une certaine surprise lorsqu'elle avait été faite en 2007[1]. Cinq ans plus tard, plus personne ne conteste qu'elle recélait une part de vérité.

Les causes de cette « faillite » sont diverses. La crise financière de 2008 est souvent présentée comme son principal facteur d'explication. Ses origines sont bien connues. Les économistes soulignent à l'envi qu'elle résulte de l'éclatement de « bulles dans les financements privés » comme celle de l'immobilier en Espagne, qui ont été « alimentées… par le réinvestissement des énormes excédents de la balance commerciale allemande »[2]. Mais les plus lucides, comme Olivier Pastré, l'expliquent plus profondément par la mondialisation libérale : « Fondamentalement, la crise, même si elle a éclaté dans la sphère financière, est, comme toujours, à l'origine, liée au monde réel. Elle correspond en effet au transfert, extraordinairement rapide et violent, d'activités, souvent industrielles, des pays de l'OCDE vers les pays émergents », transfert dont résulte le « surendettement généralisé des ménages aux États-Unis (et) des États en Europe »[3].

La crise financière de 2008 n'explique cependant pas tout. Indépendamment d'elle, l'État français s'accommode en effet imprudemment, depuis longtemps, d'un important déficit structurel. La Cour des comptes estime ainsi que le déficit budgétaire de la France était

---

[1] Ses mots exacts étaient : « Je suis à la tête d'un État qui est en situation de faillite ». Cf. AFP, 22.9.2007.
[2] F. Meunier, *in Rigueur ou relance ?*, cercle Turgot, Eyrolles 2011, p. 145.
[3] O. Pastré, *in Rigueur ou relance ?, op. cit.*, p. 201-202.

de 7 % du produit intérieur brut (PIB) en 2009, dont la moitié de nature structurelle, non liée à la crise[4].

Trois solutions s'offrent classiquement aux États pour surmonter ce genre de problème : la dévaluation, le défaut et l'austérité accompagnée de réformes structurelles[5].

La dévaluation est la solution traditionnellement appliquée en France. Lorsqu'elle est pratiquée avec succès, elle permet en effet de rétablir l'équilibre budgétaire en dopant les exportations. Ainsi la dévaluation réussie de décembre 1958 a-t-elle permis « de renforcer la position des industriels français au seuil du marché commun » ; grâce à elle, « la France va durant plusieurs années enregistrer des excédents extérieurs »[6]. Mais cette solution est désormais impossible avec l'euro, dans la mesure où l'Allemagne n'en veut pas, sauf à sortir de la zone euro, comme la France semble l'avoir envisagé en 2011[7] et comme la Grèce pourrait être amenée à s'y résoudre dans le scénario dit du « Grexit » (contraction de « Grèce » et d'« exit »).

Le défaut consiste de façon plus radicale à décider souverainement d'effacer ses dettes, comme l'Argentine l'a fait en 2001[8] après avoir vainement pratiqué, pendant plusieurs années, la cure d'austérité prescrite par le FMI. Conjugué avec une dévaluation et avec le retour au protectionnisme, ce remède a permis à l'Argentine de revenir à la croissance dès 2003, après une effrayante récession de 11 % du PIB en 2002. Certains économistes, et plus rarement certains juristes[9], cherchent à donner au défaut un fondement moral à travers la « théorie des dettes odieuses ». Selon cette théorie, une dette publique est « odieuse », donc effaçable par l'État qui la subit, lorsque trois conditions sont réunies : la population n'y a pas consenti, elle n'a pas bénéficié de l'argent débloqué, les créanciers connaissaient les mauvaises intentions des dirigeants

---

[4] Cour des comptes, *Rapport public 2009*.

[5] Cf. J.-C. Gruffat, *in Rigueur ou relance ?*, *op. cit.* p. 114.

[6] « Le siècle des dévaluations », *Les notes bleues de Bercy*, 2002.

[7] Scénario dit du « *black swan* » (cygne noir). Cf. le ministre du Budget de l'époque, F. Barouin, *Journal de crise*, J.-C. Lattès 2012.

[8] Cf. J.-C. Mattret, « Un État peut-il faire faillite ? », *RFFP* 2010-112. 299, et G. Biassette, La-Croix.com, 30.10.2011. L'effacement a porté sur 100 milliards de dollars.

[9] Cf. M. M. Salah, « L'irruption des droits de l'homme dans l'ordre économique international : mythe ou réalité ? », LGDJ 2012, p.115-116.

politiques qui ont souscrit l'emprunt. Comme on le voit, cette théorie présente l'inconvénient de ne légitimer l'effacement que dans la seule hypothèse des dettes souscrites par des dictateurs ; plus profondément, elle a le tort de s'enfermer dans une justification morale, sans voir que le défaut est fondamentalement une décision de nature politique, l'expression de la souveraineté de l'État comme l'Argentine l'a bien montré. Certes, le défaut est une solution économique audacieuse, qui risque de provoquer la faillite des créanciers, notamment des banques. Aussi se contente-t-on parfois d'en pratiquer une version light, la « restructuration », autrement dit le défaut partiel, à l'image de ce que la Grèce a obtenu. Mais même sous cette forme atténuée, l'Union européenne n'y est guère favorable.

Il ne reste donc que la troisième solution : l'austérité accompagnée de réformes structurelles. C'est à elle que recourt systématiquement l'Union européenne depuis que la crise de 2008 a éclaté. D'inspiration libérale, elle vise à rétablir la compétitivité de l'État dans le cadre, dont l'excellence est présupposée, d'une économie mondiale globalisée. Elle s'exprime par des remèdes bien connus, traditionnellement prescrits par le FMI et que l'Union européenne impose aujourd'hui à la Grèce, à l'Irlande, au Portugal, à l'Espagne, à l'Italie, etc. : « privatisations massives, diminution des dépenses publiques, diminution des salaires, augmentation des impôts »[10], allongement de la durée du travail par report de l'âge de la retraite, « ouverture plus grande des frontières à une main-d'œuvre et à des produits d'origine étrangère »[11].

La « règle d'or » s'inscrit dans cette troisième catégorie de solution. Sa dénomination poétique est le fruit d'une technique de communication destinée à attirer la sympathie. Mais en réalité, à l'inverse de l'alchimie du Moyen Âge qui rêvait de transformer le fer en or, la règle d'or vise à court terme à transformer l'or en fer, dans l'espoir de jours meilleurs. Ce qu'elle désigne n'est autre, en effet, que la règle de l'équilibre budgétaire, conçue de façon plus ou moins stricte selon les cas.

On compte trois variétés de règle d'or. La première prescrit un équilibre budgétaire total, portant aussi bien sur l'investissement que sur le fonctionnement. On en trouve un exemple dans l'article 310 du Traité sur le fonctionnement de l'Union européenne (TFUE), qui contraint le budget

---

[10] M.M. Salah, *op. cit.*, p. 112.
[11] J.-C. Gruffat, *op. cit.*, p. 114.

européen à respecter ce strict équilibre. Plus simple, la deuxième se contente d'imposer un équilibre budgétaire partiel, portant uniquement sur le fonctionnement. Elle est illustrée par l'article L 1612-4 du Code général des collectivités territoriales (CGCT), qui laisse aux collectivités territoriales françaises la possibilité de recourir à l'emprunt pour leurs dépenses d'investissement [12]. Lorsqu'elle s'applique aux budgets étatiques, elle est critiquée par certains économistes qui n'y voient qu'un leurre permettant aux gouvernements de multiplier les déficits « pourvu qu'ils soient consacrés à des dépenses d'investissement »[13]. À mi-chemin de ces deux premières variétés de règle d'or, la troisième se borne à exiger un déséquilibre budgétaire limité. Elle s'analyse comme l'obligation de rester sous la valeur maxima fixée pour un ou plusieurs indicateurs de déficit (notamment déficit annuel par rapport au PIB et/ou dette publique cumulée par rapport au PIB). C'est cette troisième règle d'or que la Suisse a adoptée depuis 2001 et que les États membres de l'Union européenne ont adopté ou sont en train d'adopter : Suède en 1996, Royaume-Uni en 1997, Portugal en 2001, Autriche en 2007, Allemagne en 2009, Espagne en 2011[14]...

Le cas de l'Allemagne est particulièrement représentatif de cette montée en puissance de la règle d'or de troisième type. De 1969 à 2009, en effet, cet État avait instauré une règle d'or de deuxième type, en réservant l'emprunt fédéral aux dépenses d'investissement. Mais elle était assortie de tant d'exceptions que la Cour constitutionnelle de Karlsruhe avait renoncé à la faire respecter, si bien qu'en 2007 l'emprunt fédéral représentait seize fois les dépenses d'investissement[15]. Devant cet échec, l'Allemagne a décidé en 2009 de réviser sa Loi fondamentale afin d'instaurer une règle d'or de troisième type, jugée plus apte que l'ancien système à arrêter la dérive budgétaire. Désormais, il est prévu que le

---

[12] Cf. J. Hubert, « L'endettement des collectivités locales françaises : un état des lieux », dans *Rigueur ou relance ?*, *op. cit.* p. 77 ; M. Conan, « L'autonomie financière des collectivités territoriales », *AJDA* 2012. 759, spéc. p. 762 ; C. Guené, « La règle d'or pour les collectivités locales : quelle réalité, quelle efficacité ? », *RFFP* 2012-117. 161.

[13] P. Villieu, « Quel objectif pour la dette publique à moyen terme ? », *Rev. d'Éco. fin.* 2011-103. 87.

[14] Cf. B. Jean-Antoine, « La règle d'équilibre ou règle d'or, approche comparée », *RFFP* 2012-117. 55.

[15] Cf. C. Soulay, « La règle d'or des finances publiques en France et en Allemagne : convergence au-delà des différences ? », *RFFP* 2010-112. 187, spéc. p. 189.

déficit structurel fédéral ne pourra plus excéder 0,35 % du PIB à partir de 2016, sauf circonstances exceptionnelles appréciées par la Cour constitutionnelle. Pour garantir le succès de ce mécanisme, dit du « frein à l'endettement », son application est placée sous la surveillance d'un Conseil de stabilité composé d'experts : dès que ce dernier constatera un éventuel dépassement, le gouvernement devra obligatoirement y remédier en élaborant un plan d'ajustement[16].

Comme souvent ces derniers temps, l'exemple allemand a aussitôt fait figure de modèle à suivre. Le rapport de Michel Camdessus, du 21 juin 2010, a proposé de le transposer dans la Constitution française[17] ; mais le projet de loi constitutionnelle d'avril 2011, qui s'en inspirait directement, n'a pu aboutir pour des raisons politiques. L'Europe a alors volé au secours du gouvernement pour imposer la règle d'or de troisième type dans le Traité sur la Stabilité, la Coordination et la Gouvernance au sein de l'Union européenne (TSCG), signé le 2 mars 2012. La loi organique n° 1403 du 17 décembre 2012 vient d'en assurer la transposition en France.

Quelle est la signification de cette règle d'or ? À la lumière de cette actualité franco-européenne, nous croyons pouvoir affirmer que la règle d'or possède deux dimensions : l'une idéologique, en ce qu'elle constitue une réponse libérale à la crise du libéralisme économique (I), l'autre juridique, en ce qu'elle consacre la marginalisation de la Constitution française au profit de l'ordre européen (II).

I. Dimension idéologique : la règle d'or, réponse libérale à la crise du libéralisme économique

La règle d'or est une réponse libérale à la crise du libéralisme économique dans la mesure où elle traduit un double choix : celui de la rigueur plutôt que de la relance (A) et celui du marché plutôt que de l'État (B).

---

[16] Cf. C. Soulay, *op. cit.* La nouvelle règle d'or figure aux articles 109 et 143 de la Loi fondamentale du 23 mai 1949, alors que l'ancienne était inscrite dans l'article 115.

[17] M. Camdessus, *Réaliser l'objectif constitutionnel d'équilibre des finances publiques*, rapport du 21.6.2010. Ce rapport proposait de mentionner la règle d'or aux articles 34, 47-1, et 61 de la Constitution du 4 octobre 1958.

A. LA RIGUEUR PLUTÔT QUE LA RELANCE

Bien que la ministre du budget Christine Lagarde ait affirmé en 2010, un an avant de devenir présidente du FMI, qu'il était possible de mener une politique de « rilance », conciliant rigueur et relance[18], la règle d'or européenne privilégie nettement la première à la seconde.

Le TSCG impose en effet à chacun des 25 États qui l'ont signé (les 27 de l'Union européenne moins le Royaume-Uni et la République tchèque) de parvenir à moyen terme à un déficit structurel égal ou inférieur à 0,5 % de son PIB. Ce principe rigoureux n'admet que deux exceptions. La première autorise un dépassement en cas de « circonstances exceptionnelles » et semble appelée à n'être que très rarement mise en œuvre. La seconde, dont la France n'est pas près de bénéficier, permet à tout État qui possède une dette totale inférieure à 60 % de son PIB de porter son déficit structurel à 1 % de celui-ci.

Pour veiller au respect de ces règles, le TSCG exige, en s'inspirant du modèle allemand, que chaque État élabore un « mécanisme de correction » chargé de le ramener automatiquement dans le droit chemin en cas de besoin. En ce qui concerne la France, la loi organique de 2012 a choisi de confier ce rôle de garde-chiourme à un « haut conseil des finances publiques », qu'elle a créé pour la circonstance. Ce nouvel organisme est composé de onze membres : présidé par le premier président de la Cour des comptes, il comprend quatre magistrats de la Cour des comptes, quatre membres nommés respectivement par le président de l'Assemblée nationale, par le président du Sénat et par les présidents des commissions des finances de l'Assemblée nationale et du Sénat, un membre nommé par le président du Conseil économique, social et environnemental, et le directeur général de l'INSEE. Dénué de pouvoir décisionnel, ce haut conseil est chargé d'éclairer le gouvernement et le Parlement sur la fiabilité des prévisions macroéconomiques retenues lors de l'élaboration du budget ; d'autre part et surtout, il donne son avis sur les résultats de l'exécution de l'année écoulée et, en cas d'écart important par rapport à l'objectif initial, alerte publiquement le gouvernement et le Parlement sur la nécessité de prendre des mesures de correction.

---

[18] Déclaration du 4 juillet 2010. Cf. Le Point.fr, 4.7.2010.

Le « mécanisme de correction » s'analyse en somme comme un système d'auto-discipline. Mais il impose à chaque État une obligation de résultat : en cas d'échec, le TSCG permet en effet à la Cour de justice de l'Union européenne (CJUE) d'infliger à l'État fautif une sanction financière pouvant aller jusqu'à 0,1 % de son PIB.

En exigeant la soumission à une discipline budgétaire aussi rigide, le TSCG fait donc bien le choix de la rigueur, en rendant quasi impossible une politique de relance qui supposerait presque inévitablement de recourir à l'emprunt, donc d'accroître le déficit.

C'est d'autant plus vrai qu'il est complété par un second traité, créant le Mécanisme Européen de Stabilité (MES), qui accentue son choix de la rigueur. Le MES est, comme son prédécesseur le Fonds européen de stabilité financière (FESF), qu'il remplace, un fonds d'aide essentiellement destiné à voler au secours de ceux des États membres de la zone euro qui sont en difficulté financière. Mais contrairement au FESF, le MES est une véritable organisation internationale, dotée d'un conseil de gouverneurs (constitué des ministres des Finances des États de la zone euro), d'un conseil d'administration (élu à la majorité qualifiée de 80 % par le conseil de gouverneurs) et d'un directeur général élu pour cinq ans. Sorte de FMI au niveau européen, le MES peut lever de l'argent sur les marchés pour le prêter à des taux bonifiés aux États en difficulté, acheter de la dette d'État sur les marchés, mettre en place des programmes d'aide préventifs pour les États qui le demandent et recapitaliser les banques en difficulté. Ses décisions sont prises à l'unanimité ou à la majorité qualifiée de 85 % en cas d'urgence. Sa capacité totale d'aide est de 500 milliards d'euros (et même provisoirement de 700 milliards, en comptant les reliquats disponibles du FESF). Bien évidemment, le MES est fondamentalement un instrument de rigueur, car il exigera les mêmes contreparties que le FMI à son aide, c'est-à-dire des « plans d'austérité » mettant en œuvre les « recettes de l'orthodoxie libérale classique »[19].

Tout cela est bien plus rigoureux que les règles qui existaient auparavant tant au niveau français qu'au niveau européen. Les règles constitutionnelles françaises sont en effet assez peu contraignantes : le Conseil constitutionnel exige depuis 1994 que les lois de finances respectent le principe de « sincérité », qui les oblige de façon un peu

---

[19] M.M. Salah, *op. cit.*, p.112.

floue à éviter de fausser délibérément « les grandes lignes de l'équilibre » des comptes[20] ; quant à l'article 47-2 de la Constitution, issu de la révision du 23 juillet 2008, il exige de façon encore plus souple que les comptes des administrations publiques soient « sincères », sans faire expressément référence à un quelconque « équilibre »[21]. De son côté, le droit européen d'avant 2012 est déjà rigoureux, mais beaucoup moins cependant que celui d'aujourd'hui. L'article 126 du TFUE (toujours en vigueur) dispose que « les États membres évitent les déficits publics excessifs » et renvoie pour le détail à des textes plus précis : il s'agissait, jusqu'au TSCG, du « Pacte de stabilité et de croissance » de 1997, qui interdisait aux États d'avoir un déficit budgétaire supérieur à 3 % du PIB[22].

Le TSCG et le MES marquent donc une rupture : ils symbolisent le ralliement à une politique de rigueur qu'on n'avait jamais osé afficher aussi ouvertement jusque-là. Ce choix d'écarter la relance est évidemment discutable. François Meunier critique ainsi « les absolutistes de l'équilibre budgétaire » qui ont inspiré ces textes, et dénonce le « manque de flexibilité » [23] de la nouvelle règle d'or, qu'Anne-Marie Le Pourhiet qualifie pour sa part de « grosse Bertha germanique »[24]. Olivier Pastré renchérit en expliquant que « c'est en haut de cycle et pas en récession qu'il faut équilibrer des finances publiques », et préconise de substituer à cette rigueur aveugle un grand emprunt pour les investissements[25]. Même le pro-européen Jacques-Henri David choisit de se démarquer de la règle d'or en prônant une relance économique « par

---

[20] Expression utilisée par CC n° 448 DC du 25.7.2001, LOLF, cs. 60, et par CC n° 585 DC du 6.8.2009, Loi de règlement des comptes pour 2008, cs. 2. La première décision en la matière utilisait pour sa part l'expression « les données générales de l'équilibre budgétaire » : CC n°351 DC du 29.12.1994, Loi de finances pour 1995, cs. 12.

[21] Cf. F. Barque, « La sincérité des budgets et comptes publics », *in* O. Le Bot (dir.), *La sincérité en droit*, Larcier 2011, p. 61.

[22] Pacte adopté lors du Conseil européen d'Amsterdam des 16 et 17 juin 1997, sur le fondement des articles 121 et 126 du TFUE ; règlements CE n° 1466 et 1467 du 7.7.1997. Une sanction financière était déjà prévue en cas de dépassement ; elle était infligée par le Conseil sur proposition de la Commission. Système renforcé par le « 6 packs » de 2011 (cinq règlements et une directive, tous en date du 16.11.2011).

[23] F. Meunier, *op. cit.*, p. 143 et 151.

[24] A.-M. Le Pourhiet, *Marianne 2*, 13.8.2012.

[25] O. Pastré, *op. cit.*, p. 205.

une politique d'endettement de l'Union européenne qui prendrait le relais de l'endettement des États européens »[26].

Mais si la règle d'or traduit ainsi le choix de la rigueur plutôt que de la relance, c'est parce que, fondamentalement, elle repose sur un autre choix : celui du marché plutôt que de l'État.

B. Le marché plutôt que l'État

En faisant le choix de la rigueur, la règle d'or contraint l'État à se recentrer sur ses missions régaliennes et à restituer la sphère économique au libre jeu du marché. L'invocation des mânes d'Adam Smith et de son mythe de la « main invisible » n'est pas loin. Le juriste Michel Bouvier le montre assez clairement quand il explique, pour s'en féliciter, que la règle d'or est une « cybernétique financière » qui « vise à faire échapper les choix budgétaires aux aléas des faiblesses humaines en les faisant reposer sur des dispositifs automatiques de régulation ». Elle correspond ainsi, poursuit-il, à la « logique économique » et non à la « logique juridique » qui tend « à privilégier une décision politique libre »[27]. Le raisonnement est édifiant. Il oppose la logique économique du marché, qu'il faut mettre à l'abri de toute intervention publique intempestive, à la logique juridique de l'État, qui s'exprime par des décisions politiques. Bien entendu, Michel Bouvier conclut à la supériorité de la première sur la seconde, qu'il juge dépassée par la mondialisation. La règle d'or traduit en effet selon lui « un passage progressif entre deux mondes : l'un quasi révolu, fondé sur une régulation par des États nationaux maîtres de leurs choix financiers, l'autre qui laisse deviner un ordre (...) fondé sur des espaces supra-nationaux »[28].

Il est permis d'être plus réservé sur les mérites de la règle d'or. Dès lors que chacun s'accorde à reconnaître que la crise de 2008 est, dans une large mesure, une crise du libéralisme économique, il est en effet assez étonnant d'y répondre par un remède qui s'inspire ouvertement de la même idéologie. Soigner le mal par le mal est un pari risqué, qui fait songer à ces médecins de Molière qui traitaient une hémorragie par une

---

[26] J.-H. David, *in Rigueur ou relance ?*, *op. cit.*, p. 210.
[27] M. Bouvier, « La règle d'or des finances publiques a-t-elle un avenir ? », *RFFP* 2012-117. 137.
[28] M. Bouvier, *op. cit.*, p. 147.

saignée. On comprend donc que Frédéric Lordon dénonce « le paradoxe de l'acharnement néolibéral en réponse à la crise néolibérale »[29].

Le choix sur lequel repose la règle d'or est bien celui du marché contre l'État, autrement dit du libéralisme contre l'interventionnisme. C'est le choix d'Hayek contre Keynes. De façon significative, la règle d'or est d'ailleurs née aux Etats-Unis sous la présidence de Ronald Reagan, dont une phrase célèbre résume la pensée néolibérale : « L'État n'est pas la solution du problème ; il est le problème »[30]. À l'époque, la loi Gramm Rudman Holdings (GRH) de 1985 a infligé une cure d'austérité aux finances publiques américaines, afin de tenter (en vain) de rétablir l'équilibre budgétaire à l'horizon 1991…

Fondamentalement, la règle d'or répond, ainsi que l'observe très justement le professeur Mahmoud Mohamed Salah, aux « exigences des vainqueurs de la nouvelle donne, à savoir les créanciers privés » des États : « Fonds d'investissement, fonds de pension, particuliers, (…) grandes banques »[31]. Elle parachève le triomphe des intérêts privés sur l'intérêt général, en couronnant ce que je vois personnellement comme une stratégie de conquête en trois temps, menée avec la complicité active de la plupart des gouvernants occidentaux. Dépendance, pression, contrainte, tels sont les mots qui résument les trois étapes de cette stratégie gagnante. Primo, les gouvernants organisent la dépendance des États par rapport au marché. En France, la loi du 3 janvier 1973 joue ce rôle en interdisant au Trésor public d'emprunter à la Banque de France (à un taux d'intérêt quasi nul), ce qui le contraint à recourir aux banques qui pratiquent des taux d'intérêts plus élevés. Or ces banques s'approvisionnent largement en empruntant à la Banque de France, ce qui en fait objectivement des intermédiaires inutiles mais coûteux entre cette dernière et le Trésor public. Comme le remarque un économiste, « l'opération s'assimile à une extraction en bande organisée par alliance entre le banquier et le technocrate »[32]. Secundo, profitant de l'endettement des États qu'elles ont elles-mêmes contribué à provoquer,

---

[29] F. Lordon, « Extension du domaine de la régression », *Le Monde diplomatique*, avril 2011.

[30] Discours d'investiture du 20.1.1981 : « *In this present crisis, government is not the solution to our problem ; government is the problem* ».

[31] M. M. Salah, *op. cit.*, p. 109-110.

[32] A. Bernard, *in* M. Audit (dir.), *Insolvabilité des États et dettes souveraines*, LGDJ 2011, p. 207.

les forces du marché font pression sur eux pour infléchir leur politique grâce aux agences de notation, « oracles des marchés » qui, selon Mahmoud Mohamed Salah, « se sont progressivement transformées en agents de terreur »[33]. Tertio, la règle d'or est la contrainte ultime imposée aux États, la « cybernétique financière » destinée à briser pour longtemps ce qui leur restait de souveraineté économique.

La règle d'or a donc bien une dimension idéologique, en ce qu'elle est une réponse libérale à la crise du libéralisme économique. Mais elle n'est pas que cela : elle a aussi une dimension juridique, en ce qu'elle consacre la marginalisation de la Constitution française au profit de l'ordre européen.

II. Dimension juridique : la règle d'or, marginalisation de la Constitution française au profit de l'ordre européen

La règle d'or s'inscrit dans un long processus de marginalisation progressive de la Constitution française au profit de l'ordre européen, dont elle marque une nouvelle étape significative. Elle consacre ainsi à la fois la défaite de la Constitution française (A) et la victoire de l'ordre européen (B).

A. La défaite de la Constitution française

Officiellement, la Constitution française est, en France, au sommet de la hiérarchie des normes. Elle est donc supérieure aux traités, comme le Conseil d'État et le Conseil constitutionnel n'ont pas manqué de le rappeler[34]. Pourtant, sa supériorité a été progressivement remise en cause par la construction européenne, au nom d'un discutable « principe de primauté » du droit communautaire dégagé par la CJUE dès 1964[35] et que

---

[33] M. M. Salah, *op. cit.* p.110.

[34] CE Ass. 30.10.1998 Sarran *GAJA*, CC n° 505 DC du 19.11.2004, Traité établissant une Constitution pour l'Europe *GDCC*.

[35] Par CJCE 15.7.1964, Costa c/ Enel. Six ans plus tard, la CJCE précise clairement que cette primauté s'exerce sur les Constitutions nationales : CJCE 17.12.1970, Internationale Handelsgesellschaft.

le Traité de Lisbonne n'ose même plus mentionner clairement après qu'il a porté malheur à la défunte « Constitution » européenne, qui avait commis l'imprudence de le proclamer dans son article I-6.

L'attaque frontale contre la Constitution française ayant été repoussée par le référendum du 29 mai 2005, sa remise en cause progressive a repris son cours tranquille avec le TSCG. La règle d'or a en effet fourni l'occasion d'en consacrer une troisième étape, qui complète idéalement les deux premières.

Théorisé dès 1970 par le Conseil constitutionnel, le premier procédé de marginalisation de la Constitution consiste à réviser celle-ci à chaque fois qu'un traité européen porte « atteinte (...) aux conditions essentielles d'exercice de la souveraineté nationale »[36], afin de l'empêcher d'y faire obstacle. La norme réputée supérieure s'incline ainsi systématiquement devant la norme inférieure dès lors que celle-ci est revêtue de l'onction européenne. De telles révisions-soumissions ont été décidées par le Congrès pour laisser passer les traités de Maastricht, Schengen, Amsterdam et Lisbonne[37]. Une autre a même été opérée en 2003 pour forcer la Constitution à s'incliner devant une simple décision-cadre européenne instituant le mandat d'arrêt européen[38].

Un deuxième procédé de marginalisation est consacré en 2004 par le Conseil constitutionnel, sous la pression des instances européennes. Se fondant sur l'article 88-1 de la Constitution (« La République participe à l'Union européenne (...) »), la haute juridiction en déduit, de façon très contestable, que « la transposition en droit interne d'une directive communautaire résulte d'une exigence constitutionnelle » et qu'en conséquence il n'y a plus lieu d'opérer le contrôle de constitutionnalité des lois qui se bornent à transposer des directives européennes[39]. Désormais, les directives européennes peuvent donc produire leurs effets sans que la Constitution puisse s'y opposer. La norme réputée supérieure s'incline ainsi par principe devant des milliers de règles européennes. Certes, le Conseil constitutionnel précise que le contrôle de

---

[36] CC n° 39 DC du 19.6.1970, Traités des Communautés européennes, cs 9.

[37] Révisions du 25.6.1992, du 25.11.1993, du 25.1.1999 et du 4.2.2008, dont la nécessité a été respectivement constatée par CC 9.4.1992, 13.8.1993, 31.12.1997 et 20.12.2007.

[38] Révision du 25.3.2003, dont la nécessité a été constatée par CE avis 26.9.2002.

[39] CC n° 496 DC du 10.6.2004, Économie numérique. Transposition aux règlements de transposition des directives européennes par CE Ass. 8.2.2007, Sct Arcelor Atlantique et Lorraine *GAJA*.

constitutionnalité des lois réapparaît lorsque les directives qu'elles transposent vont « à l'encontre (de) l'identité constitutionnelle de la France »[40]. Mais cette réserve de souveraineté paraît tellement théorique qu'elle n'a jamais été utilisée jusqu'à présent[41].

C'est dans ce contexte que le contrôle de constitutionnalité du TSCG a fourni l'occasion au Conseil constitutionnel, en 2012, d'imaginer un troisième procédé de marginalisation de la Constitution. La question était de savoir s'il était nécessaire de réviser la Constitution pour appliquer le TSCG. La doctrine avait tendance à le penser car en imposant à la France de nouvelles contraintes budgétaires, à respecter sous peine de sanctions européennes, ce traité semblait porter « atteinte aux conditions essentielles d'exercice de la souveraineté nationale ».

Mais en l'occurrence la révision, si elle avait été prescrite, aurait été difficile à réaliser. On sait en effet que l'article 89 de la Constitution subordonne la révision à une ratification par référendum ou par un vote à la majorité des 3/5e du Congrès. Or un référendum semblait voué à l'échec, si on en juge par l'impopularité croissante de la construction européenne révélée par les trois précédents résultats (obtenus sur le fondement de l'article 11) : oui à 67,7 % à l'élargissement des Communautés européennes le 23 avril 1972, oui à 51 % au traité de Maastricht le 20 septembre 1992, non à 54,6 % à la Constitution européenne le 29 mai 2005. Quant au vote à la majorité des 3/5e du Congrès, il paraissait pour une fois politiquement délicat à tenter, tant la règle d'or suscite de réticence.

Le Conseil constitutionnel a donc tiré le rêve européen de ce mauvais pas en estimant, contre toute attente, qu'il n'était pas nécessaire de réviser la Constitution pour appliquer la TSCG. Pour ce faire, il s'est appuyé sur l'article 3 du TSCG qui laisse aux États le choix d'opérer une transposition nationale de ce traité soit par des « dispositions contraignantes et permanentes », soit « de quelque autre façon ». Il explique en effet qu'une révision s'impose si la France choisit la première solution, mais qu'elle n'est pas nécessaire si elle opte pour la seconde, au motif que celle-ci ne porte pas atteinte, contrairement à celle-

---

[40] CC n° 543 DC du 30.11.2006, Secteur de l'énergie *GDCC*. Cf. G. Lebreton, « L'identité constitutionnelle de la France », *in Mél. Rigaudière*, Economica 2009, p. 381.

[41] Elle n'est d'ailleurs pas explicitement mentionnée par l'arrêt du Conseil d'État du 8.2.2007, précité.

là, aux prérogatives du Parlement en matière de lois de finances. Détaillant cette seconde solution, il se contredit toutefois quelque peu en soulignant qu'elle ne nécessite aucune « norme d'une autorité supérieure à celle des lois », avant d'évoquer le recours à une loi organique de transposition[42].

Tout cela révèle, comme l'a constaté Anne-Marie Le Pourhiet, un certain « byzantinisme » du Conseil constitutionnel[43]. Il n'en reste pas moins que l'objectif politique du Conseil constitutionnel est atteint : grâce à sa décision embarrassée, le TSCG est bel et bien transposé en droit français par une simple loi organique. Désormais, une révision constitutionnelle n'est donc plus nécessaire pour appliquer un traité européen imposant de nouvelles contraintes. Pour réaliser ce tour de force, le Conseil constitutionnel a inventé un troisième procédé de marginalisation de la Constitution qui consiste à procéder à une interprétation neutralisante de celle-ci. En l'occurrence, il a délibérément anesthésié les nombreux articles de la Constitution qui semblaient subordonner l'application du TSCG à une révision constitutionnelle, notamment les articles 3 (souveraineté nationale), 47 (lois de finances), 47-1 (lois de financement de la Sécurité sociale) et 89 (révision).

Il en résulte un grignotage insidieux de la souveraineté nationale, qui s'exprime par la mise à l'écart du peuple (puisque depuis l'échec du référendum de 2005 il est clair qu'il ne sera plus consulté sur la construction européenne), par la mise à l'écart du Congrès (puisque désormais on peut s'en passer) et par la réduction du Parlement français à l'état d'exécutant (puisqu'il est à la fois contraint de transposer les directives européennes et de rendre des comptes budgétaires à Bruxelles), tout cela au nom de l'édification d'un ordre européen sur le caractère démocratique duquel on devrait sérieusement commencer à s'interroger.

B. La victoire de l'ordre européen

L'adoption de la règle d'or traduit la victoire de l'ordre européen en ce qu'elle permet d'accroître les pouvoirs des principaux organes européens. La Commission de Bruxelles en est le premier bénéficiaire dans la mesure où le TSCG la charge de surveiller les budgets et les mécanismes

---

[42] CC n° 653 DC du 9.8.2012, TSCG, cs 22 et 24.

[43] A.-M. Le Pourhiet, *op. cit.*

de correction nationaux et de proposer des mesures de redressement en cas de déficit excessif. La CJUE reçoit quant à elle le pouvoir d'infliger, sur saisine d'un État membre, des « sanctions financières » à un État fautif, d'un montant pouvant aller jusqu'à 0,1 % de son PIB. Le Conseil européen est enfin chargé d'approuver les réformes proposées par un État pour corriger son déficit excessif. Un *big brother* européen est ainsi mis en place pour surveiller l'équilibre budgétaire des États membres.

Cette victoire provoque un effet d'entraînement au profit d'autres organes de l'Union européenne. Elle légitime notamment l'initiative prise dès 2010 par la Banque centrale européenne (BCE) d'intervenir massivement pour consentir des prêts aux États en difficulté, en imposant ses conditions. Signe des temps, on a d'ailleurs rapidement pris l'habitude de parler de « troïka » pour désigner les trois détenteurs de la tutelle financière que sont la BCE, la Commission de Bruxelles et le FMI[44]. Cette victoire profite aussi aux nouveaux organes que sont le « conseil de gouverneurs », le « conseil d'administration », et le « directeur général » du MES. Ils devraient en effet être très rapidement en mesure d'imposer la constitution d'une nouvelle « troïka » 100 % européenne, constituée de la BCE, de la Commission de Bruxelles et du MES.

Les souverainetés nationales sont à l'évidence les principales victimes de cette victoire de l'ordre européen. Comme l'observe Laurence Boone, chef économiste pour l'Europe de la Bank of America Merril Lynch, à propos du MES : « Il s'agit d'une ingérence économique des pays prêteurs chez les pays emprunteurs puisque toute aide financière n'est accordée qu'en échange d'un programme de réformes auquel les pays emprunteurs doivent adhérer de façon stricte et pour lequel ils sont contrôlés très régulièrement (…). Paradoxalement, pour le pays en crise, sa perte de souveraineté est plus importante que dans un système fédéral avec transferts budgétaires »[45]. Non moins paradoxalement, les pays prêteurs, au premier rang desquels figure l'Allemagne, s'inquiètent également de la dépendance économique dont ils pourraient être victimes à leur tour, à force d'alimenter le MES. Ainsi la Cour constitutionnelle de Karlsruhe n'a-t-elle accepté, dans son arrêt du 12 septembre 2012, la

---

[44] Cf. par exemple M. M. Salah, *op. cit.*, p.113.

[45] L. Boone, « Coordination des politiques économiques en Europe », *Rev. d'Éco. fin.* 2011-103. 266.

participation de l'Allemagne au MES que jusqu'à concurrence de 190 milliards d'euros, au-delà desquels une approbation du Parlement allemand deviendrait nécessaire[46]. Mais ce qui est vrai pour le MES l'est aussi pour la troïka, dont Mahmoud Mohamed Salah rappelle qu'elle est devenue si puissante qu'elle est parvenue, en novembre 2011, à contraindre le Premier ministre grec Papandréou à renoncer à son projet d'organiser un référendum sur le programme de redressement qu'elle avait imposé à la Grèce[47].

L'ordre européen a donc même réussi à triompher des procédés de démocratie directe.

* *

*

En conclusion, je ne crois pas à la singularité de la construction européenne. L'Union européenne n'est pas un agrégat de réseaux enchevêtrés, comme le pensait une partie de la doctrine allemande[48], ni une « fédération », c'est-à-dire une superposition d'entités dont aucune n'a de souveraineté, comme l'expliquait Olivier Beaud[49]. C'est de façon somme toute assez classique un État fédéral en voie de formation, dont les promoteurs osent revendiquer la véritable nature depuis un an : des « États-Unis d'Europe » selon le député européen Daniel Cohn-Bendit, une « Union politique » selon la chancelière Angela Merkel, une « fédération européenne (avec) une gouvernance économique (...) dans laquelle les nations mutualiseront leurs destins » selon le commissaire européen Michel Barnier[50].

L'ennui est qu'il n'existe pas de « peuple européen ». Dès lors, construire un État sans peuple ne peut s'apparenter qu'à une entreprise

---

[46] Cf. G. Tusseau, « La décision de la Cour constitutionnelle fédérale allemande du 12 septembre 2012 », *RFDA* 2012.1058.

[47] M. M. Salah, *op. cit.*, p.113.

[48] Cf. G. Lebreton, « Régionalisme européen et décentralisation à la française », *in* C. Boutin et F. Rouvillois (dir.), *Décentraliser en France*, F-X. de Guibert 2003, p. 275, spéc. p.288.

[49] O. Beaud, *Théorie de la Fédération*, PUF 2e éd. 2009.

[50] Cf. respectivement interview à *Libération*, 27.10.2011 ; déclaration de 2012 sur le TSCG ; plan du 3.8.2012. Cf. aussi l'ouvrage pro-fédéral du directeur de l'influent *think tank* bruxellois Bruegel, J. Pisani-Ferry, *Le réveil des démons. La crise de la zone euro et comment nous en sortir*, Fayard 2011.

oligarchique. Pour tenter de la légitimer, d'aucuns n'hésitent pas à brandir l'argument typiquement anti-démocratique de l'incapacité des peuples à se prendre en mains. Sans Europe, explique par exemple Philippe Moreau Defarges, « les Français post-européens vivoteraient dans des agglomérations dégradées, confrontés à une baisse profonde de leur niveau de vie » ; il y aurait des « bouleversements politiques ou peut-être même une rupture révolutionnaire » ; ce serait la « spirale régressive » de la « xénophobie » et du règne des « extrémismes agressifs »[51].

En réalité, il n'y a pas de fatalité européenne. Bien au contraire, on peut estimer que l'avenir de l'Union européenne est assez sombre, quand on voit partout la montée des mécontentements à son égard. Les traités de 2012 ne semblent pas constituer des réponses à la hauteur des enjeux. Le TSCG risque d'asphyxier davantage l'économie européenne. Quant au MES, le sénateur Philippe Marini indique qu'il suffira à peine à couvrir les besoins immédiats du Portugal, de l'Irlande et de l'Espagne, qui réclament à eux trois 600 milliards d'euros pour 2013, sans même parler des autres États européens en difficulté[52].

Aux yeux des historiens, 2012 pourrait donc apparaître comme un ultime coup de poker de l'Union européenne avant un effondrement à la mode soviétique.

La règle d'or serait alors le prélude au retour de l'âge d'or des souverainetés nationales.

---

[51] P. Moreau Defarges, dans « La France mondialisée », *Cahiers français* 2012-367. 69.

[52] P. Marini, « Quelles règles pour sortir de la crise des dettes souveraines ? », *Rev. d'Éco. fin.* 2011-103. 101-102.

LA DETTE PUBLIQUE COMME LIMITE DU FINANCEMENT PUBLIC OU UN AUTRE EFFET D'ÉVICTION DE L'EMPRUNT

Par
Éloi Diarra
Professeur de droit public
à l'Université de Rouen

On présente l'emprunt comme cette action d'une collectivité publique dont l'effet est d'entraver les capacités d'emprunter de l'entreprise privée [1]. On oublie de dire qu'à force d'emprunter une collectivité publique peut s'empêcher d'emprunter [2] ; non seulement elle peut s'empêcher d'emprunter, mais encore, elle s'empêche d'investir, puisque la majeure partie de ses ressources sera orientée vers le remboursement de sa dette. C'est cette hypothèse que nous voulons démontrer ici.

Le financement public peut être défini comme l'opération par laquelle une personne publique assure le paiement de la dépense résultant d'une opération d'intérêt général. On dira, de façon plus simple, qu'il s'agit de l'exécution d'une opération de dépense publique. Ainsi, un rapprochement est inévitable entre financement public et dépense publique si l'un n'est pas le parfait synonyme de l'autre. Cependant, l'expression de financement public renvoie davantage à une opération

---

[1] C'est ce que l'on a l'habitude de traduire par l'expression « effet d'éviction de l'emprunt ».

[2] Il ne s'agit pas d'une erreur dactylographique : à force d'emprunter, des pays tels que la Grèce, l'Italie ou l'Espagne, dans les années 2011 et 2012, n'étaient plus crédibles et personne ne voulait plus leur prêter ou alors à des taux excessifs, d'où le recours à des emprunts auprès du Fonds monétaire international (FMI) ou auprès de l'Union européenne, plus précisément de ses États (Allemagne, Autriche et France, en particulier), pour pouvoir rembourser des emprunts antérieurs.

d'investissement[3] qu'à une opération de fonctionnement. Le financement public vise donc à favoriser l'acquisition d'une richesse nouvelle par la collectivité publique ; elle veut accroître son patrimoine.

Cependant, du fait que les financements publics étaient souvent obtenus grâce à l'emprunt, la consolidation de celui-ci a conduit à un niveau aujourd'hui très élevé de la dette publique. Lorsque l'on est endetté, très endetté, peut-on encore investir ?

A priori, la personne privée, qu'elle soit physique ou qu'elle soit une société, lorsqu'elle est très endettée, ne peut plus obtenir de prêts. Aucun banquier sensé ne les lui consentira. Lorsqu'il s'agit des personnes publiques, peuvent-elles encore obtenir des emprunts ? En principe, rien ne s'y oppose, quitte à ce que les taux d'intérêts pratiqués soient élevés.

Cependant, le bon sens fait comprendre tout simplement aux collectivités publiques que l'entêtement à accroître leur endettement peut être périlleux, non seulement au regard des taux d'intérêts qui peuvent être de plus en plus prohibitifs, mais surtout parce qu'elles sont conduites à utiliser des quantités de plus en plus élevées de leurs ressources propres pour rembourser leurs dettes. Elles peuvent donc se trouver entravées dans leur fonctionnement même, si bien que les fonctions primaires peuvent ne plus être remplies. Évidemment, la fonction d'investissement disparaît totalement. L'opération de financement, entendue comme celle qui consiste à utiliser une ressource afin d'accroître le patrimoine d'une collectivité publique, n'est plus envisageable du tout.

Notre hypothèse est donc que l'emprunt et son corollaire, la dette publique, deviennent un handicap majeur pour le financement public. En tout cas, la situation actuelle de la France peut l'illustrer.

En outre, plusieurs questions méritent d'être soulevées : comment en est-on arrivé là ? En d'autres termes, comment la dette publique est-elle parvenue à entraver l'investissement public ? Quelles en sont les causes ? (I) L'autre interrogation qui s'impose est la suivante : comment se sortir de ce « cercle infernal » ? La réduction des dépenses publiques est-elle la solution ? Quelle alternative est-elle possible ? (II)

---

[3] Effectivement, l'expression de dépense publique sera plus généralement employée pour désigner celle qui couvre les besoins de fonctionnement des administrations.

I. L'ENDETTEMENT PUBLIC COMME LIMITE AU FINANCEMENT PUBLIC

L'adage populaire dit qu'on ne peut dépenser plus que ce qu'on a. Est donc considéré comme un inconscient celui qui se met à dépenser ce qu'il n'a pas, à « semer à tout vent »[4]. Le risque lié à un tel comportement est celui d'un fort endettement. Et les banquiers d'évoquer pour les individus le risque d'un surendettement, les économistes et les spécialistes de la bourse d'évoquer, pour l'État, le risque d'une faillite[5]. Les situations grecque, irlandaise, espagnole ou italienne montrent pourtant qu'une solution est toujours possible. L'État peut rencontrer des difficultés pour payer ; sa faillite, personne n'y croit vraiment et, en tout cas, personne n'y a intérêt ! En effet, l'État n'est-il pas la forme la plus aboutie d'organisation sociale que l'homme ait réalisée jusqu'à nos jours ? Les régimes peuvent changer, des pouvoirs peuvent disparaître, mais personne ne croit véritablement à la mort d'un État, ce qui explique qu'il trouve toujours des personnes pour lui prêter. Mais ceci relève d'une autre problématique. Pour l'heure, ce que nous voulons démontrer, c'est que l'endettement public rend justement l'accès à l'emprunt plus difficile et donc constitue une limite au financement public.

À propos de la dette publique, on pourrait remplir des bibliothèques entières, tant les écrits sur ce thème sont nombreux, volumineux et tous plus intelligents les uns que les autres. Si des auteurs de l'Antiquité, tels Platon ou Cicéron, n'ont pas hésité à dénoncer les emprunts publics et la dette publique, de façon plus récente, nos néo-libéraux ou leurs précurseurs Adam Smith et Ricardo ne sont pas en reste.

À l'aube du XXe siècle, Gaston Jèze a écrit des pages remarquables sur le sujet où il cite plus de deux cents auteurs allemands, américains,

---

[4] Telle fut la devise, à un moment donné, du *Petit Larousse illustré*.

[5] Mais d'aucuns doutent la possibilité d'une faillite de l'État au motif qu'il n'est pas dans la situation d'une personne physique ou d'une personne morale de droit privé. Son *imperium* lui permet de recourir à l'outil fiscal jusqu'au niveau le plus élevé qui soit : n'a-t-on pas connu, dans les années 1970, des taux de certains impôts qui pouvaient atteindre les 75 %, par exemple pour les droits de successions ?

anglais, espagnols, italiens et bien sûr français[6]. Mais en quoi cette dette constitue-t-elle un frein à la dépense publique, au financement public ? Il faut d'abord partir d'un constat : celui d'une dette de plus en plus insupportable pour les finances publiques (A) avant d'en exposer les conséquences (B).

A. Une dette publique insupportable

On a tous en mémoire la vigoureuse dénonciation de « la faillite de la dette » par Michel Pébereau dans son rapport au ministre des Finances Thierry Breton en 2005[7]. On se souvient des rapports de la Cour des comptes sur la dette des collectivités territoriales[8]. Tous ces rapports constituaient des dénonciations de la dette, dénonciations faites au nom de la croissance et de la compétitivité.

Aujourd'hui, le constat est donc sans appel. En termes de chiffres, la dette publique a dépassé les 1 740 milliards d'euros en 2012. Ses intérêts absorbent la totalité du rendement de l'impôt sur le revenu, alors qu'ils ne représentaient que le tiers du même impôt en 1980. Au rythme d'aujourd'hui, le taux de la dette publique rapportée au PIB serait de l'ordre de 130 % à l'horizon 2020.

Depuis 2006, la Cour des comptes doit désormais émettre un rapport sur la situation et les perspectives des finances publiques[9] françaises. Ces rapports, prévus par la loi organique relative aux lois de finances en ses articles 48, 50 et 58-3°, dressent « un état d'ensemble de la situation financière des administrations publiques (État, organismes divers d'administration centrale, administrations locales et administrations de la sécurité sociale), en la resituant dans une perspective de moyen terme »[10]. Ces rapports doivent servir d'appui au débat d'orientation budgétaire,

---

[6] Lui-même y a consacré plus de cent pages ; voir Gaston JÈZE, *Cours élémentaire de science des finances et de législation financière française*, Éd. M. Giard et E. Brière, Paris, 1912.

[7] Voir Michel PEBEREAU, *Rompre avec la facilité de la dette. Pour des finances publiques au service de notre croissance économique et de notre cohésion sociale* (date de remise du rapport : décembre 2005), DF 2006, 189 p.

[8] V. par ex. Cour des comptes, *La gestion de la dette publique locale*, DF 2011, 205 p.

[9] Voir le premier rapport de ce genre, Cour des comptes, *Rapport sur la situation et les perspectives des finances publiques*, DF 2006, 140 p.

[10] *Id.*, p. IX.

enfin consacré dans la loi organique[11]. La lecture du premier rapport est très instructive. Il constate que « l'endettement de la France s'alourdit à nouveau…, (que) l'accroissement de la dette résulte de la dégradation de la situation de l'ensemble des administrations publiques…, (que) la dette des administrations publiques est passée de 842,50 milliards d'euros en 2001 à 1 138,40 milliards en 2005 »[12].

Quelles explications peut-on donner à cette explosion de la dette publique ? Tout remonterait à la crise économique de 1929 et surtout aux lendemains de la Seconde Guerre mondiale où tout était à reconstruire. À cette époque, à l'État-Gendarme a succédé l'État-Providence.

Après le fameux jeudi 24 octobre 1929, appelé « le jeudi noir », les États ne virent leur salut que dans le financement public de grands travaux, des États-Unis de Roosevelt, à l'Allemagne d'Hitler, de la Grande-Bretagne de James Ramsay MacDonald à la France d'Édouard Daladier ou d'Albert Sarraut. Dans la foulée, en 1936, le Front Populaire de Léon Blum, sans doute influencé par l'expérience soviétique, procéda aux premières nationalisations de la période moderne. Ainsi, le financement public permit de prendre dans le giron de l'État les usines d'armement, les usines de construction aérienne et la création de la Société nationale des chemins de fer français (SNCF).

Après la Seconde Guerre mondiale, il a paru évident pour tout le monde que la reconstruction du pays passait par une nouvelle vague de nationalisations. Celles-ci se sont étalées de 1944 à 1946 et ont concerné les exploitations houillères, Renault, le transport aérien (avec la nationalisation d'Air France), la Banque de France, les grandes banques commerciales de l'époque, le gaz et l'électricité et onze compagnies d'assurances.

La troisième vague de nationalisations, celles de 1982, était fondée autant sur des promesses électorales que sur des convictions idéologiques. Ainsi, après le versement de 39 milliards de FF, l'État français acquérait de nombreuses entreprises stratégiques dont Thomson, Saint-Gobain, Rhône-Poulenc, Sacilor et Usinor, des banques comme

---

[11] En effet, on se souvient que les premiers débats d'orientation budgétaire ont eu lieu en 1996, alors que M. Juppé était Premier ministre, pratique que continua M. Jospin, alors que de tels débats n'étaient prévus par aucun texte.

[12] Cour des comptes, *id.* p. 10-11.

Paribas, le Crédit Industriel et Commercial, le Crédit du Nord, la Banque Rothschild, la Banque Worms, la Banque Hénin.

La conséquence de ces acquisitions massives par l'État a été qu'en 1983 un salarié sur quatre travaillait dans le secteur public, c'est-à-dire dans le secteur économique public, en dehors de la fonction publique.

C'est aussi à cette date qu'on assiste à un grave retournement de la trajectoire économique. Certes, on évoque la date de 1973 comme celle du premier choc pétrolier qui a provoqué un bouleversement énorme dans le système économique mondial, mais les effets commencent surtout à se faire sentir dans les années 1980, avec la montée du chômage, le ralentissement de la consommation, le début de la baisse du pouvoir d'achat. Les nombreuses entreprises publiques demandent de plus en plus d'interventions financières de la part de l'État. Les privatisations des années 1986 et suivantes seront la réponse ; mais nous y reviendrons.

L'État, au lendemain de 1936 et 1945, ne se contente pas de nationaliser. Il se fait protecteur. Il institue un système de sécurité sociale très ouvert.

Il multiplie les services publics ; il recrute et augmente le nombre de ses fonctionnaires de façon vertigineuse.

Bref, tout ceci a pour conséquence d'accroître la dépense publique et, petit à petit, les ressources propres de l'État ne peuvent plus y faire face. L'emprunt s'envole à partir des années 1980, et la dette avec. Que l'on en juge : en 1980, la dette publique française représentait 20 % du PIB, en 2004, 65 % et en 2013, 95 % ; en montants bruts, en 1980, elle représentait 206 milliards d'euros, en 2004, 1067 milliards et, en 2013, 1818 milliards ![13]

Voici donc l'origine de l'endettement d'aujourd'hui. Mais pour revenir en arrière, que de difficultés ! En effet, la dette se nourrit de la dette (on parle d'effet boule de neige) ; surtout, l'État-Providence, l'État-protecteur ne peut être remis en cause, sous peine de soubresauts sociaux, au mieux, ou de révolutions violentes, au pire.

Quelles sont les conséquences de cette situation où il devient de plus en plus périlleux pour l'État d'accroître sa dette ?

---

[13] Pour le détail des chiffres, jusqu'en 2004, voir Rapport M. PEBEREAU, *Rompre avec la facilité de la dette*, *op. cit.*, p. 31.

B. LES CONSÉQUENCES D'UN LOURD ENDETTEMENT

Contrairement à ce que l'on pourrait penser, l'État endetté n'est pas celui qui emprunte le moins. En effet, pour ne pas trop alourdir la « facture » fiscale des contribuables, il est obligé, pour rembourser les intérêts et les annuités dus, d'emprunter et d'emprunter toujours plus. C'est le cercle vicieux de la dette par excellence. Si l'État s'enfonce dans cette situation, il se crée pour lui-même et pour les acteurs économiques un phénomène de double éviction.

Et de fait, le premier effet d'un endettement public élevé est d'entraver gravement l'investissement. Il entrave l'investissement privé, car il conduit l'État à emprunter toujours davantage et à élever le taux de l'intérêt sur le marché financier ; il a alors un « effet d'éviction » pour les personnes privées selon l'analyse de Milton Friedman [14]. Il entrave l'investissement public car son remboursement amenuise les revenus publics disponibles. Ainsi le rapport Pébereau a-t-il relevé que, dans les années 1970, l'État disposait d'environ 9,5 à 10 % de ses ressources pour des financements d'investissements ; dans les années 1990, cette marge est tombée à 7,5 %, soit une chute de deux points et aujourd'hui (2012), on en est à moins de 4,5 %.

Par ailleurs, plus la dette est élevée et plus des efforts d'ajustement doivent être entrepris : il faut alors diminuer les dépenses. Or, quelle qu'en soit la nature, la dépense publique constitue une redistribution de revenus aux ménages et aux entreprises et donc un accroissement de leurs capacités de consommation ; ensuite, elle permet d'acquérir des biens et services auprès des entreprises et elle accroît leur chiffre d'affaires. Toute contraction de la dépense publique comporte une répercussion négative sur la consommation (qui aura tendance à se rétracter) et sur l'investissement, donc sur la croissance.

Enfin, un niveau élevé de dette publique veut dire ou implique une hausse de la fiscalité. Une fois de plus, ce sont les revenus des ménages et des entreprises qui sont amputés et, par suite, une nouvelle atteinte est portée à la croissance.

---

[14] Milton FRIEDMAN, *Capitalisme et liberté*, ouvrage publié en 1962, Prix Nobel d'économie en 1976.

Bref, de quelque côté que l'on prenne le problème, il conduit à une contraction de la croissance. Cependant, cette assertion a besoin d'être nuancée, car la dette ne devient préjudiciable à ce point qu'à certaines conditions. Deux au moins méritent d'être relevées : si la dette a servi à financer du fonctionnement, et si elle a atteint un certain niveau. En effet, si la dette ou plus exactement l'emprunt a servi à financer des dépenses de fonctionnement il s'agit d'une consommation de crédits qui ne génèrent aucun revenu, aucune recette supplémentaire pour le pays. Et encore ! Les dépenses nouvelles des ménages provoquées par ce surplus de recettes n'ont-elles pas une action sur la croissance ? La deuxième condition tient au fait que la dette doit atteindre un certain niveau. Cela revient à dire que les remboursements à réaliser du fait des emprunts antérieurs doivent porter préjudice à la crédibilité de l'État, à « sa signature », les prêteurs se refusant alors à lui avancer des sommes nouvelles à des conditions avantageuses.

Malgré ces conditions qui semblent acceptées par l'ensemble de la communauté des économistes, deux Américains y dérogent. M. Reinhardt et K. Rogoff, dans un article intitulé « Debt and Growth revisited », après avoir examiné les statistiques annuelles de quarante-quatre pays en 2010, écrivaient ne pas avoir découvert « de lien évident » entre dette et décroissance, sauf « au-delà d'un certain seuil », c'est-à-dire dans une situation « extrême »[15].

Néanmoins, nous retenons pour notre part, en accord avec les auteurs récents qui se sont lancés dans l'examen du lien entre croissance et dette publique, que la seconde exerce un effet négatif sur la première.

Si donc, à un certain seuil, la dette a un effet récessif sur la croissance, que convient-il d'entreprendre ? Quelles conclusions faut-il en tirer ? Paradoxalement, il semble que le passage par une réduction de la dépense publique soit indispensable. Ainsi, les collectivités publiques, État et collectivités territoriales, semblent condamnées à limiter leurs interventions.

---

[15] Voir *American Economic Review*, vol. 100, n° 2, mai, 2010.

II. L'ARDENTE OBLIGATION DE LA LIMITATION DES FINANCEMENTS

Pour sortir du cercle infernal de l'endettement, suffit-il de limiter ou de réduire les financements publics et de façon générale l'ensemble des dépenses publiques ? C'est certainement une étape indispensable (A). Mais est-elle suffisante ? Manifestement non. La fiscalité peut-elle être mise à contribution ? Sans doute, mais avec parcimonie (B).

A. LA LIMITATION DES FINANCEMENTS PUBLICS

De tout ce qui vient d'être dit, il résulte que la solution réside dans la limitation du financement public [16], dans la réduction des dépenses publiques, aujourd'hui revêtues d'une connotation négative. On préfère parfois pudiquement parler de la maîtrise des dépenses publiques [17] ou tout simplement de maîtrise des finances publiques [18]. Mais cela revient au même : le financement public a aujourd'hui mauvaise presse.

Pour réduire les financements publics, on a engagé, dans les années 1980, le mouvement contraire des nationalisations, c'est-à-dire celui des privatisations. En France, ce fut en 1986, avec un retard sur les États-Unis et la Grande-Bretagne. C'est depuis cette période que le financement public est devenu globalement suspect et qu'on a commencé à maudire son corollaire, à savoir l'impôt. En effet, si l'État peut financer ses différentes politiques par l'emprunt, tôt ou tard, celui-ci se traduit en impôts. En d'autres termes, tout fort emprunt entraîne une aggravation de la pression fiscale à plus ou moins brève échéance.

---

[16] Certains moyens sont privilégiés dans ce sens : il s'agit de certaines formes de délégation de service public, par exemple la concession de service public qui fait financer les investissements nécessaires pour le service public par une personne privée (pas toujours, mais la plupart du temps par une personne du statut de droit privé) ou de façon plus radicale encore, le partenariat public-privé (même si celui-ci est remis en cause).

[17] Telle était l'expression retenue au milieu des années 1990, par exemple, par le Premier ministre, Alain Juppé, en 1995, dans son discours de politique générale.

[18] Cette extension est plus récente et marque le souci de bien encadrer les dépenses, mais aussi de contenir la pression fiscale à un niveau compatible avec la consommation, l'épargne et l'investissement.

Ainsi, si l'État ne veut pas « être en défaut »[19], il doit limiter le financement public. Cela est vrai pour l'État, cela est vrai pour les collectivités locales. L'endettement public apparaît ainsi comme la principale limite au financement public. Cet endettement a entraîné de vives critiques du financement public et, de façon plus globale, de la dépense publique.

C'est dès les années 1970 que certains auteurs se sont faits très acerbes dans leur critique de l'État-providence et de la dépense publique. Parmi eux, on peut citer Friedrich Von Hayek (1899-1992), philosophe, sociologue et économiste américain d'origine autrichienne. Pour cet auteur, les sociétés s'autorégulent. Aussi n'est-il pas utile que l'État intervienne dans la vie sociale ou économique, pas plus comme pourvoyeur de biens et de services que comme régulateur des activités économiques et industrielles. Toute son œuvre[20] consiste à démontrer que J.M. Keynes s'est trompé et abuse de la bonne conscience de gens. Parmi ses œuvres majeures, se trouve *La route de la servitude* où, s'opposant aux théories keynésiennes, il réfute toute idée de planification et toute intervention de l'État. *Droit, législation et liberté* ou *Dénationaliser la monnaie* ne varient pas d'un pouce dans l'obsession de la réfutation des thèses interventionnistes. Dans toutes ses œuvres, Von Hayek apparaît comme le partisan de « l'ordre spontané », opposé aux « économistes constructivistes ». Son influence est grande dans les milieux néo-libéraux et avec des auteurs français tels que Rueff, Raymond Barre, Baudin, il va créer une association pour développer cette pensée et combattre les thèses socialistes et interventionnistes. En politique, son influence s'étend sur des personnes comme Ronald Reagan ou Margaret Thatcher. Au-delà, les libéraux libertariens britanniques, pour lesquels « taxation is theft (l'impôt, c'est le vol) », trouvent en lui leur inspirateur. Leur chef de file est Murray Rothbard (1926-1995).

---

[19] Cette expression est parfois présentée comme synonyme de faillite. Elle est préférable à cette dernière, dans la mesure où, en cas de faillite, la personne est condamnée à disparaître, ce qui n'est évidemment pas le cas de l'État ; celui-ci peut simplement « être en défaut », c'est-à-dire dans l'impossibilité momentanée de payer ses dettes, sans que cela entraîne sa disparition.

[20] Voir *La route de la servitude*, lib. Médicis, 1949, ou *Droit, législation et liberté*, PUF, 1e éd. 1980 (original anglais, *Law, Legislation and Liberty*, Routledge and Kegan Paul, London and Henley).

En second lieu, il nous faut signaler Milton Friedman (1912-2006). Celui-ci s'oppose au financement public à cause de son support qu'est l'emprunt. Pour lui, l'emprunt public a un effet d'éviction sur l'investissement privé car il entrave la capacité d'emprunter des personnes privées, c'est-à-dire les véritables producteurs de la croissance.

Enfin, évoquons en peu de mots les écrits de James MacGill Buchanan (1919-2013), prix Nobel d'économie en 1986, et son « École des Choix publics » (*Public Choice*)[21] ou « Ecole de Virginie ». Sa démonstration tend à faire valoir que l'interventionnisme étatique provoque des distorsions et des dysfonctionnements et qu'au fond les décisions des hommes politiques ne sont pas motivées par la satisfaction des besoins d'intérêt général, mais plutôt par le désir de perpétuation de leur pouvoir : leur motivation principale est le souci de leur maintien au pouvoir.

Qu'on le veuille ou non, depuis plus d'une vingtaine d'années, la pensée de ces trois auteurs domine les questions financières et budgétaires. C'est par rapport à eux que les générations actuelles se situent et élaborent leurs schémas doctrinaux. Sous leur impulsion, le paradigme a changé : l'État n'est plus la solution, il devient le problème ; de l'État-providence, on attend juste qu'il pourvoie aux besoins fondamentaux, mais certainement pas à la fourniture d'une multitude de services publics. Son intervention doit se limiter aux stricts besoins vitaux collectifs et il doit ajuster ses finances à ces besoins.

La pensée de ces auteurs a été reprise et divulguée comme la nouvelle Bible de la bonne gouvernance financière par la Banque Mondiale et le Fonds monétaire international. Désormais, pour eux, la bonne gouvernance financière consiste à « dépenser moins, mais mieux dépenser ! ». La nouvelle norme se résume dans l'expression d'« efficacité de la dépense publique ». Aucun pays, aucun État n'échappe plus à leurs leçons de science financière. L'extrait des Conclusions de la Mission de la Consultation de 2012 au titre de l'article IV du FMI avec la France en donne un exemple patent : « Les perspectives de croissance de la France demeurent fragiles en raison de la

---

[21] En fait, c'est l'un de ses disciples qui synthétise sa pensée à travers un ouvrage ; il s'agit de Dennis C. MULLER dans son livre : *Public Choice*, Cambridge University Press, 1980. Pour sa part, BUCHANAN avait esquissé sa théorie à travers plusieurs ouvrages tels que : *Public Principles of Public Debt : A Defense and Restatement ; Public Finance in Democratic Process : fiscal Institutions and Individual Choice ; The Limits of Liberty : Between Anarchy and Leviathan.*

faiblesse des conditions économiques en Europe, mais la capacité de la France à rebondir est aussi contrainte par un problème de compétitivité... Sur la base de ces considérations, les défis ... se placent sur trois fronts :

- soutenir l'effort de consolidation budgétaire sur le moyen terme afin de réduire le poids de la dette publique ;
- corriger les dysfonctionnements du marché du travail qui entravent l'investissement ;
- consolider les progrès réalisés en termes de stabilité financière ».

Devenant plus intrusif dans la vie économique et financière française, le Fonds invite les autorités budgétaires du pays à respecter « l'engagement ferme du gouvernement à tenir ses objectifs ambitieux de déficit budgétaire en 2013 ; (et) la qualité de l'ajustement budgétaire serait améliorée si l'effort entrepris reposait davantage sur une réduction des dépenses publiques... L'effort de réduction des dépenses publiques doit être entrepris à tous les niveaux (État, collectivités locales et administration de sécurité sociale), en reposant sur une rationalisation des fonctions »[22]...

Le tout est rédigé dans ce style inimitable de l'institution, sous l'aspect d'une parfaite neutralité, mais d'un mordant terrible !

On ne peut pourtant pas dire que la France n'ait pas pris le train de la réduction des dépenses publiques ! Comme tous les États qui veulent moderniser leur gouvernance financière, elle s'est dotée d'une loi organique relative aux lois de finances (à l'acronyme peu audible : LOLF) le 1er août 2001. Cette loi a été adoptée pour deux raisons principales tout à fait complémentaires : elle fait le constat que nous sommes entrés dans une phase de rareté des ressources publiques, en vertu de quoi le choix de la dépense publique doit être justifié et cette dépense doit être efficace.

Même si elle est censée ne s'appliquer qu'au budget de l'État, cette LOLF s'applique en réalité indirectement à toutes les personnes publiques, l'État, certes, mais aussi les collectivités territoriales et les établissements publics de coopération intercommunale (EPCI) auxquels on veut étendre son esprit et sa vision globale des finances publiques, les établissements publics administratifs qui sont désormais considérés

---

[22] Voir le site du Fonds Monétaire international : www.imf.org/external/franch/np/ms/2012/102912f.htm

comme des « opérateurs de l'État »[23]. Avec le vote de cette loi organique, la France rejoignait l'ensemble des pays de l'Organisation de coopération et de développement économiques (OCDE) qui s'étaient lancés dans la recherche d'une meilleure gouvernance financière depuis 1990.

Le deuxième instrument de cette recherche est le décret n° 2012-1246 du 7 novembre 2012 relatif à la gestion budgétaire et comptable publique qui abroge le vieux règlement général sur la comptabilité publique, à savoir le décret n° 62-1587 du 29 décembre 1962. Il vient se mettre en conformité avec la LOLF, car plusieurs des dispositions de l'ancien décret étaient venues en contradiction avec l'esprit de la nouvelle gouvernance financière, celle qui veut mettre en face de chaque dépense un objectif, une justification et un résultat[24].

Concrètement, que signifie cette nouvelle gouvernance ? Elle a manifestement un impact sur l'étendue, l'extension des services publics. Des activités qui étaient considérées comme des services publics ne le sont plus, alors que leur nécessité demeure[25]. Il ne s'agit pas seulement d'un changement de modalité de gestion. En droit, on connaît bien le lien étroit qui existe entre la forme et le fond, entre la procédure et la solution. En tout cas, la nouvelle gouvernance a conduit à une terrible réduction de la voilure des services publics.

S'il s'agit de moderniser la gouvernance financière par un encadrement très strict de la dépense, il s'agit aussi de moderniser la politique des ressources humaines. En effet, voici quelques chiffres concernant l'évolution du nombre des fonctionnaires et autres agents publics qui donnent à réfléchir :

---

[23] De façon expresse, l'une des annexes jointes à la loi de finances de chaque année concerne tous les transferts de l'État, par l'intermédiaire de ministères, vers ces établissements publics auxquels on donne cette dénomination d'opérateurs de l'État.

[24] On peut être quelque peu surpris sinon agacé de voir que la nouvelle gouvernance est présentée comme celle qui va enfin lutter contre les dépenses inutiles et les gaspillages de deniers publics, comme si dans la période antérieure ni résultats ni satisfaction des besoins collectifs n'avaient jamais été recherchés, un peu comme si l'on avait oublié la rationalisation des choix budgétaires (1968) et le budget base zéro (1970).

[25] Sans doute est-ce là que l'on constate la portée idéologique de la nouvelle gouvernance financière.

Années	Nombre
1832	150 000
1900	400 000
1940	700 000
1950	1 000 000
2008	5 200 000

Source : Marie-Hélène Renaut, *Histoire de la fonction publique*, Ellipses, 2003 (complétée par mes soins).

À la lecture de ce tableau, il apparaît clairement qu'en cent huit ans, entre 1900 et 2008, le nombre de fonctionnaires a été multiplié par treize, soit 1 300 %. Or, la population française n'a pas augmenté dans les mêmes proportions et les services à fournir non plus, encore moins le produit intérieur brut.

Depuis la remise en cause des financements publics, la fonction publique est devenue l'une des têtes de Turc des pouvoirs publics. « Il faut dégraisser le mammouth » disaient les uns à propos des effectifs de l'Éducation nationale ; « on ne remplacera pas un fonctionnaire sur deux qui partent à la retraite », reprenaient en chœur les autres, suite aux préconisations du Rapport Pébereau.

Mais c'est une forte contradiction de la société française que de vouloir réduire le nombre des fonctionnaires, que de réclamer une diminution des impôts et de se plaindre dans le même temps d'une dégradation des services publics, du manque d'infirmières, des classes surchargées dans le primaire ou d'enfants qui ne trouvent pas d'enseignants en face d'eux !

Bref, se pose immanquablement la question de savoir jusqu'où peuvent aller la limitation et la réduction des financements publics. Il ne s'agit pourtant pas de dire que des efforts de bonne gouvernance, des efforts d'adéquation entre services vitaux et services accessoires ne doivent pas être entrepris. Il ne s'agit pas de continuer à accepter des doublons et autres redondances dans l'organisation des collectivités territoriales consommatrices d'importants crédits de fonctionnement. Bien au contraire ! Dans une société où les budgets publics sont contraints, il est plus que jamais nécessaire que la dépense publique soit performante, qu'elle soit orientée vers les secteurs qui en ont le plus besoin et que des indicateurs permettent d'en mesurer l'impact.

Cependant, l'effort de réduction des dépenses publiques et des financements publics ne peut à lui seul rompre le cercle de l'endettement. Il faut aussi provoquer la relance économique, c'est-à-dire la croissance. Le seul instrument dont dispose alors l'État, c'est l'impôt.

Ainsi, invariablement, à un moment ou à un autre, l'obligation sera de combiner deux éléments qui paraissent contraires : tout en diminuant ou en réduisant la dépense publique, d'un côté, il faudra recourir à l'impôt de l'autre. Tout cela représente un effort collectif très important ; l'ensemble de la communauté nationale doit accepter de l'entreprendre.

B. Quelle place pour l'impôt ?

Le recours à l'impôt peut paraître anachronique dans une situation d'endettement public élevé. Et pourtant, cela est indispensable. En effet, aujourd'hui, l'impôt, la principale ressource publique par excellence, est plus que jamais perçu de façon négative. Le leitmotiv international est désormais celui-ci : « il faut réduire les impôts ! »[26]. Obligation de solidarité nationale[27], l'impôt ou ce « prix de la liberté », comme l'appelait avec justesse, Montesquieu, est plus que jamais suspect : s'il n'est pas perçu comme une spoliation, il est trop souvent présenté comme une entrave soit à l'investissement et à l'initiative privée conçue comme la seule source de croissance, soit comme une entrave à la consommation, autre levier du développement du pays. Outre cette première caricature, l'impôt n'est vu, aujourd'hui, que comme une consommation improductive du produit intérieur brut, ce qui est totalement inexact. Car, comme l'écrivait en son temps Paul-Marie Gaudemet, « l'impôt est redistributif », c'est-à-dire qu'il sert à redistribuer autrement le revenu national, afin de corriger les inégalités qui résultent naturellement de l'économie libre. On oublie trop souvent que l'impôt n'est qu'un

[26] Cris de ralliement de tous les chefs d'État et de gouvernement dans les années 1980, de Ronald Reagan à Mme Thatcher.

[27] De ce point de vue, l'impôt donne un contenu concret au troisième terme de la devise française, à savoir celui de « *Fraternité* ».

instrument de redistribution, car l'État ne garde rien pour lui. Tout ce qui est perçu pendant une année donnée est réparti, par différents canaux, entre tous les membres de la collectivité nationale, les entreprises, les ménages et même une partie échoit à la communauté internationale (par les prêts à des États étrangers, les achats publics à l'étranger, les contributions aux organisations internationales, l'aide publique au développement, la contribution aux opérations de maintien de la paix, aux opérations de développement économique, de développement de l'éducation et de la culture, etc.)

Mais quoi qu'il en soit, l'impôt sera à manipuler dans sa double fonction : en tant que pourvoyeur de recettes, mais aussi en tant qu'instrument d'incitation.

En tant qu'instrument d'incitation, son utilisation doit dispenser les secteurs sociaux et économiques porteurs de son paiement. Ici, les choix à opérer ne sont pas faciles. Il va s'agir constamment d'arbitrages entre les besoins vitaux sociaux et la promotion du développement économique national dans son sens noble. L'interventionnisme fiscal[28] doit alors porter sur les domaines que la société considère comme prioritaires, sans doute dans l'immédiat, mais aussi porteurs d'avenir.

Cependant, une difficulté surgit : la plupart du temps, l'interventionnisme fiscal consiste à accorder des avantages fiscaux, à diminuer le rendement de l'impôt. Il finit par créer des « effets d'aubaine », des « niches fiscales » dans lesquelles se réfugient parfois de gros contributeurs. Il est évident que la plus grande sagacité doit être mise en œuvre pour opérer les choix dans l'octroi de ces exonérations fiscales. Ces choix sont toujours le fait des exécutifs que sont les gouvernants nationaux ou locaux. Et il n'est pas toujours certain qu'ils soient efficaces ou justes.

En tant que pourvoyeur de recettes, l'établissement de l'impôt, dans le contexte d'un endettement fort, s'il se double d'une crise économique, n'est pas chose aisée. Et pourtant il ne reste que lui comme planche de

---

[28] Rappelons ici que Lord William Henry BEVERIDGE (1879-1963, inventeur de la sécurité sociale en 1942 : voir son Rapport Social Insurance and Allied Services ou son ouvrage principal *Full Employment in a Free Society, Plein emploi dans une société de liberté* de 1944) fut l'un des porteurs de cet interventionnisme fiscal . Les exonérations multiples qui en résultent furent dénommées, à partir de 1980, des dépenses fiscales.

salut. Là aussi, la lucidité, le sens de l'équité et de la justice doivent prédominer dans la détermination de son assiette et de son taux.

En effet, le financement public rencontre aujourd'hui un obstacle de taille : la rareté des ressources publiques et en premier lieu l'inélasticité de la pression fiscale. Il semble que celle-ci ait atteint des niveaux que les contribuables ne souhaitent pas qu'elle dépasse, qu'il s'agisse des ménages ou des entreprises et sociétés. Depuis les années 1978, année de la première révolution anti-impôts aux États-Unis, les contribuables ont pris conscience de leur poids électoral et menacent de s'en servir lorsqu'ils estiment l'impôt excessif ou trop mal réparti.

Il en résulte que, pendant que le rendement de l'impôt stagne globalement, les besoins sociaux, eux, s'accroissent, avec l'augmentation du chômage, la marginalisation de franges de plus en plus importantes de la société, la montée de la délinquance, le vieillissement de la population. Il n'y a donc plus d'adéquation entre les besoins de financement et les moyens financiers disponibles. On résume cette situation en parlant de budgets contraints.

Liée à la pression fiscale, une autre limite aux financements publics mérite d'être signalée : il s'agit des réticences de la société elle-même devant une sorte d'expansionnisme de l'intervention publique. Car les producteurs de biens ou de gains veulent garder les résultats pour eux et l'impôt redistributif leur répugne. En effet, on peut dire que la société française est plus libérale aujourd'hui qu'au lendemain de la Seconde Guerre mondiale. Indubitablement, la prise de conscience de l'individualité de chacun, son droit à l'épanouissement de sa personnalité se sont développés. Aussi, globalement, la société n'est plus disposée à voir l'État se substituer en de nombreux domaines à l'initiative privée : on peut prendre les exemples de la distribution des colis, de la production et de la distribution d'électricité ou encore celui de la production et de la distribution du gaz domestique ou encore les services de télécommunications. Cette prise en charge par des personnes privées d'activités qui étaient considérées comme des services publics et donc dévolues aux collectivités publiques tend à s'étendre. Et de ce fait, elle constitue une limitation des financements publics.

Quoi qu'il en soit, les choix dans les réductions de dépenses de financements, l'établissement de l'assiette des impôts ou l'utilisation judicieuse de la loi fiscale pour orienter les comportements économiques et sociaux, sont très ardus. Sans qu'il s'agisse de défiance par rapport au peuple, il est difficile d'y faire participer le plus grand nombre : on serait en démocratie économique et financière. Si la démocratie politique est aujourd'hui une réalité, la démocratie économique et financière demeure encore à construire ; elle est un objectif lointain mais qui doit être poursuivi. C'est pourtant la clé de la réussite face aux défis de l'endettement et du manque de financements. La construction de budgets publics bien ajustés aux finalités nationales passe nécessairement par la rencontre de ces deux démocraties : la démocratie politique et la démocratie économique et financière.

LE POINT DE VUE DU SÉNATEUR-MAIRE SUR LE FINANCEMENT DE L'ACTION PUBLIQUE

Par
Patrice Gélard
Sénateur de Seine-Maritime et maire de Sainte-Adresse
Doyen honoraire des Universités de Rouen et du Havre
Professeur émérite de l'Université du Havre

Avant toute chose, je voudrais faire part de mon grand plaisir d'être à nouveau dans les locaux de l'Université du Havre où j'ai enseigné il y a quelques années. Cela me fait plaisir également de retrouver des collègues rouennais car il ne faut pas oublier que, outre de l'Université du Havre, je suis doyen honoraire de celle de Rouen. Et puis cela fait toujours plaisir de voir mes successeurs que ce soit Gilles Lebreton ou Michel Bruno et tous ceux qui ont joué un rôle important dans le développement de cette Faculté. Je salue également les étudiants qui ont tout de suite trouvé les bonnes places en cette froide journée d'automne : celles en haut de l'amphithéâtre, là où il fait toujours plus chaud !

Il me revient d'ouvrir la session de cette après-midi. Dans un opéra l'ouverture annonce le thème général de la suite. C'est ce que je vais tenter de faire, d'abord en mettant l'accent sur le financement des partis politiques (I), ensuite, en parlant de ce que je commence à bien connaître pour le pratiquer : le financement des collectivités locales (II). Enfin, je terminerai par quelques remarques sur les problèmes que pose l'absence d'une véritable législation sur les fondations en droit français (III).

I. LE FINANCEMENT DES PARTIS POLITIQUES

Le droit français est allé assez loin dans l'encadrement du financement de ces partis comme l'ont encore montré la campagne présidentielle et les élections législatives de mai et juin 2012. Les frais engagés alors par les deux candidats à l'élection présidentielle ont fait couler beaucoup d'encre et il n'est pas sûr qu'ils soient tous validés[1], bien qu'ils soient sans comparaison avec ceux engagés par les candidats à l'élection présidentielle américaine. Il faut en effet voir les fortunes qu'ont coûtées les campagnes de Barack Obama et de son challenger. Nous sommes encore très loin de cela. Je voudrais malgré tout insister sur quelques aspects qui, à mon avis, commencent à poser problème en droit français.

Vous savez que les partis politiques sont financés par la voie des cotisations des militants et des élus. Les règles sont fixées en interne par chaque parti. À ce propos, les élus communistes sont les plus généreux donateurs, puisqu'ils versent l'intégralité de leurs indemnités à leur parti qui leur reverse l'équivalent du salaire d'un ouvrier qualifié de la région parisienne et prend en charge leurs frais d'habillement. Le parti socialiste et l'UMP prélèvent en comparaison entre 4 et 5% des indemnités de leurs élus et autant l'un que l'autre auprès de leurs militants. Les autres partis ne prélèvent pratiquement rien, sauf le Front national qui, autrefois, était comme le parti communiste. Ces cotisations ne sont toutefois qu'une part infime du revenu des partis.

La part essentielle de leur financement est liée au résultat des élections législatives ou sénatoriales. Une première tranche de revenus résulte du résultat proprement dit des élections législatives. C'est sur celle-là qu'il y a des retenues concernant le respect ou non des règles relatives à la parité. Cette règle a entraîné la perte de 40 à 60 millions d'euros de revenus par an pour l'UMP car le parti n'a pas présenté assez de femmes. Il y a une raison très simple à cela. Quand un parti a gagné l'élection présidentielle, il y a une multitude d'hommes parmi ses parlementaires sortants. Or pour être sûr de gagner les nouvelles élections, mieux vaut représenter le sortant (qui souvent veut s'accrocher) plutôt qu'un ou une inconnue dont la candidature n'est généralement retenue que dans les circonscriptions ou le parti est sûr de perdre. Le parti du président nouvellement élu peut par contre se permettre de présenter plus de femmes car il bénéficie de la dynamique enclenchée par le succès de son candidat. Résultat : à chaque changement de majorité, il y a un parti qui va perdre et un parti qui va gagner sur cette première tranche. Elle ne constitue toutefois pas la partie

---

[1] V. CC 156 PDR du 4.7.2013, Rejet du compte de campagne du candidat N. S., *JO* 2013-155. 11289.

la plus importante. La deuxième tranche qui est moins connue du grand public tient à ce que rapporte un parlementaire à son parti politique. C'est simple : un parlementaire, député ou sénateur, rapporte 300 000 euros par an à son mouvement. C'est la raison pour laquelle il y a une telle pression pour que les partis politiques soient représentés à la proportionnelle et non pas au scrutin majoritaire. À la proportionnelle, certains partis actuellement non représentés au Parlement le seraient et bénéficieraient ainsi davantage de cette seconde tranche de revenus. Il y a un aspect mécanique important.

À défaut, une perversion du système est apparue au moment du versement de la première tranche. C'est l'apparition des micro-partis. Leurs créateurs sont généralement membres d'un parti politique. Comme ils présentent une cinquantaine de candidats, ils touchent annuellement une somme qui leur permet de rémunérer des permanents. On se trouve devant une perversion du système qui ne correspond pas à ce que voulait le législateur et qui impose de trouver des solutions. La plus simple serait d'interdire la possibilité pour les micro-partis d'obtenir une telle aide.

Je terminerai sur ce premier point en rappelant que ces perversions ont dirigé le projecteur sur le comportement déontologique des parlementaires. C'est parce qu'il y a eu des défiances qu'on s'est intéressé de plus près aux agissements de chacun. Cette levée de projecteur a eu une conséquence importante puisqu'elle est une des causes de la montée de l'antiparlementarisme. J'ai appris que les parlementaires de Seine-Maritime sont gérés par un bureau spécial à Rouen et non plus par les bureaux locaux des finances publiques. Le but est autant de protéger l'élu que de le contrôler davantage pour savoir comment il déclare ou non les sommes qui passent entre ses mains. Voilà une évolution qui me paraît inquiétante. Vous savez que sur la déontologie on a soulevé le problème des indemnités de fonction des parlementaires liées à leurs frais de mandat dans les deux chambres. Mais ils bénéficient d'un forfait. Or la perspective d'un contrôle est contraire à l'idée même de forfait. Car soit on contrôle les frais réels, mais alors le risque est d'augmenter les dépenses de l'État – car ces frais peuvent être très supérieurs au montant du forfait –, soit on maintient le système du forfait qui, somme toute, n'est pas si mauvais mais on doit alors renoncer à le contrôler. Il faut en effet faire confiance aux élus car un forfait ne se contrôle pas contrairement aux frais réels.

Existe-t-il d'autres modes de financement des partis politiques ? La multiplication des bureaux d'étude, de conseils... pourrait permettre aux partis d'engranger des revenus supplémentaires pour financer des collaborateurs. Mais de telles pratiques sont illégales et il faut veiller à ce qu'elles soient réprimées comme elles le méritent, d'autant que les collectivités territoriales ont de plus en plus de mal à financer leur action.

II. LE FINANCEMENT DES COLLECTIVITÉS LOCALES

Les collectivités locales connaissent la règle d'or depuis toujours. Il ne peut y avoir un budget en déficit pour elles comme pour les établissements publics. Mais elles sont confrontées depuis quelques années à plusieurs difficultés.

La première tient à une diminution depuis 2005-2006 de la part de l'État dans l'alimentation de leur budget. En gros, la dotation de fonctionnement diminue chaque année depuis lors d'une somme à peu près équivalente dans toutes les collectivités territoriales. Non seulement elle diminue mais les subventions de substitution sont également en voie de disparition car les collectivités « supérieures » (départements, régions) voient leur situation financière s'appauvrir, d'autant que les juridictions ont rejeté leurs recours contre l'État, estimant que ce dernier n'était pas leur débiteur[2]. Le résultat, c'est que le département ne subventionne plus de la même façon les communes. On voit en effet apparaître depuis peu des critères politiques dans l'attribution des subventions, chose qui n'existait pas dans la période précédente. Mieux vaut en effet favoriser ceux qui pensent comme vous que les autres.

À ces premières difficultés s'ajoutent celles que rencontrent les élus locaux lorsqu'ils veulent demander des subventions européennes. On a en effet en France un système très compliqué par rapport aux autres pays de l'Union, dans la mesure où les élus sont obligés de passer par les préfectures. Je me souviens du président Poutine qui expliquait, lors de son premier mandat, à des officiels français, que la France comme la Russie sont deux États bureaucratiques mais que grâce à la corruption il suffisait de trois mois en Russie pour réaliser un projet là où 4 années étaient nécessaires en France. Cela s'explique s'agissant des subventions européennes par une spécificité française. Celle-ci vient de ce que, quand une directive se trouve transposée en droit interne, elle est doublée ou

---

[2] V. par ex. CC 355 QPC du 22.11.2013, Compensation du transfert de la taxe sur les surfaces commerciales aux communes et aux établissements publics de coopération intercommunale à fiscalité propre, *JO* 2013-373, cs. 6.

triplée en volume en raison de l'ajout de toute une série de dispositions non prévues à l'origine. Or cela n'est plus seulement le fait du législateur ; c'est désormais également celui des préfectures. Celles-ci rajoutent en effet des dispositions nouvelles afin de rationaliser l'exécution des dispositions prévues par la directive et le législateur. De telles pratiques sont à mon avis parfaitement illégales. Mais elles existent et retardent la prise de décision. On se heurte donc à cette difficulté croissante de la complexité administrative. Cela pose problème car le temps alloué pour dépenser les crédits est limité. Au-delà, ils sont perdus. Or cela arrive très souvent car, contrairement à ce qui se passait auparavant, il faut désormais trois ans au minimum à une collectivité pour réaliser un projet (construire une école, une crèche…) du fait de la législation sur le droit de la concurrence, de sorte qu'un élu est obligé de préparer ses projets en début de mandat s'il ne veut pas que son successeur en retire les bénéfices électoraux. À défaut il pourrait être tenté par l'immobilisme.

Enfin, le territoire communal est soumis à de multiples réglementations qui sont autant de freins au financement de l'action publique. Le cas de la Corse l'illustre parfaitement. Bien qu'il s'agisse d'une destination touristique, les élus ne peuvent plus y autoriser la construction d'hôtels faute d'espaces constructibles par le jeu combiné de la loi littorale et de la loi montagne. Ce qui vaut pour la Corse vaut aussi dans les autres territoires en raison des complications résultant de l'application de la zone Natura 2000, de la zone de protection du littoral, de la préservation des eaux... Le maquis des textes compromet ainsi le financement de l'action publique en rendant sa mise en œuvre difficile.

Le tout se trouve aggravé par l'absence d'une véritable réglementation sur les fondations.

III. L'ABSENCE D'UNE VÉRITABLE RÉGLEMENTATION SUR LES FONDATIONS

Il manque en France une véritable réglementation sur les fondations comme cela existe dans les pays anglo-saxons. Il ne faut pas oublier que si toute une série d'actions ont pu être menées c'est grâce à elles, dans la mesure où elles permettent de venir en aide à l'État ou aux collectivités territoriales dans un certain nombre de domaines. Par exemple, on ne peut compter que sur la bonne volonté des autorités russes pour enseigner la langue française en Russie dans les collèges et lycées alors que l'enseignement de l'allemand est assuré dans un collège sur deux par une fondation Volkswagen, Mercedes etc. De même, les Allemands ont créé dans les plus grandes Universités chinoises une Faculté de droit allemand. Du coup on assiste à une diffusion du droit allemand dans les contrats internationaux et au développement de relations commerciales sino-allemandes. Une bonne idée avait été lancée en faveur de la création en France d'une telle fondation. Cette idée s'était concrétisée sous le gouvernement Jospin par une loi votée à l'unanimité par le Parlement[3]. Mais elle n'a jamais été mise en œuvre car on n'a pas trouvé le financement. La loi Wachsmann II l'a finalement abrogée[4]. On l'a remplacée par une fondation croupion créée par le ministère de l'Éduction nationale et celui de la Justice. Cette fondation, que personne ne connaît, espérait beaucoup du Qatar pour créer une Faculté de droit français dans ce pays mais cela ne s'est finalement pas fait, ce qui montre toute la difficulté de financer l'action publique.

* *

*

Je terminerai par quelques petites remarques très brèves.

Tout d'abord, il n'est plus possible actuellement de verser des *royalties*. Le Code des marchés publics a instauré des barrières pour empêcher les collectivités locales de créer des caisses noires. Mais on a assisté à un phénomène pervers. Un marché public coûte plus cher du fait des procédures de publicité et de mise en concurrence préalables. Or ces frais sont parfois contreproductifs car il n'est pas rare qu'un marché public soit infructueux en raison de sa faible rentabilité pour les soumissionnaires ou… d'une entente entre eux.

Ensuite, le système d'imposition locale est obsolète. Il faut le revoir, mais pas par la mise en place d'un système de compensation des collectivités intercommunales qui prendrait aux collectivités riches pour donner aux plus pauvres, car il ne faut pas que les premières paient pour les dépenses inconsidérées des secondes.

---

[3] Loi n° 2002-282 du 28.2.2002, portant création d'une Fondation pour les études comparatives.

[4] Loi n° 2011-525 du 17.5.2011, de simplification et d'amélioration de la qualité du droit.

L'ÉVOLUTION DES MODES DE FINANCEMENT DANS LE DROIT DES CONTRATS DE LA COMMANDE PUBLIQUE

Par
Christophe Lajoye
Maître de conférences en droit public
à l'Université de Caen

Bien que traditionnelle, la pratique contractuelle de l'administration s'est fortement développée ces dernières années, au point qu'on a pu parler d'une contractualisation de l'action publique. Utilisé classiquement par les personnes publiques pour se procurer les biens, travaux immobiliers et prestations de services nécessaires aux services publics dont elles ont la charge, le contrat l'est désormais aussi pour associer à leur action les partenaires qu'elles ont choisis. S'il s'explique par le progrès technique et scientifique et l'évolution de la société et des aspirations des administrés, son essor a été catalysé par la crise économique. Car la multiplication et la diversification des besoins auxquels doivent faire face les collectivités publiques se produisent dans un contexte budgétaire extrêmement tendu, tant la situation des finances publiques est préoccupante. Les collectivités doivent en effet répondre à des besoins croissants alors qu'elles sont confrontées à une véritable pénurie de fonds publics

Entre autres solutions, les autorités ont cherché à moderniser les contrats de la commande publique et c'est un des aspects les plus importants des évolutions des modes de financement de l'action publique.

Cette modernisation, qui consiste à diversifier les contrats utilisés (I), entraîne une évolution des notions mêmes de marché public et de délégation de service public (DSP) (II).

I. La recherche des solutions financières par la diversification des contrats utilisés

L'exiguïté des capacités financières des collectivités publiques incitait ces dernières à faire preuve d'imagination et d'audace en recourant à des types de contrats qu'elles n'utilisaient pas auparavant– car, pour l'essentiel, issus du droit privé –, quittes à se livrer à des montages contractuels complexes et, ce faisant, à dépasser la dualité classique composée des marchés publics et des délégations de service public (A). Mais cette imagination et cette audace des acteurs de la commande publique, bien que relayées et encadrées par le pouvoir législatif et réglementaire, apparurent encore insuffisantes aux pouvoirs publics pour faire face à toutes les difficultés de financement de la commande publique. C'est pourquoi ils instaurèrent un procédé contractuel nouveau même s'il trouve sa source dans une pratique contractuelle française et dans le droit anglo-saxon : le Contrat de partenariat public-privé (B).

A. Le dépassement de la dualité classique par le recours à des contrats complexes

La démarche contractuelle réalisée vise à associer le plus possible le cocontractant au financement de la prestation et ce faisant à ne pas s'arrêter à l'alternative traditionnelle consistant soit en un financement immédiat par le budget de la collectivité et donc par le contribuable, soit en un financement par l'usager de l'ouvrage et/ou du service public. Sont donc utilisés et/ou mis au point des contrats complexes résultant de montages contractuels qui superposent plusieurs objets et, ou plusieurs actes contractuels. Les principaux sont le Bail Emphytéotique Administratif (BEA), les Autorisations d'Occupation Temporaire avec opération de construction (1) et la Vente en l'État Futur d'Achèvement (2).

1. Le Bail Emphytéotique Administratif et les Autorisations d'Occupation Temporaire avec opération de construction

La création du Bail Emphytéotique Administratif (a) a précédé de peu celle des Autorisations d'Occupation Temporaire avec opération de construction (b).

a) Le Bail Emphytéotique Administratif

Le Bail Emphytéotique Administratif est un procédé contractuel importé du droit privé, dans la mesure où le bail emphytéotique est prévu par le code rural[1]. Le BEA s'analyse comme un contrat de location spécifique présentant l'avantage, pour le preneur, d'une longue durée, d'un loyer d'un faible montant et de la constitution d'un droit réel pouvant servir de base à une hypothèque et, pour le bailleur, de devenir propriétaire, en fin de bail, des ouvrages édifiés par le preneur.

Les collectivités publiques et, en particulier, les collectivités territoriales ont vite perçu l'intérêt d'un tel mécanisme contractuel qui permet de faire supporter par un cocontractant privé le financement initial d'investissements immobiliers. S'il est vrai que la concession de service public procure un résultat identique, elle implique la perception de redevances sur les usagers de l'ouvrage et du service publics. Or certains services publics ne mettent pas en relation directe l'exploitant et l'usager et/ou sont gratuits et ne peuvent donc donner lieu à concession. En outre, la possibilité conférée par le bail emphytéotique de consentir une hypothèque sur le droit réel qui lui est transféré permet au preneur d'obtenir plus facilement les crédits dont il a besoin pour financer l'opération.

Dès lors, sont apparus dans la pratique contractuelle des collectivités des baux emphytéotiques pouvant donner lieu à diverses modalités. Dans la majorité des cas, ils consistent pour la collectivité publique bailleuse à

---

[1] Cf. article L 451-1du Code rural désormais dénommé Code rural et de la pêche maritime.

consentir à son cocontractant preneur – dénommé emphytéote – un droit réel sur un immeuble – terrain ou bâtiment – lui appartenant, à charge pour lui de réaliser ou de rénover l'ouvrage, dont au moins une partie sera utilisée par la collectivité. En échange de la mise à disposition du bien, la collectivité paye à son cocontractant un loyer et, en contrepartie du droit réel accordé au cocontractant, ce dernier verse à la collectivité une redevance – appelée canon emphytéotique. Au terme du contrat, la collectivité devient propriétaire de l'ouvrage édifié ou rénové.

Malgré leur intérêt, de telles pratiques se sont heurtées à des obstacles juridiques majeurs.

Le premier réside dans l'inaliénabilité et l'imprescriptibilité du domaine publique. On sait que cette règle fondamentale de la domanialité est entendue largement et est perçue comme empêchant la collectivité de consentir des droits réels sur un bien de son domaine public. Or le bien construit ou rénové dans le cadre d'un bail emphytéotique fait l'objet d'un droit d'usufruit ou d'emphytéose. Cela conduisit le Conseil d'État dans son arrêt Association Eurolat[2] à annuler un bail emphytéotique conclu par un EPCI sur son domaine, au motif que le contrat de bail conférait au preneur « *un droit réel sur un terrain appartenant à une collectivité publique, affecté à un service public, et destiné par les parties à être aménagé à cet effet* » et était ainsi incompatible avec les principes de la domanialité publique.

Le second obstacle résulte de la loi du 12 juillet 1985, relative à la maîtrise d'ouvrage publique et à ses rapports avec la maîtrise d'œuvre privée, dans la mesure où elle contraint les personnes publiques qu'elle régit à conserver la maîtrise d'ouvrage pour réaliser ou faire réaliser leurs ouvrages. Il est vrai que le Conseil d'État n'a pas adopté une interprétation très rigide de cette loi en n'excluant pas totalement le recours à la maîtrise d'ouvrage privée pour l'édification d'un ouvrage public. Mais un tel recours n'en reste pas moins prohibé selon lui quand il s'analyse comme un détournement de procédure. Tel est le cas quand, de façon cumulative, il est établi que, « *tout à la fois, l'objet de l'opération est la construction même d'un immeuble pour le compte de la personne publique en cause, que l'immeuble est entièrement destiné à devenir sa*

---

[2] CE, 6.5.1985, Assoc. Eurolat et Crédit Foncier de France, *RFDA* 1986, p. 21, concl. B. Genevois, *AJDA* 1985, p. 620 note É. Fatôme et J. Moreau.

propriété et qu'il a enfin été conçu en fonction des besoins propres de la personne publique »[3].

Pour surmonter ces obstacles, les pouvoirs publics sont intervenus de façon à permettre aux collectivités publiques de recourir au bail emphytéotique. Le premier texte en ce sens est la loi du 5 janvier 1988, portant amélioration de la décentralisation. L'article 13 de ce texte disposait dans sa version initiale qu' « *un bien immobilier appartenant à une collectivité territoriale peut faire l'objet en faveur d'une personne privée d'un bail emphytéotique prévu à l'article L 451-1du Code rural, en vue de l'accomplissement, pour le compte de la collectivité territoriale, d'une mission de service public ou en vue de la réalisation d'une opération d'intérêt général relevant de sa compétence* ». Il précisait qu' « *un tel bail peut être conclu même si le bien sur lequel il porte, en raison notamment de l'affectation du bien résultant soit du bail ou d'une convention non détachable de ce bail, constitue une dépendance du domaine public, sous réserve que cette dépendance demeure hors du champ d'application de la contravention de voirie* ». L'objet initial de ce BEA était donc déjà large. Mais il est apparu malgré tout insuffisant au législateur qui a entrepris progressivement de l'étendre encore davantage par la suite. C'est ainsi qu'ont permis aux collectivités territoriales de recourir au BEA :

- pour la réalisation d'une opération liée aux besoins de la justice, de la police ou de la gendarmerie, la loi du 29 août 2002 ;
- pour la réalisation d'une opération liée aux besoins d'un établissement public de santé ou d'une structure de coopération sanitaire dotée de la personnalité morale publique, l'ordonnance du 4 septembre 2003 ;
- pour la réalisation d'une opération liée aux besoins d'un service départemental d'incendie et de secours, la loi du 30 décembre 2005 ;
- pour l'affectation à une association cultuelle d'un édifice du culte ouvert au public, l'ordonnance du 21 avril 2006 ;
- pour la réalisation d'enceintes sportives et des équipements connexes nécessaires à leur implantation, la loi du 17 février 2009 ;
- ou encore pour la restauration, la réparation, l'entretien, la maintenance ou la mise en valeur d'un bien affecté à une mission de service public ou à la réalisation d'une opération d'intérêt général ou

---

[3] CE Avis, 31.1.1995, n° 356 960.

d'enceintes sportives et d'équipements connexes nécessaires à leur implantation, la loi du 14 mars 2011.

Ce dispositif législatif a incité les collectivités territoriales à utiliser le BEA pour obtenir de leur cocontractant la réalisation d'un ouvrage destiné à être mis à leur disposition après que le conseil d'État eut validé une telle pratique [4]. Dès lors elles l'utilisent, par exemple, pour l'édification de stations d'épuration, de cuisines centrales et autres cantines pour la restauration scolaire, les usines de recyclage et de traitement des déchets. Mais, comme dans ces cas le BEA porte souvent sur l'exploitation de l'ouvrage public réalisé et donc sur la gestion d'un service public, il lui est associé une convention non détachable confiant à l'emphytéote cette gestion.

Ceci conduit à s'interroger sur le régime juridique et, en particulier, le régime de passation des BEA. La question a d'abord été discutée en doctrine. Celle-ci a en premier lieu distingué les divers BEA et en a donc dressé une typologie[5]. Sont ainsi distingués les BEA dits simples ou « secs » des BEA aller-retour.

Les premiers sont des baux confiant au preneur un bien immobilier dans le cadre, pour les collectivités territoriales, de l'accomplissement, pour le compte de ces collectivités, d'une mission de service public ou en vue de la réalisation d'une opération d'intérêt général relevant de leur compétence. Les ouvrages ainsi construits ou rénovés ne sont pas mis à la disposition de la collectivité bailleuse mais exploités par l'emphytéote. La passation de ces baux n'est, en principe, assujettie à aucune règle de publicité et de mise en concurrence préalable – à moins qu'ils confient l'exécution d'un service public au preneur qui se rémunère substantiellement par les résultats de l'exploitation du service car dans ce cas la loi du 29 janvier 1993 s'applique. Ils sont donc, concernant leur passation, assimilés à des conventions d'occupation du domaine public dispensées de procédure de publicité et de mise en concurrence préalables, comme l'a affirmé avec éclat le Conseil d'État dans l'affaire Jean Bouin[6]. Toutefois, si les travaux réalisés par l'emphytéote répondent

---

[4] CE, 25.2.1994, Sté SOFAP Marignan Immobilier, *RFDA* 1994, p. 510, concl. J. Arrighi de Casanova, *AJDA* 1994, p. 550 note H. Perinet-Marquet.

[5] Voir en particulier G. Clamour, « Conventions d'occupation du domaine public constitutives de droits réels : bail emphytéotique administratif », DMP-CPS, IV.250.

[6] CE, 3.12.2010, Ville de Paris et Assoc. Paris Jean Bouin, *Contrats et marchés publics* 2011, commentaire 25, note G. Eckert.

aux besoins précisés par la collectivité bailleuse, le bail en cause peut être perçu comme une concession de travaux publics au sens du droit communautaire[7] et de l'ordonnance du 15 juillet 2009 et assujettie, dès lors, aux règles de passation qu'elle prévoie.

Les seconds sont des BEA où le preneur qui a réalisé ou restauré l'ouvrage, le met en totalité ou en partie à la disposition du bailleur moyennant un loyer. Dès lors, les relations financières opérées en vertu de ce bail s'effectuent à double sens, d'où sa qualification de BEA aller-retour. Ce caractère a conduit la loi du 28 juillet 2008, relative aux contrats de partenariat, à poser que « *lorsqu'une rémunération est versée par la personne publique au preneur, cette rémunération distingue, pour son calcul, les coûts d'investissement, de fonctionnement et de financement* ». Cette obligation permet de rendre ces BEA éligibles au fonds de compensation pour la taxe sur la valeur ajoutés dans la limite du seuil de 10 000 000 € HT. Concernant la qualification de ces BEA aller-retour, on peut considérer qu'ils répondent aux critères du marché public de travaux au sens des directives marchés publics car ils ont bien pour objet soit l'exécution, soit conjointement la conception et l'exécution de travaux ou d'un ouvrage, soit la réalisation, par quelque moyen que ce soit, d'un ouvrage répondant aux besoins précisés par le pouvoir ou l'entité adjudicateur. On rappellera à cet égard que contrairement à la définition française du marché public, la définition communautaire n'exige pas que le pouvoir adjudicateur détienne la maîtrise d'ouvrage. Toutefois, les BEA où l'emphytéote est rémunéré par le droit d'exploiter l'ouvrage et par un prix payé par la collectivité bailleuse, pourront être perçus comme des concessions de travaux publics au sens de ces directives et de l'ordonnance du 15 juillet 2009.

Par ailleurs, le BEA peut être associé à un autre contrat public. Il en est ainsi quand le BEA confie l'exploitation d'un service public à l'emphytéote. Car si ce dernier est rémunéré substantiellement par les résultats de l'exploitation, le contrat est assorti d'une délégation de service public et donc soumis à la loi du 29 janvier 1993. Dans le cas contraire, notamment du fait que le preneur ne supporte pas une part significative du risque d'exploitation, le BEA est couplé avec un marché

---

[7] En ce sens cf. CE Ass., 10.6.1994, Cne de Cabourg, *RFDA* 1994, p. 728, concl. S. Lasvigne ; TA Paris, ord. 3.2. 2009, Sté Ken Club *Contrats et marchés publics* 2009, commentaire 99, note G. Eckert.

public de service et donc assujetti au Code des marchés publics. Mais le BEA ne pourra jamais apparaître comme étant un marché public de travaux au sens de ce Code du fait que c'est l'emphytéote qui détient la maîtrise d'ouvrage et non le bailleur public[8].

Ces solutions ont pour l'essentiel été confirmées par des textes récemment adoptés et tout d'abord la loi du 14 mars 2011, dite d'orientation et de programmation pour la performance de la sécurité intérieure, en son article 96 qui prévoit que les BEA passés par les collectivités territoriales « *sont précédés, le cas échéant, d'une mise en concurrence et de mesures de publicité, selon des modalités fixées par décret en Conseil d'État* ». Cette formulation laissa dubitative la doctrine qui s'interrogea sur l'interprétation à retenir avant que le décret du 30 décembre 2011, relatif aux règles de passation des baux emphytéotiques, ne vienne en préciser le sens et en permettre l'application. Ce décret dispose que lorsque l'un des BEA est accompagné d'une convention non détachable constituant un marché public, une délégation de service public, un contrat de partenariat ou un contrat de concession de travaux publics, sa conclusion est précédée des mesures de publicité et de mise en concurrence prévues par les dispositions applicables à ce contrat. Il ajoute que cette obligation s'applique également aux baux qui comportent des clauses s'analysant comme une convention non détachable présentant les caractéristiques des contrats mentionnés à cet alinéa. Ce règlement qui omet le cas où le BEA répond aux critères du marché public de travaux au sens communautaire est d'une régularité douteuse au regard de sa conformité aux directives de marchés publics. Il faut donc conseiller aux collectivités de respecter les règles que ces dernières posent dans un tel cas.

Enfin, soulignons qu'à l'origine le BEA était réservé aux collectivités territoriales, à leurs établissements publics et aux groupements de ces collectivités. Il a fallu attendre la loi du 9 février 2009 pour que l'État puisse y recourir sur son domaine public ou sur son domaine privé « *en vue de la réalisation de logements sociaux* » et celle du 23 juillet 2010 pour qu'il puisse y recourir à l'égard des biens immobiliers de son domaine public en vue de leur restauration, réparation ou mise en valeur. Ces BEA, souvent dits de valorisation, sont aussi ouverts par la même loi aux CCI et aux chambres d'agriculture. La loi du 14 mars 2011 a permis

---

[8] En ce sens : CE, 25.2.1994, Sté SOFAP Marignan Immobilier, précité.

aux collectivités territoriales et à leurs établissements publics de passer de tels baux. De même, cette loi ôte des cas de recours par les collectivités territoriales au BEA énumérés à l'article L1311-2 du CGCT, la réalisation d'une opération liée aux besoins d'un établissement public de santé ou d'une structure de coopération sanitaire dotée de la personnalité morale publique. Désormais ce « BEA hospitalier » est prévu et encadré à l'article L 6164-2 et suivants du Code de la santé.

b) Les Autorisations d'Occupation Temporaire avec opération de construction

À l'origine, seuls l'État et ses Établissement publics étaient autorisés à consentir des autorisations d'occupation du domaine public constitutive pour l'occupant de droits réels. Initialement accordée par la loi du 25 juillet 1994, cette possibilité a toutefois été étendue par le CG3P du 26 avril 2006 aux collectivités territoriales, à leurs groupements et à leurs Établissements publics. Ces Autorisations d'Occupation Temporaire constitutives de droits réels (AOTDR) sont désormais prévues et encadrées pour les AOT de l'État et de ses Établissements publics à l'article L 2122- 6 et suivants du CG3P et pour celles des collectivités territoriales de leurs Établissements publics à l'article L 2122- 20 du CG3P (qui renvoie aux articles L 1311- 5 à L1311-8 du CGCT). Ces différences de fondement cachent un régime juridique différent. Par exemple, le recours aux AOTDR pour les collectivités territoriales et leurs établissements publics est limité à l'accomplissement, pour leur compte, d'une mission de service public ou à la réalisation d'une opération d'intérêt général relevant de leur compétence. Désormais cependant, les collectivités territoriales comme l'État peuvent, en vertu de ces dispositions, accorder des AOT conférant à l'occupant des droits réels, ce dernier pouvant construire des ouvrages sur lesquels ils s'étendent. Ce droit réel peut être hypothéqué pour garantir les emprunts contractés par le titulaire de l'autorisation en vue de financer la réalisation, la modification ou l'extension des ouvrages, constructions et installations de caractère immobilier situés sur la dépendance domaniale occupée.

Dès lors, les AOT peuvent être utilisées par les collectivités publiques pour l'édification d'ouvrages publics. Ces ouvrages peuvent être mis à la disposition de la collectivité en échange d'un loyer. Au terme du titre d'occupation, ils deviennent de plein droit et gratuitement la propriété des collectivités, francs et quittes de tous privilèges et hypothèques. Un tel montage contractuel a pour intérêt de faire supporter par un cocontractant privé le financement initial des investissements immobiliers et d'étaler durant toute sa durée le coût financier supporté par la collectivité. La maîtrise d'ouvrage des travaux réalisés par l'occupant est assurée par ce dernier. Une variante de ce dispositif consiste à insérer dans la convention d'autorisation d'occupation du domaine public une option d'achat. Ces montages sont alors qualifiés d'AOT LOA (location achat). Dans ce cas, la convention prévoit que le montant des loyers est totalement ou partiellement déduit du prix de vente si la personne publique décide de lever l'option d'achat.

La conclusion de ces AOT DR est dispensée de toute procédure de publicité et de mise en concurrence préalables[9]. Mais elles peuvent répondre aux critères d'un contrat de la commande publique assujetti à de telles règles et ce faisant y être soumises comme c'est le cas fréquemment pour les AOT avec opération de construction. Dès lors, les observations faites à ce sujet à propos de la passation des BEA valent aussi pour les AOTDR. C'est ainsi que le CE perçoit les contrats de mobilier urbain portant occupation du domaine public comme des marchés publics de services soumis au CMP[10]. Mais ils peuvent aussi être qualifiés de marchés publics de travaux au sens des directives communautaires ou bien, pour les AOT où l'occupant est rémunéré par le droit d'exploiter l'ouvrage et par un prix payé par la collectivité, de concession de travaux publics au sens de ces directives et de l'ordonnance du 15 juillet 2009. Enfin, si l'occupant se voit confier l'exploitation d'un service public, s'il est rémunéré substantiellement par les résultats de l'exploitation, l'AOT est assortie d'une délégation de service public et sera donc assujettie à la loi du 29 janvier 1993.

En revanche les AOT DR conclues au nom de l'État et assorties d'une convention de bail avec option d'achat portant sur des bâtiments et installations à construire par le bailleur pour les besoins de la justice, de la police nationale, de la gendarmerie nationale, des armées ou des services du ministère de la Défense et visées à l'article R 2122-28 du CG3P sont soumises à une procédure de publicité et de mise en

---

[9] CE, 3.12.2010, Ville de Paris et Association Paris Jean Bouin, précité.

[10] CE Ass., 4.11.2005, Sté Jean-Claude Decaux, 2 arrêts, *Contrats et marchés publics* 2005, commentaire 297, note J.-P. Pietri.

concurrence préalables décrite aux articles R 2122-34 et suivants du CG3P et destinée à choisir le candidat ayant présenté l'offre économiquement la plus avantageuse au regard des critères figurant dans l'avis d'appel public à la concurrence en conformité avec les articles 53 et 55 du Code des marchés publics. Mais la passation de ce contrat peut aussi donner lieu à une procédure négociée conformément aux articles R 2122-38 à R 2122-40 du CG3P ou à une procédure de dialogue compétitif conformément aux articles R 2122-41 à R 2122-46 de ce Code.

2. La Vente en l'État Futur d'Achèvement (VEFA)

La VEFA est un contrat défini et encadré par le Code civil dont l'article 1601-3 dispose : « - La vente en l'état futur d'achèvement est le contrat par lequel le vendeur transfère immédiatement à l'acquéreur ses droits sur le sol ainsi que la propriété des constructions existantes. Les ouvrages à venir deviennent la propriété de l'acquéreur au fur et à mesure de leur exécution ; l'acquéreur est tenu d'en payer le prix à mesure de l'avancement des travaux. - Le vendeur conserve les pouvoirs de maître de l'ouvrage jusqu'à la réception des travaux ».

Cette formule contractuelle est également intéressante pour les collectivités publiques en ce que, elle aussi, elle fait supporter par un cocontractant privé le financement initial des investissements immobiliers et étale durant toute sa durée le coût financier supporté par la collectivité. En outre, la collectivité publique n'a pas à assumer la maîtrise d'ouvrage des travaux réalisés par le cocontractant : elle est assurée par ce dernier. Mais au-delà, la VEFA permet aux personnes publiques de s'insérer dans un programme immobilier d'ensemble conçu, réalisé et vendu par un promoteur immobilier tout en surmontant la pénurie de terrains adaptés, fréquemment rencontrée en zone urbaine. Elle peut faire bénéficier ces personnes publiques d'économies d'échelles importantes du fait de l'ampleur du programme réalisé. Enfin, en recourant à de tels contrats, les collectivités cherchent à échapper aux règles contractuelles de droit public, qu'il s'agisse du Code des marchés public ou de la loi MOP.

Cette réalité a poussé la jurisprudence à poser des conditions rigoureuses au recours à la VEFA par les collectivités publiques. Ainsi le Conseil d'État dans son arrêt Région Midi-Pyrénées[11] a affirmé qu' « *elles ne sauraient légalement avoir recours à ce contrat de vente de droit privé (...) lorsque (...) l'objet de l'opération est la construction même pour le compte de la collectivité d'un immeuble entièrement destiné à devenir sa propriété et conçu en fonction de ses besoins propres* ». Cette solution a été confirmée et précisée par un avis du Conseil d'État[12] qui indique que « *en principe, une personne publique peut utiliser pour la construction d'un ouvrage sur un terrain dont elle n'a pas la propriété la vente en l'état futur d'achèvement* » mais que « *le recours à ce type de contrat cesse toutefois d'être licite, car il constituerait alors un détournement de procédure au regard des dispositions du Code des marchés publics et de celles de la loi du 12 juillet 1985 sur la maîtrise d'ouvrage publique, lorsque tout à la fois, l'objet de l'opération est la construction même d'un immeuble pour le compte de la personne publique en cause, l'immeuble est entièrement destiné à devenir sa propriété et qu'il a enfin été conçu en fonction des besoins propres de la personne publique. Ces diverses conditions jouent de façon cumulative* ».

Si l'objet du contrat qu'elle s'apprête à passer remplit ces quatre conditions, elle doit procéder à la conclusion d'un marché public et conserver la maîtrise d'ouvrage de l'opération. Car, dans ce cas, les critères du marché public tels que définis par le CMP sont présents. Dès lors, le recours par une collectivité publique à la VEFA n'est licite et ne répond à la qualification de marché public au sens du CMP que si ladite collectivité profite d'une opération immobilière initiée et réalisée par un promoteur immobilier qui lui vend une partie de l'ouvrage réalisé. Dans un tel cas, elle n'apparaît pas non plus comme un marché public au sens communautaire. Seules les VEFA déclarées illégales par le Conseil d'État pourraient être perçues comme telles.

---

[11] CE, 8.2.1991, Région Midi-Pyrénées *RFDA* 1992, p. 48, concl. M. Pochard.

[12] CE Avis 31.1.1995, *EDCE* n° 47, p. 47 ; *AJDA* 1997, p. 935, comm. É. Fatôme et P. Terneyre.

B. LA CRÉATION DU CONTRAT DE PARTENARIAT

Ce contrat n'est pas apparu *ex nihilo*. Il a eu un précurseur en droit français qui fut constitué par la pratique : le Marché d'Entreprise de Travaux Publics (METP) (1). Face à l'échec de cette tentative et aux initiatives des institutions communautaires, les pouvoirs publics français ont réagi en instaurant un nouveau contrat : le contrat de partenariat (2).

1. L'INSTAURATION PAR LA PRATIQUE DU METP

Les contrats de METP visent à associer sur une longue durée réalisation et exploitation d'un ouvrage et du service public auquel il est affecté, en échange d'une rémunération de la collectivité publique échelonnée sur toute la durée d'exécution desdits contrats. Ils sont apparus au XIXe siècle mais ont été véritablement identifiés par la jurisprudence au début des années 1960[13] et se sont fortement développés dans les années 70 / 80. Ce développement a nui à l'unité de la notion et ce d'autant que les caractéristiques des contrats qualifiés de METP par le Conseil d'État ne sont pas toujours identiques. C'est ainsi que les contrats ainsi qualifiés par la haute juridiction ne portent pas toujours sur la réalisation de travaux publics et visent parfois à confier la gestion d'un service public, comme cela a été le cas par exemple dans l'affaire Ville de Colombes. D'autres, au contraire, ne portent que sur la réalisation d'un ouvrage, son entretien et sa maintenance, sans confier au cocontractant l'exploitation de l'ouvrage et du service public auquel il est affecté et ils ont été parfois qualifiés de faux METP. Néanmoins, grâce aux critères ressortant de la plupart des arrêts et de l'avis du Conseil d'État du 18 juin 1991[14], on peut dire qu'est un véritable METP tout contrat par lequel une personne publique confie à son cocontractant la réalisation d'un ouvrage public et son exploitation, cette dernière s'analysant en l'exploitation d'un service public, moyennant le paiement par la personne publique d'un prix étalé sur toute la durée d'exécution du contrat. Le cocontractant assure le

[13] CE 11.12.1963, Ville de Colombes, *Rec.* p. 612.
[14] EDCE 1991, n° 43 p. 385.

financement de l'ouvrage, sa réalisation et son entretien-maintenance, ce qui explique la durée relativement longue de ces contrats justifiée par la lourdeur des investissements consentis par le cocontractant – celle-ci nécessitant un amortissement s'échelonnant dans le temps.

L'avantage de ce contrat pour la collectivité était de transférer le financement de l'ouvrage et son entretien au cocontractant, de répartir le coût de l'opération sur une durée conséquente et donc de le lisser dans le temps, avec l'inconvénient notable que ce coût pouvait se révéler au final très élevé. L'autre avantage recherché était de faire échapper la conclusion de ce contrat à toute règle de publicité et de mise en concurrence en cherchant à l'assimiler aux concessions de service public qui, avant la loi du 29 janvier 1993, n'étaient assujetties à aucune de ces règles.

La qualification de ces contrats constituait donc un enjeu important pour la pratique et suscita une riche réflexion doctrinale. La jurisprudence quant à elle a considéré progressivement et de plus en plus clairement que les METP sont des marchés publics soumis au CMP[15]. Fort de cette analyse, le Conseil d'Etat a affirmé dans son arrêt Préfet des Bouches-du-Rhône c/ Commune de La Ciotat que l'insertion dans de tels contrats d'une clause de paiement différé est illégale car l'article 350 du CMP (CMP de 1964 en vigueur au moment des faits) prohibant de telles clauses est d'ordre public[16]. Ce faisant, cet arrêt a retiré le principal intérêt du recours au METP.

En outre, l'obligation posée par l'article 10 du CMP du 7 mars 2001, pour les marchés portant à la fois sur la construction et l'exploitation ou la maintenance, de dissocier en deux lots séparés construction et exploitation de l'ouvrage, interdisait le marché global pour ces marchés et visait, en réalité, les METP. Associée à l'interdiction des clauses de paiement différé, elle était destinée à mettre un terme à leur conclusion. Il faut préciser que l'article 10 alinéa 3 du Code de 2006, tout comme le Code de 2004, pour les marchés portant à la fois sur la construction et l'exploitation ou la maintenance d'un ouvrage, n'oblige plus que la

---

[15] CE, 14.10.1988, SOCEA-Balancy, *Marchés publics* 1989, n° 240, p. 8, note Moderne ; CE, 15.4.1996, Préfet des Bouches-du-Rhône c/ Cne de Lambesc, *AJDA* 1996, p. 729 ; CE, 8.2.1999, Préfet des Bouches-du-Rhône c/ Cne de La Ciotat *AJDA* 1999, p. 364, concl. Bergeal.

[16] Préfet des Bouches-du-Rhône c/ Cne de La Ciotat, précité. Voir aussi CE, 30.6.1999, Dpt de l'Orne, *DA* 1999 comm. 301.

construction fasse l'objet d'un lot séparé. Désormais le recours au marché global est permis.

Dorénavant, quand un marché porte à la fois sur la construction et l'exploitation ou la maintenance d'un ouvrage, le pouvoir adjudicateur peut allotir ou pas. S'il décide d'allotir, la construction doit obligatoirement faire l'objet d'un lot séparé. Si, au contraire, il opte pour un marché global, celui-ci doit obligatoirement faire apparaître le prix respectif de la construction et le prix de l'exploitation ou de la maintenance. De plus, l'article 10 précise que la rémunération de l'exploitation ou de la maintenance ne saurait contribuer au paiement de la construction.

Ces dispositions, bien que n'empêchant pas le recours au marché global, s'attachent à éviter la passation de METP, d'autant que l'interdiction des clauses de paiement différé demeure à l'article 96 du Code de 2006. Cette réaction n'empêchait pas le gouvernement de constater l'aspiration de bon nombre de collectivités publiques aux contrats globaux réalisant un étalement du coût des opérations immobilières d'envergure. Cette prise de conscience allait conduire à l'apparition des contrats de partenariat.

2. L'AVÈNEMENT DU CONTRAT DE PARTENARIAT PUBLIC-PRIVÉ

L'ordonnance du 17 juin 2004 qui crée les contrats de partenariat public-privé (CPPP) s'attache à en préciser la notion et les possibilités d'y recourir (a). Il reste que le dispositif juridique de ceux-ci, malgré ses avantages, présente un certain nombre d'inconvénients (b).

a) Notion et caractère dérogatoire des CPPP

L'ordonnance définit tout d'abord le contrat de partenariat comme un contrat administratif par lequel une personne publique confie à un partenaire contractuel, pour une période déterminée en fonction de la durée d'amortissement des investissements ou des modalités de financement retenues, une mission globale consistant en la construction ou la transformation, l'entretien, la maintenance, l'exploitation ou la gestion d'ouvrages, d'équipements ou de biens immatériels nécessaires au service public. Il peut également avoir pour objet tout ou partie de la conception de ces ouvrages, équipements ou biens immatériels ainsi que des prestations de services concourant à l'exercice, par la personne publique, de la mission de service public dont elle est chargée. Le partenaire contractuel assure la maîtrise d'ouvrage des travaux à réaliser et peut se voir confier l'acquisition des biens nécessaires à la réalisation de l'opération. La rémunération du cocontractant s'effectue par le paiement d'un prix par la personne publique échelonné sur toute la durée du contrat et « *est liée à des objectifs de performance assignés au cocontractant* ». Cette prise en compte d'objectifs de performance dans la rémunération n'était qu'une possibilité dans la version initiale de l'ordonnance. Elle est une obligation depuis la loi 2008-735 du 28 juillet 2008.

Dans sa rédaction initiale, l'ordonnance du 17 juin 2004 réservait le recours au CPPP aux personnes publiques, à savoir à l'État et à ses établissements publics, aux collectivités territoriales et à leurs établissements publics et aux groupements d'intérêt public. Mais la loi n° 2009-179 du 17 février 2009 étend le champ d'application organique de l'ordonnance à certains pouvoirs et entités adjudicateurs soumis à l'ordonnance du 6 juin 2005, relative aux marchés passés par certaines personnes publiques ou privées non soumises au Code des marchés publics. Désormais, peuvent également conclure des contrats de partenariat notamment les organismes de droit privé ou les organismes de droit public autres que ceux soumis au Code des marchés publics, dotés de la personnalité juridique et qui sont créés pour satisfaire spécifiquement des besoins d'intérêt général ayant un caractère autre qu'industriel ou commercial dont soit l'activité est financée majoritairement par un pouvoir adjudicateur soumis au Code des marchés publics ou à l'ordonnance du 6 juin 2005, soit la gestion est contrôlée par un tel pouvoir adjudicateur ou soit l'organe de gestion et de direction est composé de membres majoritairement désignés par un tel pouvoir adjudicateur. Enfin, entrent dans le champ d'application organique de l'ordonnance du 17 juin 2004 les organismes de droit privé mentionnés à l'article L124-4 du Code de la Sécurité sociale.

Quant au cocontractant, l'ordonnance du 17 juin 2004 est très imprécise à son sujet car elle utilise le terme, très maladroit en matière contractuelle, de tiers. Il eût été plus opportun par souci de cohérence avec les autres contrats publics et en particulier avec le marché public d'employer le terme d'opérateur économique. Dès lors, il peut s'agir de toute personne juridique, mais l'objectif fondamental des contrats de partenariat étant de faire financer par le secteur privé des ouvrages publics ou des prestations concourant à l'exercice du service public, le cocontractant sera par nature, dans la quasi-totalité des cas, une entreprise privée.

Ce qui caractérise l'objet de ce contrat, on le sait, c'est son caractère global. La loi du 28 juillet 2008 relative au contrat de partenariat a encore élargi cet objet en prévoyant que ce contrat peut aussi avoir pour objet tout ou partie de la conception de ces ouvrages, équipements ou biens immatériels.

Le mode de rémunération du cocontractant est indiqué dans la définition du contrat de partenariat de manière assez imprécise car elle se contente de prévoir que « la rémunération du cocontractant fait l'objet d'un paiement par la personne publique pendant toute la durée du contrat. Elle est liée à des objectifs de performance assignés au cocontractant ». Ce mode de rémunération consiste donc fondamentalement au paiement d'un prix par la personne publique, paiement étalé pendant la durée du contrat. Toutefois, le montant de la rémunération varie en fonction des objectifs de performance assignés au cocontractant, ce qui peut s'apparenter à une rémunération provenant des résultats de l'exploitation. Cette rémunération qui cumule prix payé par la personne publique et intéressement aux résultats de l'exploitation est donc pour partie issue de l'exploitation de l'ouvrage et ressemble à celle prévue dans certaines conventions de délégation de service public, en particulier dans les contrats de régie intéressée. En réalité tout dépend de l'importance de la part de la rémunération issue des résultats de l'exploitation. Est-elle substantielle ou pas ? Car en effet, si elle est faible, cette rémunération, du fait de l'importance du prix payé par la personne publique, confine à celle prévue dans certains marchés publics (cf. *supra*).

Quant aux cas de recours au contrat de partenariat, ils sont limités aux cas limitativement énumérés par l'ordonnance en raison du caractère dérogatoire au droit commun de la commande publique de ce contrat souligné par deux décisions le Conseil constitutionnel[17]. C'est pourquoi l'ordonnance du 17 juin 2004 encadre strictement les hypothèses de recours à ces contrats, un tel recours devant être justifié par un motif d'intérêt général. Sont cités :

- la complexité du projet : cette condition est réunie quand, du fait de son ampleur, la personne publique n'est pas objectivement en mesure de définir seule et à l'avance les moyens techniques répondant à ses besoins

---

[17] CC 473 DC du 26.6.2003 et 567 DC du 28.7.2008.

ou d'établir son montage financier ou juridique ;
- le caractère d'urgence du projet : cette condition est réunie quand il s'agit de rattraper un retard préjudiciable à l'intérêt général affectant la réalisation d'équipements collectifs ou l'exercice d'une mission de service public, quelles que soient les causes de ce retard, ou de faire face à une situation imprévisible ;
- le bilan avantageux du recours au contrat de partenariat : ce troisième cas de recours a été ajouté par la loi du 28 juillet 2008. Il est rempli quand au regard soit des caractéristiques du projet, soit des exigences du service public dont la personne publique est chargée, soit des insuffisances et difficultés observées dans la réalisation de projets comparables, le recours à un tel contrat présente un bilan entre les avantages et les inconvénients plus favorable que ceux d'autres contrats de la commande publique.

Le caractère restrictif et conditionné du recours au contrat de partenariat explique qu'un tel recours, conformément à l'article 2 de l'ordonnance, doit être précédé d'une évaluation préalable, réalisée avec le concours de l'un des organismes experts créés par décret, faisant apparaître les motifs de caractère économique, financier, juridique et administratif qui conduisent la personne publique à engager la procédure de passation d'un tel contrat.

Au-delà, la lourdeur de la procédure tient à ce que, malgré ces avantages ce type de contrat n'est pas sans inconvénients.

b) Avantages et inconvénients des contrats de partenariat

Les contrats de partenariat public privé (CPPP) présentent essentiellement six avantages.

Le premier tient au fait que le financement initial est assuré par le partenaire contractuel et que le coût de l'investissement et de l'opération pour la collectivité publique est étalé pendant toute la durée du contrat et est donc lissé sur cette durée.

Lié à ce premier avantage, le deuxième vient de ce que le recours au CPPP permet d'accélérer sensiblement la vitesse d'édification des ouvrages et équipements en particulier dans le cadre d'opérations complexes et donc de répondre plus rapidement aux besoins de la collectivité, de ses services publics et de leurs usagers, le système de paiement différé suppléant aux manques de moyens budgétaires des collectivités publiques.

Le troisième est d'obtenir des gains de productivité du fait de la gestion privée de l'opération dont la qualité a fait l'objet d'un engagement contractuel et peut donner lieu, si elle n'est pas respectée, à des sanctions financières puisque la rémunération est liée à des objectifs de performance. À cet égard, le CPPP permet de profiter de technologies innovantes qui sont souvent détenues et mises en œuvre dans les entreprises du secteur privé.

Le quatrième avantage du CPPP est de permettre un bon entretien de l'ouvrage par le partenaire puisqu'il a aussi en charge son fonctionnement et son exploitation. Ce bon entretien prolonge « la durée de vie » de l'ouvrage et des équipements réalisés. En outre, le coût de cet entretien a tendance à être optimal car le partenaire a intérêt lors des phases de conception et d'édification à opter pour des formules permettant de le réduire.

Cinquième avantage, le recours à un CPPP permet aux collectivités territoriales de bénéficier du fonds de compensation pour la TVA « *sur la part de la rémunération versée à son cocontractant correspondant à l'investissement réalisé par celui-ci pour les besoins d'une activité non soumise à la TVA* » en vertu de l'article L1615-12 du CGCT. Un tel bénéfice accordé à la collectivité territoriale dans le cadre de ce contrat où elle n'assume ni les investissements initiaux ni la maîtrise d'ouvrage est un avantage notable et constitue un élément d'attractivité indéniable.

Enfin, le contrat de partenariat n'entraîne pas un endettement enregistré dans les comptes budgétaires de la collectivité, puisqu'il transforme ce qui est en réalité des annuités d'emprunt en loyers ou redevances.

Mais cette caractéristique peut aussi être perçue comme un inconvénient. Car cette transformation provoque un endettement indirect de la collectivité non inscrit dans ses comptes et consiste donc à le dissimuler ce qui est attentatoire au principe de sincérité budgétaire. Comme le souligne S. Braconnier, « *l'objectif recherché est alors principalement de construire à crédit sans que la dette apparaisse dans les comptes publics* »[18].

---

[18] S. Braconnier, « Partenariats Public-Privé », *JurisClasseur Contrats et Marchés* fasc. 646.

Un deuxième inconvénient tient à ce que l'opération réalisée dans le cadre d'un CPPP se révèle très souvent plus onéreuse que si elle avait été effectuée en concluant un marché public même après avoir souscrit un emprunt auprès d'une institution financière. D'ailleurs, la Cour des comptes elle-même dans son rapport annuel pour 2007 se montre réservée sur l'opportunité budgétaire et financière des formules de Partenariat Public-Privé et invite les collectivités à une analyse approfondie sur l'intérêt véritable de celles-ci qui ne procurent d'avantages qu'à court terme et se révèlent coûteuses à moyen et à long terme.

Enfin, le contrat de partenariat ne permet de s'adresser qu'aux grands groupes ou grandes entreprises qui seuls détiennent les capacités financières et techniques pour assumer la globalité de la prestation. Ce qui exclut de fait les PME.

Ces inconvénients expliquent pourquoi la formule du contrat de partenariat ne rencontre qu'un succès relatif, qui en tout cas n'est pas à la hauteur des espoirs placés en lui par les pouvoirs publics, et ce en dépit des réformes mises en œuvre pour le rendre plus attractif. C'est ainsi que le rapport d'activité de la Mission d'Appui aux Partenariats Public-Privé (MAPPP) pour 2011 ne comptabilise que 123 contrats de partenariats signés dans l'année pour un montant cumulé d'investissements de 9 milliards d'euros, malgré une montée en puissance par rapport aux années antérieures.

Si les CPPP confirment malgré tout le regain d'intérêt des acteurs publics pour de nouveaux types de contrats de commande publique dans un contexte budgétaire tendu, ils ne sont toutefois pas la seule solution financière trouvée pour faire face à la crise économique. Une autre tient en effet à la modification notionnelle du marché public et de la délégation de service public.

II. La recherche de solutions financières par la modification notionnelle du marché public et de la délégation de service public

Sous des influences diverses et pour tenir compte de pratiques contractuelles utilisées pour l'essentiel par les élus locaux, les autorités nationales ont opéré des modifications notionnelles qui ont eu des répercussions importantes sur le financement de l'action publique. C'est ainsi qu'elles ont procédé à l'élargissement de l'objet du contrat et du mode de rémunération dans le marché public (A) et accompagné l'évolution du mode de rémunération dans la délégation de service public. Cette dernière qui reposait fondamentalement sur des redevances payées par les usagers doit en effet désormais provenir substantiellement des résultats de l'exploitation (B).

A. L'ÉLARGISSEMENT DE L'OBJET DU CONTRAT ET DU MODE DE RÉMUNÉRATION DANS LE MARCHÉ PUBLIC

Si l'élargissement de l'objet du contrat concerne avant tout les contrats de fournitures (1), celui du mode de rémunération est commun à tous les types de marchés publics (2).

1. L'ÉLARGISSEMENT DE L'OBJET DU CONTRAT DES MARCHÉS PUBLICS DE FOURNITURES

L'examen de la situation antérieure (a) permet de bien comprendre l'évolution réalisée (b).

a) La situation antérieure : l'objet du marché de fournitures, la vente

Le marché de fournitures, dans l'acception traditionnelle telle que déterminée dans le Code du 17 avril 1964 éclairée par la doctrine et par la jurisprudence, porte sur l'acquisition par la personne publique de biens mobiliers fournis par une personne privée. Deux éléments de cette acception sont déterminants : l'acquisition par la personne publique de biens mobiliers et « l'action de fournir » qui implique un transfert de propriété certain et immédiat à son profit en échange du prix qu'elle a payé. Le marché public donne lieu à un mode de rémunération unique : le paiement d'un prix par la personne publique qualifiée d'ailleurs d'acheteur public. Cette dernière verse le prix du bien qui lui est fourni, ce dernier lui étant immédiatement et définitivement acquis. Le marché vise à faire entrer un bien dans son patrimoine, non dans le cadre d'un objectif purement financier, mais afin de lui permettre de mieux assurer sa mission. L'objet de l'obligation est la livraison opérant transfert de propriété au profit de la personne publique d'un bien meuble. L'objet du contrat consiste fondamentalement dans la vente d'un tel bien. Par ces marchés, la personne publique réalisait toujours un acte d'achat immédiat. En conséquence, cette acception de la notion de marché public de fournitures excluait les procédés contractuels du crédit-bail, de la location ou de la location-vente. Dès lors, au moment où la collectivité réalisait cet acte, elle devait avoir les moyens financiers pour payer le prix.

b) La situation actuelle : l'objet du contrat étendu à la location, à la location-vente et au crédit-bail

Désormais, en vertu successivement des Code du 7 mars 2001, 7 janvier 2004 et 1er août 2006, l'objet du marché public de fournitures consiste en l'achat, la prise en crédit-bail, la location ou la location-vente de produits ou matériels. Cet objet est directement inspiré de celui qui était décrit à l'article 1er, a de la directive Fournitures du 14 juin 1993 et repris dans la directive du 31 mars 2004, relative à la coordination des procédures de passation des marchés publics de travaux, de fournitures et de services.

L'objet du contrat est ainsi désormais très étendu. Il ne consiste plus seulement en une vente mais aussi en un crédit-bail, une location et une location-vente. Dès lors, le pouvoir adjudicateur n'est plus obligé d'acquérir de manière certaine et immédiate le bien et donc d'avoir les moyens financiers pour acquitter immédiatement le prix du bien dans sa totalité. Il peut décider de ne pas acquérir le bien qui sera alors seulement mis à sa disposition en échange de loyers, ou il peut différer le transfert de propriété du bien et le paiement de sa valeur résiduelle s'il lève l'option d'achat à la fin du contrat. En attendant cet éventuel transfert, il paiera les loyers, contrepartie de sa mise à disposition par le bailleur. La dépense est étalée dans le temps ; elle est lissée sur la durée du contrat. De telles formules peuvent être intéressantes pour le pouvoir adjudicateur pour les biens nécessitant un entretien régulier et coûteux ou pour ceux dont les caractéristiques techniques évoluent rapidement avec le progrès scientifique et technologique. La collectivité a ainsi toujours du matériel en bon état car bien entretenu et à la pointe de la technologie. En revanche, à moyen et à long terme ces contrats ont un coût souvent plus élevé pour la collectivité.

2. L'ÉVOLUTION DU MODE DE RÉMUNÉRATION DANS LE MARCHÉ PUBLIC : UN GLISSEMENT PROGRESSIF DU PRIX VERS LE CARACTÈRE ONÉREUX DU CONTRAT

Là encore, l'examen de la situation antérieure (a) permet de mesurer l'évolution opérée (b).

a) Le prix payé par la personne publique : mode de rémunération exclusif dans un marché public au sens classique

Traditionnellement, le marché public donne lieu à un mode de rémunération unique : le paiement d'un prix par la personne publique. Cette dernière verse le prix de la prestation ou du bien qui lui est fourni, ceux-ci lui étant immédiatement et définitivement acquis. Le prix est donc perçu comme la contrepartie monétaire de cette prestation ou de ce bien. Au sujet d'un contrat de gérance, le Conseil d'État a considéré que si la rémunération versée par la commune est proportionnelle au service rendu, elle est en réalité un prix[19]. Le paiement du prix acquitté par la personne publique est le seul mode de rémunération possible dans le cadre d'un marché public authentique et traditionnel. En conséquence, un contrat prévoyant une rémunération par les usagers ne peut être un marché public[20]. En effet une jurisprudence claire et abondante fait du prix un critère essentiel du marché public permettant de le distinguer

---

[19] CE, 7.4.1999, *Cne de Guillerand-Granges, AJDA* 1999, 517, concl. C. Bergeal.
[20] En ce sens : CE, 10.4. 1970, *Beau et Lagarde, Rec.* p. 243 – CE, 6.5.1991, *Syndicat intercommunal du Bocage, AJDA* 1991, p. 717, note Subra de Bieusses.

d'autres contrats et, notamment, de la concession de service public[21] et de la convention de délégation de service public[22].

b) Le caractère onéreux du contrat : traduction sémantique du caractère protéiforme de la rémunération dans un marché public

Infléchissant l'état du droit antérieur, le code de 2006, suivi en cela par ceux de 2004 et de 2001, se contente, pour décrire le mode de rémunération auquel donne lieu le marché public, de mentionner qu'il est conclu à titre onéreux.

Il est vrai que, ce faisant, ils reprennent les solutions des directives marchés publics qui, déjà depuis la fin des années 80, dans le souci d'appréhender le plus grand nombre de contrats et d'intégrer au maximum dans leur champ d'application matériel les montages contractuels réalisés dans les États-membres, adoptaient cette formulation.

Cela dit, les termes de l'article premier du CMP sont très généraux et appréhendent une grande diversité de modes de rémunération. En effet, le caractère à titre onéreux d'un contrat signifie simplement que le bénéficiaire de la prestation octroie à son cocontractant un avantage, une contrepartie qui n'est pas forcément monétaire, en échange de celle-ci. Ainsi la CJUE dans son arrêt *Helmut Müller*[23] indique à propos du marché public de travaux que le « (…) *caractère onéreux du contrat implique que le pouvoir adjudicateur ayant conclu un marché public de travaux reçoive en vertu de celui-ci une prestation moyennant une contrepartie. Cette prestation consiste dans la réalisation des travaux que le pouvoir adjudicateur vise à obtenir* (…). *Une telle prestation* (…)

---

[21] En ce sens : CE, 11.12.1963, *Ville de Colombes*, *Rec.* p. 612 ; CE, 26.11.1971, *SIMA*, *Rec.* p. 723, *RDP* 1972 p. 239, concl. Gentot ; CE, 29.7.1985, *SA Lyonnaise des eaux et de l'éclairage*, *Rec.* p. 246 ; *RFDA* 1986 p. 231, concl. Dandelot.

[22] En ce sens : CE 15.4.1996, *Préfet des Bouches-du-Rhône c/Cne de Lambesc*, *Rec.* p. 137 ; *AJDA* 1996, p. 729 chron. D. Chauvaux et T.-X. Girardot, *RFDA* 1996, p. 715, note p. Terneyre.

[23] CJUE 25.3.2010, *Helmut Müller*, aff. C-451/08, *Contrats et Marchés publics* 2010, n° 164, note W. Zimmer.

doit comporter un intérêt économique direct pour le pouvoir adjudicateur ».

Dès lors, la rémunération dans un marché public ne prend pas toujours la forme du versement d'une somme d'argent par le pouvoir adjudicateur. C'est ainsi que le Conseil d'État a pu voir dans certains contrats de mobiliers urbains des marchés publics au motif notamment qu'en contrepartie des prestations assurées par son cocontractant, « *la commune a autorisé [la société co-contractante] à exploiter, à titre exclusif, une partie du mobilier urbain à des fins publicitaires et l'a exonérée de redevance pour occupation du domaine public ; (...) que l'autorisation et l'exonération ainsi accordée constituaient des avantages consentis à titre onéreux par la commune en contrepartie des prestations fournies par la société alors même que ces avantages ne se traduisent par aucune dépense effective pour la collectivité* »[24].

Il faut signaler que ces deux arrêts vont dans le même sens qu'un avis du Conseil d'État en date du 14 octobre 1980[25] qui considérait déjà que les contrats de mobiliers urbains sont des marchés publics. C'est ainsi, aussi, que la jurisprudence a considéré qu'un contrat confiant l'édition des bulletins d'information municipale et autre agenda municipal, le cocontractant étant rémunéré par des recettes publicitaires, est un marché public[26]. Dans l'arrêt *Sté Michel Charmettan Communication*[27], il est à souligner que la CAA de Lyon considère que l'abandon de recettes publicitaires consenti par la commune « *constitue le prix acquitté par la collectivité en contrepartie de la recherche d'annonceurs et de la réalisation de l'agenda par la société requérante* »[28].

On peut observer que cette jurisprudence permet de considérer que dans un marché public la rémunération du cocontractant peut provenir en tout

---

[24] CE Ass., 4.11.2005, *Sté Jean-Claude Decaux*, deux arrêts, précités.

[25] CE Avis, 14.10.1980, *EDCE* 1980-1981, n° 32.

[26] CAA Paris, 11.10.1994, SARL Editor Tennog c/ Cne de Houille, *AJDA* 1994, p. 901 ; CAA Lyon, 2.6.2004, Sté Michel Charmettan Communication, *JCP* A 2005, p. 409 ; CE, 6.11.2009, Sté Prest'action, *AJDA* 2009, p. 2401.

[27] Précité.

[28] Pour une solution identique relative à un contrat ayant un objet limité à la régie publicitaire d'un bulletin municipal et prévoyant une rémunération consistant en un abandon partiel de recettes publicitaires au profit du cocontractant, voir aussi : CAA Bordeaux, 20.11.2007, *Sté SCOOP Communications, Contrats et Marchés publics* 2008, n° 2, note G. Eckert.

ou en partie de tiers au contrat. Ainsi dans la jurisprudence sus-évoquée elle émane des annonceurs publicitaires qui génèrent des recettes publicitaires. Dès lors, les collectivités peuvent dans le cadre d'un marché public faire financer l'opération par des recettes publicitaires. L'effort financier réalisé par la personne publique et qui est assimilé par cette jurisprudence au prix du marché au sens d'avantages consentis à titre onéreux ne consiste pas en le versement d'une somme d'argent à son cocontractant mais au renoncement ou à l'abandon de recettes au profit de celui-ci, qu'il s'agisse de l'abandon partiel ou total de recettes publicitaires et/ou de l'exonération de redevance d'occupation domaniale.

Par ailleurs, un marché public peut associer divers modes de rémunération par exemple en prévoyant que la personne publique versera un prix à son cocontractant qui bénéficiera également de quelques recettes d'exploitation de l'ouvrage pourvu qu'elles ne soient pas substantielles (voir *infra*) et de recettes publicitaires et, ce faisant, opter pour une mixité des modes de rémunération de son cocontractant. Il s'ensuit que la nature de la rémunération du cocontractant d'un marché public et son origine sont diverses.

Au total, on le voit bien, l'utilisation de la terminologie de caractère onéreux du contrat ne fait que traduire la prise en compte par les rédacteurs des directives et du code du caractère protéiforme du mode de rémunération dans un marché public. Celui-ci n'exclut finalement que la rémunération provenant des redevances prélevées sur les usagers et désormais, plus largement, la rémunération substantiellement liée aux résultats de l'exploitation.

B. L'ÉVOLUTION DU MODE DE RÉMUNÉRATION DANS LA DÉLÉGATION DE SERVICE PUBLIC : DES REDEVANCES PAYÉES PAR LES USAGERS À LA RÉMUNÉRATION SUBSTANTIELLEMENT LIÉE AUX RÉSULTATS DE L'EXPLOITATION

Les procédés de la délégation contractuelle de service public sont très anciens notamment au travers des contrats de concessions de service public et d'affermage mais l'adoption d'une loi reconnaissant une catégorie générale de contrats de délégation de service public et leur appliquant un véritable régime juridique est un phénomène récent résultant de la loi du 29 janvier 1993, relative à la prévention de la corruption. Avant cette loi et son interprétation par la jurisprudence, ces contrats donnaient lieu classiquement à une rémunération du délégataire provenant de la perception de redevances prélevées sur les usagers (1). Depuis cette loi et son interprétation jurisprudentielle, ces contrats font l'objet d'une rémunération substantiellement liée aux résultats de l'exploitation (2).

1. LA RÉMUNÉRATION CLASSIQUE DU DÉLÉGATAIRE : LA PERCEPTION DE REDEVANCES PAYÉES SUR LES USAGERS

Cette rémunération provient exclusivement des usagers de l'ouvrage et/ou du service (a), en conséquence de quoi l'exploitation de ce ou ces derniers est réalisée aux risques et périls du délégataire (b).

a) L'origine exclusive de la rémunération

Les contrats de concessions de service public et d'affermage prévoient que la rémunération du concessionnaire et du fermier est assurée par les redevances prélevées sur, respectivement, les usagers de l'ouvrage et du service public et les usagers du service. La jurisprudence et la doctrine classique affirment avec netteté qu'une telle rémunération du cocontractant est un élément indispensable de la notion de concession et aussi de celle d'affermage. Dès lors que le cocontractant est rémunéré par de telles redevances, le contrat est une concession ou un affermage si le cocontractant n'assume pas les travaux de premier établissement. Cette solution est ancienne comme en témoigne l'analyse du Commissaire du gouvernement Chardenet sur un arrêt du Conseil d'État du 30 mars 1916 : l'arrêt Cie Générale d'Eclairage de Bordeaux[29]. Dans ses conclusions, il estime en effet que le concessionnaire est rémunéré grâce à « *l'exploitation de l'ouvrage public ou l'exécution du service public avec le droit de percevoir des redevances sur les usagers de l'ouvrage* »[30]. De

---

[29] *S.* 1916, concl. Chardenet, note Hauriou.

[30] Le CE a confirmé cette solution à maintes reprises que ce soit dans sa jurisprudence (cf. notamment CE 8.11.1963, *Cie des entrepôts et magasins généraux de Paris, Rec.* p. 534; CE, 10.4.1970, *Beau et Lagarde, Rec.* p. 243 ; CE, 18.5. 1979, *Association « Urbanisme judaïque Saint-Seurin, Rec.* p. 218) ou dans ses avis.

même dans un avis de la section des finances en date du 18 juin 1991, le Conseil d'État estime que « *ne saurait être regardée comme une concession de service public* » une convention « *prévoyant le versement au profit du titulaire du contrat, d'une rémunération forfaitaire par la personne publique contractante, maître de l'ouvrage (...), dès lors qu'elle ne prévoit pas que le titulaire perçoit sur les usagers, avec lesquels il ne noue aucune relation contractuelle, des redevances pour service rendu* »[31].

A contrario, le paiement d'un prix par la personne publique exclut que le contrat puisse être qualifié de concession ou d'affermage. Ainsi les contrats à objet très proche de la concession comme les METP, qui confient comme elle au cocontractant la réalisation d'un ouvrage et l'exploitation du service public auquel il est affecté, sont perçus par la jurisprudence comme étant des marchés publics au motif que la rémunération du cocontractant est assurée par un prix acquitté par la personne publique[32]. Il en va de même des contrats de gérance[33].

Mais que faut-il entendre précisément par redevances perçues auprès des usagers ? Ce mode de rétribution doit se comprendre comme la somme d'argent versée par l'usager du service et/ou de l'ouvrage en contrepartie de ce service ou de cette utilisation et dont le montant correspond à une évaluation de la valeur monétaire de ceux-ci. Cette dernière est fonction, au moins partiellement, du prix de revient du service et, ou de l'équipement public et, dans cette dernière hypothèse, de son amortissement.

En conséquence, dans l'acception classique des contrats de délégation de service public, la rémunération du délégataire avait pour origine exclusive ou quasi exclusive les usagers qui, par les redevances qu'ils acquittent en contrepartie de l'utilisation de l'ouvrage et du service public, financent la réalisation du premier et l'exécution du second. Au surplus, le produit de ces redevances devait suffire à rémunérer le délégataire car – c'était une autre caractéristique importante de ces contrats – ce dernier assurait l'exploitation à ses risques et périls.

---

[31] *EDCE* n° 43, 1992, p. 386-387.

[32] CE, 11.12.1963, *Ville de Colombes*, précité ; CE, 26 nov. 1971, *SIMA*, précité ; CE, 29 juill. 1985, *SA Lyonnaise des eaux et de l'éclairage*, précité ; CE, 14 oct.1988, *SOCEA-Balancy*, précité.

[33] CE, 7.4.1999, Cne de Guillerand-Granges, précité.

b) L'exploitation aux risques et périls du délégataire

Dans l'acception traditionnelle de la délégation de service public, le délégataire assume les risques et périls de l'opération c'est-à-dire qu'il supporte l'intégralité des pertes financières que peut occasionner la réalisation de l'ouvrage et/ou la gestion du service public. C'est lui qui finance intégralement cette réalisation et cette gestion et qui en contrepartie perçoit les redevances des usagers. C'est donc lui qui effectue à ses frais l'ouvrage et les aménagements nécessaires au service public et qui assure le fonctionnement de celui-ci avec ses propres moyens et assume toutes les charges de l'opération. Si cette perception se révèle insuffisante pour couvrir les dépenses qu'il a effectuées pour ceux-ci et pour lui procurer un profit, il devra subir l'intégralité de ce déficit, et à l'inverse si l'exploitation est excédentaire, il bénéficiera de cet excédent. Il assume donc l'aléa financier de la mission contractuelle qu'il a souscrite et en a donc pleinement la responsabilité financière.

En revanche, pour la collectivité délégante, ces contrats sont neutres d'un point de vue financier : elle se désengage financièrement de l'opération même si elle réalise un contrôle strict du respect des engagements contractuels de son cocontractant et du respect par ce dernier des principes et des règles du service public et de la qualité des prestations fournies aux usagers.

Néanmoins cette exploitation aux risques et périls du délégataire a au fil du temps donné lieu à des atténuations importantes. Cette évolution provient en premier lieu de la jurisprudence qui a mis au point la théorie de l'imprévision afin de préserver la continuité du service public. L'imprévision trouve son origine dans un fameux arrêt du Conseil d'État en date du 30 mars 1916, l'arrêt Compagnie générale du gaz de Bordeaux[34].

Cette théorie impose à la personne publique contractante l'obligation d'aider financièrement le cocontractant à exécuter son obligation contractuelle quand un événement imprévisible et ne résultant pas de la volonté des parties bouleverse l'économie du contrat et menace son exécution. Cet événement anormal vient sinon rendre impossible

---

[34] Précité.

l'exécution du contrat du moins accroître dans des proportions massives les charges du cocontractant ce qui créée, une situation *« extra-contractuelle »*, c'est-à-dire sortant des prévisions des parties et ne pouvant être résolue sur la base de leurs conventions.

Cette théorie est le corollaire du principe de continuité du service public. En effet, l'intérêt du service public exige que cette situation extra-contractuelle ne libère pas l'entreprise attributaire de son obligation ; elle reste tenue de l'exécuter. En compensation, l'acheteur public doit venir en aide à son cocontractant en prenant sa part des charges supplémentaires dues à l'imprévision et devra donc lui verser une indemnité d'imprévision qui, bien que non intégrale, couvre entre 90% et 95% des charges extra-contractuelles.

Cette évolution provient en second lieu de l'octroi par le délégant à son délégataire de mécanismes de compensation des pertes financières que ce dernier subit. C'est ainsi que les collectivités délégantes ont consenti fréquemment divers concours financiers, soit dans les cahiers des charges, soit en cours d'exécution du contrat au moyen d'avenants pour participer au financement d'une partie des investissements, soit pour éponger une partie – parfois une très grande partie pour ne pas dire la totalité – de déficits d'exploitation parfois chroniques. De même, sont quelquefois insérées dans la convention des clauses qui garantissent au cocontractant la rémunération des capitaux qu'il a investis dans l'opération à un taux préalablement fixé. Parallèlement quand les bénéfices de l'exploitation réalisés sont très élevés, le délégant peut s'en voir reverser une partie. Ainsi, dans ces cas, s'atténue fortement et parfois même disparaît l'aléa financier au profit d'une solidarité financière entre délégant et délégataire.

Dès lors, la perception de redevances payées sur les usagers n'est plus toujours le mode de rémunération exclusif du délégataire. S'y ajoutent les concours financiers qu'il reçoit du délégant.

Ces évolutions que subit le mode de rémunération du délégataire expliquent pourquoi la jurisprudence, quand elle eut à appliquer la loi du 29 janvier 1993 pour caractériser le mode de rémunération dans une convention de DSP, utilisa les termes de rémunération substantiellement assurée par les résultats de l'exploitation[35]. Cette terminologie a par la

---

[35] Voir en particulier : CE, 15.4.1996, Préfet des Bouches-du-Rhône c/ Cne de Lambesc, précité.

suite été consacrée par le législateur dans la mesure où la loi MURCEF du 11 décembre 2001 reprend l'expression.

2. La rémunération doit être substantiellement liée aux résultats de l'exploitation du service

Une telle terminologie permet de considérer que l'origine des ressources est indifférente dans la mesure où la délégation de service public peut donner lieu à une rémunération mixte (a). Mais cette mixité a en pratique complexifié et rendu plus incertaine l'application du critère du mode rémunération, de sorte que le conseil d'État a finalement retenu un critère complémentaire, fondé sur la prise en charge du risque d'exploitation (b).

a) L'indifférence de l'origine des ressources

L'origine des ressources du bénéficiaire d'une DSP est désormais diverse. Si elle continue le plus souvent à provenir des usagers et permet donc encore fréquemment de répercuter sur eux le coût des investissements et de leur faire supporter le coût du service et de la rémunération du délégataire, elle peut aussi avoir d'autres sources et émaner de la collectivité délégante pourvu qu'elle soit substantiellement liée aux résultats de l'exploitation du service. C'est ainsi que les contrats de régies intéressées donnent lieu à une rémunération exclusivement ou quasi-exclusivement versée par la collectivité au régisseur intéressé. On sait que ces contrats confient l'exécution d'un service public au cocontractant, ce dernier étant rémunéré par la collectivité qui lui verse une rétribution dont le montant varie en fonction de certains résultats de gestion. Elle comprend, en principe, une somme forfaitaire souvent indexée sur le chiffre d'affaires (prime de base ou forfait minimum annuel garanti) et une somme correspondant à un intéressement aux résultats ou prime de gestion qui prend en compte, notamment, une part des bénéfices ou des recettes réalisées, la productivité ou les économies obtenues dans la gestion du service et/ou l'augmentation de sa fréquentation et l'amélioration de sa qualité. Or le fait que la rémunération provienne exclusivement ou quasi-exclusivement de sommes versées par la collectivité n'est pas perçu comme un obstacle à la possible qualification de ces contrats de convention de DSP pourvu que ces sommes apparaissent comme liées substantiellement aux résultats de l'exploitation. C'est ainsi que dans l'arrêt SMITOM[36], le Conseil d'État a jugé qu'une régie intéressée où le régisseur était rémunéré par une rétribution composée, d'une part, d'un prix payé par le syndicat mixte pour le traitement des déchets collectés et, d'autre part, d'une partie variable provenant tout à la fois des recettes d'exploitation, de la vente de l'énergie produite et des éventuelles recettes supplémentaires liées aux performances réalisées dans le traitement des déchets, était une DSP au motif que la rémunération prévue pour le cocontractant était substantiellement assurée par le résultat de l'exploitation du service.

Substantiellement ne veut toutefois pas dire majoritairement. La question s'est en effet posée du seuil de recettes en-deçà duquel la rémunération n'est plus substantiellement liée aux résultats de l'exploitation du service. On aurait pu penser – ç'aurait été la solution la plus simple et la plus logique – que l'adverbe substantiellement signifie pour le moins majoritairement. Or il n'en est rien, puisque dans l'arrêt SMITOM déjà évoqué le Conseil d'État a jugé qu'une régie intéressée dans laquelle le cocontractant est rémunéré à environ 70 % par un prix payé par la personne publique et, pour le restant, par des recettes d'exploitation diverses, constitue bien une convention de DSP. De même, la Cour administrative d'appel de Marseille[37] a jugé qu'un contrat dont la rémunération du cocontractant provient à hauteur de 20 % des résultats de l'exploitation et, pour le reste, par un prix payé par le délégant est une convention de DSP. Cette Cour avait même jugé quelques années plus tôt[38] qu'une rémunération du cocontractant issue à hauteur de 10 % des résultats de l'exploitation suffit à la faire considérer comme étant substantiellement assurée par les résultats de l'exploitation. Il faut en déduire que l'exigence d'une rémunération du cocontractant substantiellement liée aux résultats de l'exploitation n'implique pas une rémunération majoritairement tirée de ces résultats. On peut considérer que, dès lors qu'une partie même nettement minoritaire, de la rémunération provient des recettes d'exploitation, le contrat dont il s'agit n'est pas un marché public mais une convention de DSP chaque fois que cette part n'est pas marginale. Mais, dès lors qu'aucun seuil n'a été fixé par le Conseil d'État en dessous duquel la rémunération ne serait pas

---

[36] CE, 30.6.1999, SMITOM, *AJDA* 1999, p. 714, concl. C. Bergeal, note J.-M.Peyrical.
[37] CAA Marseille, 13.4.2004, *Ville de Marseille, CP-ACCP* n° 35-2004, p. 18.
[38] CAA Marseille, 5.3.2001, *Préfet du Var, AJDA* 2001, p. 968, note L. Marcovici.

substantiellement liée aux résultats de l'exploitation, ce critère s'avérait délicat à mettre en œuvre et source d'incertitudes. C'est pourquoi la jurisprudence a fini par adopter un critère complémentaire à ce mode de rémunération, fondé sur la prise en charge par le cocontractant du risque d'exploitation.

b) L'adoption d'un critère complémentaire fondé sur la prise en charge du risque d'exploitation

Cette précision – importante – est le fruit d'une évolution jurisprudentielle. Elle trouve son origine dans les décisions de quelques Cours administratives d'appel qui ont introduit un critère nouveau – ou plutôt complémentaire – fondé sur le risque d'exploitation dans l'appréciation du mode de rémunération permettant de caractériser la DSP et de la distinguer du marché public. Pour ces Cours, si les stipulations financières du contrat ne font peser sur le cocontractant qu'une part très réduite du risque d'exploitation, le mode de rémunération ainsi prévu doit être perçu comme un prix et le contrat comme un marché public et non comme une DSP[39]. Dans un premier temps, le Conseil d'État ne les a pas suivies[40]. Puis à son tour, dans un arrêt de principe, il a considéré que « *si une part significative du risque d'exploitation* » demeure « *à la charge de ce cocontractant, sa rémunération doit être regardée comme substantiellement liée aux résultats de l'exploitation* »[41].

Il est vrai que ces décisions ne font que se conformer à celles de la CJUE qui retient depuis quelques années déjà la prise en charge du risque d'exploitation par le cocontractant comme un critère distinctif important entre marché public et concession de service au sens communautaire[42].

---

[39] Cf. notamment CAA Nantes, 2.12.2005, *Dpt de la Vendée, Contrats et Marchés publics* 2006, n° 99, note E. Delacour ; CAA Versailles, 14.9.2006, *Sté Avenance enseignement et santé, Contrats et Marchés publics* 2006, n° 283, note G. Eckert.

[40] CE, 28.6.2006, Synd. intercommunal d'alimentation en eau de la moyenne vallée du Gier, précité ; CE, 20.10.2006, Cne d'Andeville, *AJDA* 2006, p. 2340, concl. D. Casas ; Contrats marchés publ., 2007, n° 23, note J.-P. Pietri.

[41] CE, 7.11.2008, *Dpt de la Vendée*, *AJDA* 2008, p. 2454, note L. Richer, *Contrats marchés publ.*, 2008, n° 296, note G. Eckert ; CE 5.6.2009, *Sté Avenance Enseignement et Santé, Contrats marchés publ.*, 2009, n° 236.

[42] Cf. en particulier : CJCE, 13.10.2005, *Parking Brixen GmbH,* aff. C-458/03.

Cette solution a été réaffirmée en 2007 par la CJCE dans son arrêt *Commission c /République italienne*[43] où le mode de rémunération prévu par la convention objet du litige comportait, à côté d'une somme payée par la collectivité publique à son cocontractant et assimilable à un prix, des recettes d'exploitation. Or, la CJCE s'est fondée, outre le fait que le cocontractant n'assumait pas la prise en charge des risques liés à l'exploitation, sur le motif que le cocontractant tirait l'essentiel de sa rémunération du prix acquitté par ladite collectivité pour estimer que la rémunération ne tenait pas dans le droit d'exploiter le service en cause et considérer que la convention était, par suite, un marché public et non une concession de service public. On peut voir ici les germes d'une future remise en cause de la jurisprudence *SMITOM*[44].

Quoi qu'il en soit, la prise en compte expressément formulée par le juge national de la prise en charge du risque d'exploitation dans la qualification de convention de DSP et dans sa distinction avec le marché public est une nouveauté importante. Pour autant, nous ne sommes pas convaincu qu'elle facilitera cette distinction, car la détermination de la réalité de cette prise en charge ne nous paraît pas forcément plus simple à opérer que celle de rémunération substantiellement liée aux résultats de l'exploitation et ce même si le premier critère est conçu comme étant complémentaire du second, c'est-à-dire destiné à en permettre la mise en œuvre. Toutefois, le Conseil d'État, dans son important arrêt Dingreville[45], éclaire la mise en œuvre de ce nouveau critère : il considère qu'il est rempli si la rémunération globale du cocontractant est susceptible d'être inférieure aux dépenses d'exploitation. Mais au vu de cette jurisprudence, il n'est pas nécessaire que le cocontractant soit, en vertu du contrat, amené à supporter l'intégralité des pertes financières. Ce contrat peut opérer un partage des risques de l'exploitation entre la collectivité et son cocontractant ; ce qui compte c'est qu'en cas de déficit d'exploitation ce dernier en subisse au moins une partie significative.

---

[43] CJCE, 18.7.2007, Commission c/ République Italienne, aff. C-382/05 Contrats et Marchés publics 2007, n° 238, note W. Zimmer.

[44] Ces décisions ont été confirmées à plusieurs reprises par la haute juridiction communautaire CJCE, 10.9.2009, *WAZV Gotha c/ Eurawasser,* aff. C-206/08 ; CJUE, 10.3.2011, *Privater Rettungsdienst und Kranken-transport Stadler,* aff. C-274/09.

[45] CE, 19.11.2010, *Dingreville Contrats marchés publ.,* 2011, n° 22, note G. Eckert.

Ce faisant, cette jurisprudence opère un retour aux sources de la DSP au sens classique c'est-à-dire essentiellement inspirée de la concession de service public en ce qu'elle implique que le cocontractant assume l'exploitation à ses risques et périls.

Par conséquent, les collectivités publiques en élaborant les cahiers de charges de leurs conventions de DSP doivent désormais être très vigilantes dans la rédaction des clauses relatives à la répartition des risques. En effet, si elles prévoient des mécanismes de compensation des pertes financières qui font disparaître au profit de leur cocontractant un réel risque d'exploitation, leur contrat n'est plus une DSP et pourra être requalifié marché public par le juge administratif.

*   *

*

Au terme de cette étude, on perçoit bien que le bilan de ces recherches de solutions financières par les acteurs de la commande publique et par les pouvoirs publics n'est pas totalement positif. En effet on l'a dit, le coût financier du recours à certains contrats se révèle assez souvent élevé, et la débudgétisation de certaines dépenses porte atteinte à la sincérité des comptes publics. Au surplus, ces recherches ont contribué à profondément transformer et complexifier le droit des contrats de la commande publique, ce qui pose des problèmes de sécurité juridique et rend nécessaire une clarification de leur régime juridique. À cet égard, il nous semble que deux possibilités s'offrent au gouvernement : soit procéder à un élargissement encore plus complet de la notion de marché public, en y faisant entrer des contrats qui en sont exclus, soit adopter un Code de la commande publique qui regrouperait dans un même document les différents contrats et leur régime juridique. Ces deux solutions offrent en tous cas aux commentateurs bien des perspectives.

DOMAINE PUBLIC ET PATRIMONIALISATION DE L'IMAGE. L'AFFAIRE « SOCIÉTÉ LES BRASSERIES KRONENBOURG » (TA Orléans, 6 mars 2012)

Par
Jocelyn Clerckx
Maître de conférences en droit public
Membre du Conseil de direction du LexFEIM
de l'Université du Havre

La patrimonialisation du domaine public est devenue un thème classique du droit administratif des biens. C'est un fait acquis que l'administration gère de plus en plus son domaine comme un patrimoine dont elle entend tirer un revenu[1]. Ce faisant, sa démarche n'est guère éloignée de celle d'un opérateur économique : il s'agit, autant que possible, de faire fructifier ses avoirs, même si les impératifs de protection du domaine public et de l'intérêt général entrent également en ligne de compte. Concrètement, cette valorisation du domaine public prend la forme d'un véritable commerce des autorisations d'occupation ou d'utilisation privative, pour peu que celles-ci restent compatibles avec l'affectation principale du domaine. Le procédé est en effet habituel et même encouragé non seulement parce qu'il génère des richesses pour la personne publique propriétaire, mais aussi parce qu'il est perçu comme un facteur de développement économique.

---

[1] Cf. notamment « Domaine public et activités économiques, colloque des 20-21 septembre 1990 à la Faculté de Paris - Saint-Maur », *Cah. jur.de l'électricité et du Gaz*, numéro hors série, octobre 1991 ; J. Morand-deviller, « La valorisation économique du patrimoine public », *in Mél. Drago*, Economica, 1996, p. 273 ; C. Mamontoff, *Domaine public et entreprises privées. La domanialité publique mise en péril par le marché*, L'Harmattan, 2003.

L'affaire « Société Les Brasseries Kronenbourg » révèle cependant que cette quête de la valorisation du domaine public peut conduire l'administration à emprunter des chemins inattendus. En l'espèce, en effet, une redevance était réclamée, non en raison d'une occupation ou d'une utilisation privative *matérielle* d'un immeuble du domaine public, mais du fait de l'utilisation de l'*image* à des fins publicitaires d'un tel immeuble.

Les faits peuvent se résumer comme suit. Afin de développer les ventes de la marque de bière « 1664 », la société Les Brasseries Kronenbourg avait décidé de lancer une campagne de publicité dans la presse et sur internet associant celle-ci à différents monuments emblématiques. En vue du lancement de cette campagne, la société a, début 2010, pris contact, par le truchement d'une agence publicitaire, avec le Domaine national de Chambord, établissement public industriel et commercial placé sous la tutelle de l'État, afin de solliciter l'autorisation de réaliser des photographies en extérieur du célèbre château. Après avoir été informée par cet établissement public qu'une telle autorisation serait payante, la société Les Brasseries Kronenbourg a préféré renoncer à la réalisation de photographies aux abords immédiats du château pour choisir un point de vue plus éloigné. Ce faisant, elle pensait pouvoir échapper à ce qu'elle considérait être le versement d'une somme injustifiée, tout monument public pouvant, à ses yeux, être photographié gratuitement, en l'absence d'atteinte à un droit d'auteur ou de propriété intellectuelle. En définitive, plusieurs clichés du château furent donc réalisés, certes à l'intérieur du domaine, mais à distance du monument et sans que ceux-ci aient nécessité une quelconque occupation privative dudit domaine. Ainsi vit le jour, en avril 2010, une campagne publicitaire faisant apparaître une bouteille de bière « 1664 » avec, en arrière-plan, le château de Chambord, parfaitement reconnaissable.

C'est alors que le Domaine national de Chambord a transmis à la société Les Brasseries Kronenbourg deux états des sommes dues datés du 11 avril 2011 d'un montant total de 251 160 euros – qui prenait manifestement en compte les bénéfices procurés par la réalisation des photographies… – et ayant pour objet : « *Occupation du domaine public* (…) *Prises de vue du château à des fins commerciales* (…) »[2]. Deux

[2] Afin d'établir les montants des deux états de sommes dues, qui atteignent respectivement 143 520 euros et 107 640 euros, l'établissement public s'est, à l'évidence,

titres exécutoires allaient également être émis le 21 avril 2011 pour assurer le recouvrement de ces sommes. Contestant leur légalité, la société a saisi le Tribunal administratif d'Orléans de deux requêtes tendant à leur annulation auxquelles ont fait droit les juges par une décision en date du 6 mars 2012[3].

Même si les titres exécutoires dont il s'agit ont été annulés pour deux autres motifs – défaut d'indication des bases de liquidation, absence de base légale –, l'apport essentiel de cette affaire a trait à la censure, au titre de l'erreur de droit, de la possibilité invoquée par le Domaine national de Chambord de soumettre à redevance la réalisation de photographies d'un immeuble appartenant au domaine public à des fins commerciales.

Confronté à une tentative de patrimonialisation de l'image (I), le juge administratif a en effet opposé une résistance (II).

I. Une tentative de patrimonialisation de l'image

Cette entreprise s'inscrit dans un contexte particulier marqué par la consécration récente en droit positif d'un patrimoine immatériel de l'État (A). Cette tentative se traduit concrètement par la volonté d'incorporer l'image d'un monument – le château de Chambord – au domaine public (B).

A. Le contexte : la consécration récente en droit positif d'un patrimoine immatériel de l'État

La valorisation du patrimoine immatériel des personnes publiques est assurément à l'ordre du jour. La démarche a pour origine le rapport Lévy-Jouyet de novembre 2006, présenté au nom de la Commission sur l'économie de l'immatériel, qui concluait à la nécessité pour l'État de valoriser « *ses actifs immatériels dormants* »[4]. Par une circulaire en date

---

référé à l'article L. 2125-3 du Code CG3P qui prévoit que la redevance pour occupation privative d'une dépendance du domaine public « *tient compte des avantages de toute nature procurés au titulaire de l'autorisation* ».

[3] TA Orléans 6.3.2012, n°1102187, concl. Francfort, *AJDA* 2012. 1227.

[4] *L'économie de l'immatériel : la croissance de demain*, DF 2006.

du 18 avril 2007,[5] le Premier ministre de l'époque, Dominique de Villepin, allait reprendre ce thème en insistant sur le fait que l'État « *détient des actifs immatériels considérables (licences, brevets, marques, savoir-faire publics, bases de données, droits d'accès, images publiques) qui ont fait l'objet d'une première estimation de près d'un milliard d'euros – hors développement des programmes d'armement* ». Dans la foulée, une Agence du patrimoine immatériel de l'Etat (APIE) sera créée au sein du ministère de l'Economie et des Finances en vue de répertorier tous ces actifs et d'élaborer des stratégies de valorisation[6].

Cette politique de patrimonialisation de l'immatériel public n'a ensuite fait que croître avec la crise et la nécessité pressante qui en a découlé pour la puissance publique de trouver de nouvelles sources de revenus. Menée « *tambour battant* »[7], cette politique s'est concrétisée par l'adoption d'un nouveau décret en date du 10 février 2009 relatif à la rémunération de certains services rendus par l'État consistant en une valorisation de son patrimoine immatériel (cession ou création de licences de droits de propriété intellectuelle, cession d'informations, valorisation du savoir-faire et de l'expertise, mais aussi mise à disposition d'espaces en vue d'événements, de manifestations, de tournages d'œuvres audiovisuelles ou de prises de vues etc.) ainsi que d'une circulaire d'application du 23 mars 2009, relative à la valorisation des mises à disposition de lieux et espaces du domaine de l'État[8].

Un nouvel état d'esprit s'est ainsi progressivement diffusé dans les administrations, au-delà même des services de l'État, qui fait de la valorisation – financière – de l'immatériel un impératif tant économique que politique[9]. Il y aurait sans doute beaucoup à dire à propos de cette

---

[5] « Circulaire relative à la gestion des actifs immatériels de l'État », *JO* 2007-99. 7490. À propos de cette circulaire, voir J.-B. Auby, « L'immatériel dans l'État », *DA* 2007-6, Repères 6.

[6] Arrêté du 23.4.2007, portant création d'un service à compétence nationale dénommé « Agence du Patrimoine immatériel de l'État », *JO* 2007-110. 8684.

[7] Cf. P. Yolka, « L'immatériel public en trompe-l'œil », *JCP A* 28 novembre 2011, act. 726.

[8] D. n° 2009-151 du 10.2.2009, relatif à la rémunération de certains services rendus par l'État consistant en une valorisation de son patrimoine immatériel, *JO* 2009-36. 2505; J.-D. Dreyfus, « La valorisation par l'État de son patrimoine *immatériel », AJDA 2009. 696 ; C. Malwe,* « La valorisation du patrimoine immatériel de l'État », *DA* 2009-4, comm. 52.

[9] En ce sens voir J.-M. Sauvé, « Allocution d'ouverture », *in Le patrimoine immatériel des personnes publiques, Colloque du 16 mars 2012 au Conseil d'État*, p. 2. Version

entreprise. La démarche n'est pas en effet sans susciter des interrogations dont la doctrine s'est faite l'écho. Si à notre époque l'économie dicte ses « lois », celles-ci doivent-elles nécessairement être adoptées par les personnes publiques[10] ? La « valorisation » de l'immatériel public doit-elle être centrée sur la recherche d'une rentabilisation financière immédiate ou doit-elle consister avant tout à entretenir ce patrimoine, à le gérer et à le *diffuser* et ensuite seulement à dégager des recettes complémentaires[11] ?

Toujours est-il que cette patrimonialisation de l'immatériel est à l'heure actuelle une réalité et que cette politique a manifestement eu une influence déterminante sur les revendications financières du Domaine national de Chambord concernant l'utilisation de l'image du château, quand bien même une telle valorisation de l'image n'est pas – encore ? – directement organisée par les textes consacrés à l'immatériel public.

Dans ses conclusions sur le jugement « Société Les Brasseries Kronenbourg », le rapporteur public n'a d'ailleurs pas manqué de prendre acte du fait que « *La tendance est à la valorisation du patrimoine immatériel des personne publiques* ». Quant au Domaine national de Chambord, il s'inscrivait ouvertement dans celle-ci, en invoquant à l'appui de son argumentation l' « *évolution de la société au regard de l'émergence d'une économie de l'immatériel* »[12] et en soutenant qu'en l'espèce la perception de redevances sur le fondement du régime des utilisations privatives du domaine public n'était, tout compte fait, qu'une alternative à la redevance pour service rendu qu'il aurait pu percevoir, selon lui[13], en application du décret du 10 février 2009 sur la valorisation du patrimoine immatériel de l'État et de la circulaire d'application

---

html : www.conseil-etat.fr/fr/discours-et-interventions/le-patrimoine-immateriel-des-personnes-publiques.html.

[10] J.-D. Dreyfus, *op. cit.*

[11] *Id.*

[12] Citation figurant dans les conclusions J. Francfort, *préc.*

[13] Il importe de noter que le décret n°2009-151 en date du 10 février 2009 ainsi que la circulaire en date du 23 mars 2009 concernent des prestations « *fournies par l'État* » (cf. décret n°2009-151) et s'adressent exclusivement aux services de l'État afin d'offrir « *un cadre interministériel unifié* » (cf. la circulaire, fiche n°2 I) pour ce qui est de la perception de redevances pour services rendus consistant à valoriser leur patrimoine immatériel. Il est dès lors douteux que ces textes soient applicables à un établissement public, même si en l'espèce il s'agit d'un établissement placé sous la tutelle de l'État et chargé de gérer un domaine public d'État qui lui a été remis en dotation.

relative au domaine public du 23 mars 2009, s'il y avait eu une prestation « *globale* » de service, au sens de ces textes[14].

Ainsi, ne pouvant se fonder sur le décret de 2009, l'établissement public s'est-il visiblement rabattu sur le régime de la domanialité publique en affirmant que l'image du château de Chambord faisait, en elle-même, partie du domaine public et que son utilisation à des fins commerciales pouvait dès lors être valablement soumise au paiement d'une redevance.

B. La volonté d'incorporer l'image d'un monument au domaine public

L'argumentation développée par le Domaine national de Chambord, telle qu'elle ressort des conclusions du rapporteur public, reposait, pour l'essentiel, sur une lecture délibérément « constructive » des dispositions du Code général de la propriété des personnes publiques (CG3P).

Pour asseoir son affirmation selon laquelle l'image du château de Chambord constituait, compte tenu de l'histoire particulière de ce site, une propriété immatérielle qu'il lui incombait de valoriser et par suite un élément incorporel du domaine public dont l'utilisation à des fins commerciales pouvait être payante, l'établissement public a tenté d'établir, d'une part, que l'image d'un bien pouvait faire partie du domaine public au regard des dispositions du CG3P et, d'autre part, que son utilisation pouvait donner lieu au paiement d'une redevance sur le fondement des dispositions de l'article L.2125-1 dudit code.

Pour tenter de démontrer que le CG3P admettait que l'image d'un bien puisse faire partie du domaine public, le Domaine national de Chambord se prévalait, tout d'abord, des termes de l'article 1er de ce code qui définit le domaine de diverses personnes publiques, dont les établissements publics nationaux, en termes non seulement de « *biens* » , mais aussi de

---

[14] Cf. conclusions J. Francfort *préc.* Une prestation « *globale* » de service consiste en une mise à disposition d'un espace consentie en vue d'événements, de manifestations, de tournages d'œuvres audiovisuelles ou de prises de vues, associée à des prestations annexes « *induites par la nature même* » de cette mise à disposition – préparation et organisation de l'évènement ou de l'installation de l'occupant, sécurité, intendance, accueil, fourniture des fluides (eau, électricité). Cf. circulaire en date du 23 mars 2009 *préc.*, fiche 2, II.

« *droits* » à caractère mobilier ou immobilier[15]. Le Domaine national de Chambord en tirait la conclusion que la domanialité publique englobait non seulement des biens, au sens d'objets tangibles, mais également des droits, au sens de prérogatives juridiques détenues par des personnes publiques, ce qui permettait de reconnaître la domanialité publique du droit sur l'image du château qu'il détenait eu égard à sa mission.

L'établissement public mettait également en avant le fait que le château, et donc a fortiori son image, étaient affectés à un service public culturel et que les lourds travaux d'entretien à sa charge permettant de maintenir le monument dans un état de magnificence donnant envie de le photographier devaient être qualifiés d' « *aménagement indispensable* » au sens des dispositions de l'article L.2111-1 du CG3P définissant le domaine public immobilier[16]. Il en déduisait, semble-t-il, que l'image du château pouvait, elle aussi, par extension, être incorporée au domaine public immobilier, compte tenu du fait qu'elle était, au même titre que le château, affectée à un service public culturel et que la condition de l'aménagement indispensable était remplie puisque les travaux d'entretien avaient pour objet, en quelque sorte, d'« aménager » cette image en vue de sa photographie.

Enfin, le Domaine national de Chambord invoquait la théorie de l'accessoire, telle qu'elle est consacrée à l'article L. 2111-2 du CG3P, selon laquelle font également partie du domaine public immobilier les biens publics concourant à l'utilisation d'un bien immobilier de ce domaine et qui en constituent l'accessoire indispensable[17]. L'établissement faisait valoir que sa mission était de « *mettre en valeur* » le château – ce qui correspond à l'utilisation du bien immobilier au sens des dispositions de l'article L. 2111-2 – et que comme l'image de ce

---

15 « Le présent code s'applique aux biens et aux droits, à caractère mobilier ou immobilier, appartenant à l'État, aux collectivités territoriales et à leurs groupements, ainsi qu'aux établissements publics ».

16 « Sous réserve de dispositions législatives spéciales, le domaine public d'une personne publique mentionnée à l'article L. 1 est constitué des biens lui appartenant qui sont soit affectés à l'usage direct du public, soit affectés à un service public pourvu qu'en ce cas ils fassent l'objet d'un aménagement indispensable à l'exécution des missions de ce service public ».

17 « Font également partie du domaine public les biens des personnes publiques mentionnées à l'article L. 1 qui, concourant à l'utilisation d'un bien appartenant au domaine public, en constituent un accessoire indissociable ».

monument concourait à cette mise en valeur – donc à cette utilisation – et était indissociable de celui-ci, elle devait, également à ce titre, être considérée comme un élément du domaine public immobilier.

S'agissant des redevances dont le paiement était réclamé, le Domaine national de Chambord se référait aux dispositions de l'article L. 2125-1 du CG3P selon lesquelles « *Toute occupation ou utilisation du domaine public d'une personne publique* (...) *donne lieu au paiement d'une redevance...* ». À ses yeux, la notion d'utilisation, plus large que celle d'occupation, permettait d'englober les situations où les dépendances domaniales ne sont pas saisissables matériellement, « *en tenant compte à la fois de la réalité des textes et de l'évolution de la société au regard de l'émergence d'une économie de l'immatériel* ». En conséquence, le Domaine national de Chambord considérait que, même en l'absence de droits de propriété intellectuelle ou industrielle, il pouvait valablement percevoir des redevances en cas d'utilisation de l'image du château à des fins commerciales, en se fondant sur le régime des redevances domaniales.

L'ensemble de cette argumentation sera cependant balayé par le Tribunal administratif d'Orléans qui censurera les titres exécutoires attaqués au titre de l'erreur de droit.

II. La résistance du juge administratif

S'il est vrai que le tribunal a exclu l'applicabilité du régime de la domanialité publique au terme d'un raisonnement passablement maladroit (A), il demeure que la solution ainsi dégagée se justifie pleinement (B).

A. Une exclusion maladroite du régime de la domanialité publique

Pour arriver à la conclusion qu'aucune redevance domaniale n'était exigible au titre des prises de vues réalisées pour le compte de la société Les Brasseries Kronenbourg, les juges ont développé un étrange raisonnement en deux temps.

Ceux-ci commencent par une affirmation limpide selon laquelle « *l'image de la chose ne saurait être assimilée ni à la chose elle-même, ni aux droits attachés à la propriété de cette chose* ». Cette affirmation s'inscrit dans le sillage de la jurisprudence *Société Hôtel de Girancourt* de la Cour de cassation qui depuis 2004 opère une dissociation entre la chose et son image et pose le principe que « *le propriétaire d'une chose ne dispose pas d'un droit exclusif sur l'image de celle-ci* »[18]. On peut voir dans l'affirmation du tribunal un rejet implicite des moyens en défense du Domaine national de Chambord tirés de ce que l'image du château ferait partie du domaine public immobilier en vertu d'une application « extensive » des critères de l'article L.2111-1 du CG3P ou encore grâce à la théorie de l'accessoire de l'article L.2111-2 (cf. I.B. de la présente étude).

En effet, ces deux moyens se fondent sur l'indissociabilité de la chose et de son image et consistent, en somme, à faire valoir que la domanialité publique du château entraîne celle de son image. Or, précisément, en affirmant que l'image de la chose ne saurait être assimilée à la chose elle-même, les juges semblent bien nier cette indissociabilité sur laquelle le Domaine national de Chambord avait construit son argumentation…

Il reste qu'au lieu de poursuivre leur analyse sur le statut de l'image du château de Chambord et de se prononcer *expressément* sur la question de son appartenance au domaine public, les juges laissent ce problème en suspens et choisissent de bifurquer vers une autre question, sur laquelle ils vont se focaliser, celle de l'appartenance au domaine public des... *photographies* du château.

Il y a là assurément une césure dans le raisonnement, car l'image d'un bien et la photographie de ce bien ne se confondent pas. Le terme « photographie » renvoie en effet à la création du photographe, qui a, en l'espèce, *utilisé* l'image du château pour sa réalisation.

Cette focalisation sur le statut de la photographie s'explique sans doute par le fait que les juges ont considéré que les redevances domaniales litigieuses étaient avant tout réclamées au titre « *de l'utilisation de la société requérante de photographies du château de Chambord à des fins commerciales* », selon les termes mêmes du jugement, et non pas directement au titre de l'utilisation de l'*image* du château à des fins commerciales. Pour ce faire, le tribunal s'est, semble-t-il, appuyé sur une

---

[18] Cass. AP 7.5.2004, Sct. Hôtel de Girancourt , n° 02-10.450 ; *D.* 2004, jurispr., p. 1545, notes Bruguiere et Dreyer ; *JCP G* 2004 II.10085, note C. Caron ; *Légipresse* 2004-213. 117, note Bruguière et B. Gleize; *RTD civ.* 2004. 531, obs. Revet ; *JCP G* 2004 I.163, obs. Viney.

lecture littérale des deux titres exécutoires attaqués, lesquels mentionnent comme objet les « *Prises de vue du château à des fins commerciale* ».

Une telle interprétation est cependant extrêmement discutable car le Domaine national de Chambord a toujours invoqué, pour justifier les redevances réclamées, la domanialité publique de l'image du château et jamais celle des photographies prises... C'est ainsi qu'avant même la transmission des titres exécutoires, le directeur général de l'établissement public avait indiqué à la société requérante, par un courrier en date du 19 avril 2010, que l'exploitation de la notoriété et de l'*image* du château constituait une utilisation du domaine public justifiant le versement d'une contrepartie financière. De même, dans le cadre du débat contentieux, le Domaine national de Chambord s'est-il borné à défendre la domanialité publique de l'image du monument[19]. Il est donc plus que probable que la mention figurant dans les titres exécutoires – « *Prises de vue du château à des fins commerciales* » – n'avait, en réalité, pour seul objet que d'indiquer que les redevances domaniales étaient fondées sur une utilisation de l'image du château, élément du domaine public, *consistant* en la réalisation de prises de vues à des fins commerciales...

Par ailleurs, l'appartenance au domaine public des photographies prises pour le compte de la société Les Brasseries Kronenbourg apparaissait d'emblée exclue dès lors que la domanialité publique d'un bien présuppose sa propriété publique[20] et qu'en l'espèce, comme le révèlent les conclusions du rapporteur public qui retracent l'essentiel du débat contentieux, le Domaine national de Chambord n'avait jamais prétendu en être le propriétaire. On se demande bien d'ailleurs à quel titre il aurait pu le faire...

Pourquoi, dans ces conditions, le tribunal fait-il le détour par une analyse théorique selon laquelle « la photographie d'un bien du domaine public immobilier qui n'est, par elle-même, affectée ni à l'usage direct du public, ni à un service public et ne constitue pas un accessoire indissociable de ce bien, ne constitue pas un bien du domaine public »,

---

[19] Cf. concl. Francfort *préc.*

[20] Cf. art. L.1 du CG3P : « Le présent code s'applique aux biens et aux droits, à caractère mobilier ou immobilier, appartenant à l'État, aux collectivités territoriales et à leurs groupements, ainsi qu'aux établissements publics » ; voir aussi CE avis 10.6.2004, relatif à l'agence France presse, *RFDA* 2004. 923, note J. C. ; CE 29.6.1990, Csts Marquassuzaa, *R.* 188.

alors qu'en l'absence de propriété publique, la question ne se posait même pas ?

La démarche surprend d'autant plus qu'au motif qu'il s'agit de photographies d'un « *bien du domaine public immobilier* » les juges se réfèrent aux critères d'incorporation propres au domaine public immobilier, tels que consacrés à l'article L. 2111-1 du CG3P – affectation à l'usage du public ou à un service public[21] – alors même qu'une photographie, qui est une œuvre incorporelle ne se confondant pas avec son support matériel, relève de la catégorie des biens meubles « *par détermination de la loi* » et ne saurait donc être assimilée d'une quelconque façon à un immeuble[22].

En définitive, le tribunal écarte le régime de la domanialité publique en soulignant que comme une photographie d'un immeuble du domaine public ne peut, en elle-même, être considérée comme faisant partie du domaine public, « *l'utilisation par un tiers de cette photographie ne s'analyse ni comme une occupation, ni comme une utilisation du domaine public susceptible de donner lieu au paiement d'une redevance en application de l'article L. 2125-1* » du CG3P.

Le résultat est ainsi paradoxal. Alors que le Domaine national de Chambord a constamment invoqué l'utilisation de l'image du château, en tant qu'élément du domaine public, pour justifier les redevances domaniales réclamées, le tribunal ne se prononce pas expressément sur l'appartenance ou non de cette image audit domaine. Se contentant d'indiquer que « *l'image de la chose ne saurait être assimilée ni à la chose elle-même, ni aux droits attachés à la propriété de cette chose* » – est-ce une manière d'écarter implicitement la domanialité publique ? –, il préfère ensuite fonder sa solution, non sans maladresse, sur le statut de la photographie, alors que personne *a priori* ne l'invoquait.

---

[21] L'article L. 2111-1 du CG3P figure en effet dans un chapitre (1er) du code intitulé « Domaine public immobilier ».

[22] Les biens incorporels ne relevant pas de la catégorie des immeubles incorporels telle que définie par l'article 526 du Code civil (« *Sont immeubles, par l'objet auquel ils s'appliquent : L'usufruit des choses immobilières ; Les servitudes ou services fonciers ; Les actions qui tendent à revendiquer un immeuble* ») intègrent nécessairement, par défaut, la catégorie des meubles incorporels « *par détermination de la loi* », selon l'interprétation communément admise des articles 527 et 529 du même code (cf. notamment M.-C. de Lambertye-Audrand, « *Biens.- Distinctions* », commentaire sur l'article 516 du Code civil, *jurisc. Code civil*, fasc. 20, avril 2011).

Il reste que cette solution, qui consiste à exclure le régime de la domanialité publique, doit être approuvée.

B. Une solution pourtant justifiée

En effet, même en raisonnant à partir de l'*image* du château, on ne peut qu'aboutir à une telle exclusion.

La raison en est, ici encore, qu'une des conditions essentielles de la domanialité publique manque manifestement en ce qui concerne cette image : la propriété publique. En principe, la détermination de la propriété publique relève, en cas de difficulté sérieuse, de la compétence du juge judiciaire[23]. Or, comme cela a été évoqué plus haut, la jurisprudence de la Cour de cassation dissocie, depuis 2004, la chose de son image, de sorte qu'on ne saurait affirmer que le propriétaire de la chose entretient un rapport de propriété avec l'image de celle-ci[24]. Ainsi ne peut-on en aucune façon considérer en l'espèce que la propriété publique du château conduit à devoir reconnaître la propriété publique de son image. Tel est bien d'ailleurs ce qui ressort en filigrane de l'affirmation du tribunal selon laquelle « « *l'image de la chose ne saurait être assimilée ni à la chose elle-même, ni aux droits attachés à la propriété de cette chose* ».

Dans ces conditions, la cause est entendue. L'image du monument ne peut faire partie du domaine public, en l'absence de propriété publique, et par conséquent son utilisation ne saurait, en tant que telle, justifier le versement d'une redevance domaniale.

Le Domaine national de Chambord aurait-il pu tenter de s'opposer à l'utilisation de l'image du château en faisant valoir que celle-ci occasionnait au monument « *un trouble anormal* » – mais lequel ? – au sens de la jurisprudence *Société Hôtel de Girancourt* de la Cour de cassation[25] ? Aurait-il pu, dans cette perspective, comme le suggère un auteur, invoquer une exploitation indue de la notoriété du château dans le

---

[23] Cf. notamment CE 29.6.1990, *Csts Marquassuzaa*, *préc.*

[24] Cf. note 18.

[25] Cass. AP 7.5.2004, Sct. Hôtel de Girancourt, *préc.*: « le propriétaire d'une chose ne dispose pas d'un droit exclusif sur l'image de celle-ci (…) il peut toutefois s'opposer à l'utilisation de cette image par un tiers lorsqu'elle lui cause un trouble anormal ».

cadre d'une campagne de publicité pour une bière et soutenir qu'une telle exploitation était constitutive d'un acte de parasitisme économique[26] ?

Toujours est-il que l'invocation du régime de la domanialité publique ne tenait pas, d'autant que même à supposer qu'il se soit agi en l'espèce d'un élément incorporel susceptible de propriété publique, la possibilité de son incorporation au domaine public serait restée incertaine. En effet, en dehors de quelques exceptions, dont le domaine public hertzien, qui constitue un domaine public immatériel par détermination de la loi[27], tant le Conseil d'État, il est vrai dans une ancienne décision[28], que la doctrine dans sa majorité[29] semblent poser le principe qu'un bien incorporel a vocation à faire partie du domaine privé d'une personne publique[30]. Quant au CG3P, il ne traite pas, du moins explicitement, de la question.

Certes, une plus large admission des biens incorporels dans le domaine public permettrait sans doute de mieux en assurer la protection. Toutefois, n'aboutirait-elle pas à dénaturer la notion même de domaine public qui, dans sa version contemporaine, s'est construite à partir des biens matériels, comme en témoignent les concepts utilisés (occupation, délimitation…)[31] ? La question est loin d'être tranchée.

Dans ces conditions, on comprend aisément que les juridictions administratives de premier ressort fassent montre d'une certaine prudence.

15 novembre 2012

---

[26] J.-M. Bruguière, « L'image du château de Chambord n'est pas un bien du domaine public », *D.* 2012. 2222. L'auteur reconnaît tout de même que « la réponse est loin d'être acquise (y a-t-il parasitisme économique ? un établissement public peut-il s'en prévaloir ? ne reconstitue-t-on pas avec le parasitisme cette propriété publique ?) ».

[27] Art. L. 2111-17 du CG3P : « Les fréquences radioélectriques disponibles sur le territoire de la République relèvent du domaine public de l'État. ».

[28] CE 23.3.1960, Sct. Spiesshofer et Braun, *R.* 215.

[29] Cf. notamment Y. Gaudemet, *Droit administratif des biens*, LGDJ 2008, pp. 3221-3222.

[30] J.-M. Sauvé, « Allocution d'ouverture », *préc.*, p. 6.

[31] Sur ce sujet voir notamment R. Leonetti, « La protection de l'affectation au service public des biens incorporels », *AJDA* 2009. 1689 et s. Voir aussi J.-M. Bruguière, « L'accès aux archives publiques : existe-t-il un domaine public "informationnel" ? », *in Archives et Recherches. Aspects juridiques et pratiques administratives*, L'Harmattan 2003, p. 63 : « Le premier (obstacle) et non l'un des moindres est que la domanialité publique est éminemment matérielle, les concepts utilisés (occupation, incorporation...) en témoignent ».

L'IMPACT DU BUDGET DE L'UNION EUROPÉENNE SUR LE FINANCEMENT DES POLITIQUES PUBLIQUES

Par
Michel Bruno
Doyen honoraire de la Faculté
des Affaires internationales
Directeur du département Droit
de l'Université du Havre

Comme l'a si bien écrit Émile Zola, « l'argent c'est le ferment de la végétation sociale et c'est le terreau nécessaire aux grands travaux qui facilitent l'existence ». Le budget de l'Union européenne aurait pu être ce ferment et ce terreau – ou pourrait l'être – mais on en est loin. Car ce budget est faible, même s'il a augmenté au fil du temps et des élargissements successifs des Communautés puis de l'Union européenne.

Les États membres ont en effet attribué de plus en plus de compétences à l'Union sans lui transférer les ressources suffisantes à leur mise en œuvre. Le principe de solidarité financière qui guidait son élaboration à l'origine a en outre été remis en cause en 1984, lorsque le Premier ministre britannique Margareth Thatcher a lancé son célèbre : « *I want my money back* ». Car ce faisant le Royaume-Uni s'est désolidarisé des autres États membres en demandant qu'une partie de sa contribution budgétaire lui soit restituée chaque année, après décompte des aides européennes reçues. Les partenaires de la Grande-Bretagne ont cédé et, depuis lors, l'Europe lui rembourse la différence entre ce qu'elle donne comme contribution et ce qu'elle reçoit comme aides. En 2005, le Premier ministre Tony Blair a, il est vrai, accepté de faire une légère concession, compte tenu de l'élargissement de l'Union à dix nouveaux États. Mais ce « chèque » ou ce « rabais britannique » a aujourd'hui des conséquences négatives sur le budget de l'Union et de ses membres, comme cela ressortira de cette brève étude.

En effet, s'il apparaît globalement limité pour la mise en œuvre de l'ensemble des politiques européennes (I), l'impact de ce budget sur les politiques publiques des États membres est paradoxalement non négligeable (II).

I. Un impact globalement limité pour la mise en œuvre de l'ensemble des politiques de l'Union européenne

Si l'impact du budget de l'Union sur le financement des politiques européennes est limité compte-tenu de sa très faible importance (A), cette situation ne semble pas près de changer, dans la mesure où il apparaît quasiment impossible à réformer malgré sa conception inadaptée et archaïque (B).

A. Un budget ridiculement faible

Le montant initial du budget de l'UE pour 2012 était seulement de 147 milliards d'euros en crédits d'engagements et – tout comme en 2011 – de 129 milliards en crédits de paiements[1], ce qui est dérisoire comparé aux budgets américain ou chinois (respectivement de l'ordre de 3 800 et 1 963 milliards de dollars – dont environ 550 et 150 consacrés à la défense) et reste inférieur à celui de la France (366 milliards d'euros). Ce montant se compare en réalité à celui de la Pologne. Même s'il a progressé régulièrement (il n'était que de 66 milliards en 1993 pour douze États membres), ce budget demeure par ailleurs insuffisant à plus d'un titre.

Il l'est, d'abord, compte tenu des compétences que l'Union a acquises au fil du temps. Il l'est ensuite du fait du nombre de ses membres. Depuis l'adhésion de la Croatie le 1er juillet 2013, l'UE est en effet composée de 28 États. Or 17 sont considérés comme économiquement faibles, de sorte que les élargissements de 2004 et de 2007 ont rendu majoritaires les États demandeurs d'aides, avec toutes les conséquences que cela implique sur les finances de l'Union. Le budget est, enfin, ridicule comparé à la lourde

[1] Sources provenant de la Commission et du Parlement européens.

structure institutionnelle l'UE, par rapport à ses coûts de fonctionnement et aux coûts de gestion des États membres générés par la PAC et les fonds structurels. Les préposés européens sont notamment trop largement rémunérés. Que l'on songe au Président et aux membres de la Commission ou aux parlementaires européens, on se rend compte que les décideurs de l'Union sont très bien payés, bien davantage que la plupart des élus nationaux. Il en est de même des fonctionnaires. Une simple secrétaire européenne gagne en effet de 3 000 à 8 000 euros entre le début et la fin de sa carrière. Que penser dans ces conditions des salaires des hauts fonctionnaires européens comparés à ceux de la fonction publique de pays en difficultés comme la Grèce ou le Portugal ou même de la France ? D'autant que l'Europe ne connaît pas le gel des salaires, contrairement à ce qui se passe dans la fonction publique de beaucoup d'États membres (que ce soit directement ou par l'augmentation des prélèvements fiscaux dans le cadre de plans d'austérité pour faire face à la crise financière). Sans doute ces privilèges pouvaient-ils se concevoir à l'origine de la construction européenne, afin de lancer les nouvelles institutions. Mais ils auraient dû depuis être progressivement réduits dans la mesure où leurs bénéficiaires ne gèrent qu'un très faible budget comparé à la masse des budgets nationaux et où leurs responsabilités sont relatives face aux États membres. Les institutions européennes ne cessent en outre de demander la création de nouveaux postes alors que les fonctionnaires européens sont déjà trop nombreux.

La faiblesse du budget européen se trouve par ailleurs aggravée par un important phénomène de gaspillage des deniers publics. Celui-ci tient à l'importance du taux d'erreurs de gestion qui reste élevé – malgré des progrès importants – du fait, notamment, de la complexité des circuits à suivre pour obtenir les aides et subventions. Lors du budget 2011, la Cour des comptes de l'Union a ainsi relevé, pour la dix-huitième fois consécutive, un taux d'erreur estimé à 3,7 %, avant de souligner qu'il était en légère augmentation par rapport à 2010. Ce phénomène de gaspillage se trouve de plus aggravé par les cas de fraudes et autres abus éventuels non détectés. Depuis le début des années 1990 et la création d'OLAF, l'Organisme de lutte antifraude de l'Union, il est vrai, ces derniers ont été considérablement réduits. Mais ils ne continuent pas moins d'exister.

L'effet conjugué de ces insuffisances et de ces gaspillages explique que, dans le contexte de la crise et de la diminution des recettes des États, les exercices budgétaires de l'Union se soient soldés par un déficit de paiements à partir de 2011. Confrontée, pour la première fois depuis

1977, 1984 et 1986, à un trou de 5 et 9 milliards d'euros en 2011 et 2012, la Commission européenne décidait de le reporter sur l'exercice suivant, de sorte que les budgets 2012 et 2013 ont commencé avec un déficit équivalent. Un certain nombre de programmes européens – le programme Erasmus, le Fonds social européen et le 7e Programme commun de recherche développement – n'ont ainsi plus eu de crédits au cours de l'année 2012, si bien que les États membres n'ont pu se faire rembourser les avances qu'ils avaient consenties dans ces domaines. Début 2013, la commission du budget du Parlement européen présidée par le Français Alain Lamassoure prévoyait une aggravation du déficit en fin d'exercice avec un trou de 16,2 milliards (certains en prévoyaient même un de plus de 20 milliards d'euros). Rapprochés de la règle des 3 % de déficit public imposée par le TFUE aux États membres et de la règle d'or exigée des États signataires du traité sur la stabilité, la croissance et la gouvernance (TSCG) du 2 mars 2012 pour 2017, ces chiffres montrent que l'Union est loin de donner l'exemple. Car 9 et 16 milliards cela représente près de 7 et 13 % de déficit.

Le tout se trouve aggravé par les difficultés qu'ont les institutions pour faire adopter un budget rectificatif. Celles-ci ont été mises en lumière lors des tentatives destinées à faire financer les milliards manquants du budget 2012, afin de satisfaire aux engagements pris dans le cadre des programmes précités (le programme Erasmus, le 7e Programme Commun de recherche et développement et le Fonds social européen). Après avoir estimé les besoins en financement à 9 milliards, la Commission les fixait à 11,2 milliards tout en reconnaissant qu'il manquait encore 5 milliards (l'équivalent du déficit de l'année 2011 reporté sur l'année 2012) – soit 16,2 milliards au total (comme l'avait calculé le Parlement européen). La proposition de la Commission pour 2013 s'est ainsi élevée à plus de 137 milliards en crédits de paiements. Si le Conseil de l'Union a refusé de la suivre et décidé de l'amputer de 5 milliards, c'était compter sans le Parlement européen. Depuis l'entrée en vigueur du Traité de Lisbonne, ce dernier possède en effet autant de pouvoir que le Conseil pour le vote du budget annuel. Or il en a usé pour rétablir les 5 milliards manquants. L'échec de la procédure de conciliation qui a suivi le 8 novembre 2012 s'est soldé par un blocage le 13 novembre avant qu'un accord de fin d'année n'arrête un budget de 150,9 milliards en crédits d'engagements et 132,8 milliards en crédits de paiements soit… ce que voulait le Conseil.

Les mêmes difficultés sont apparues lors des discussions sur le cadre financier pluriannuel 2014-2020 dans la perspective ambitieuse de la stratégie de croissance dite « Europe 2020 ». Les discussions sont en effet longtemps restées dans l'impasse. Non seulement l'enveloppe globale de 1 060 milliards proposée par la Commission pour l'ensemble des budgets annuels de la période s'est heurtée à l'opposition de certains États – le Royaume-Uni et l'Allemagne demandaient une baisse de 100 milliards d'euros, la France de 70 milliards et la présidence chypriote du Conseil de 50 milliards –, mais le Parlement européen conditionnait son vote à la résolution préalable de la question des déficits cumulés 2011-2012. L'accord finalement conclu en janvier 2013 entre les États membres s'est de plus pour la première fois soldé par une baisse très significative du volume du cadre financier pluriannuel : 960 milliards seulement au lieu de 1 060 proposés et des 975 milliards de la période 2007-2013. Le Parlement européen s'est finalement incliné devant la volonté de l'Allemagne, le principal État financeur de l'Union, ce qui n'est pas de bon augure dès lors qu'aucune discussion n'est plus possible sans son aval.

Pour compenser cette baisse budgétaire, l'Allemagne a convaincu un certain nombre d'États contributeurs de faire des coupes sombres dans le fonds de cohésion qui profite aux États les plus faibles économiquement. Ces derniers ont tenté de se rebeller à l'initiative de la Pologne en formant une alliance à quinze. Mais c'était peine perdue : dans la mesure où le budget est quasi-uniquement construit sur les recettes fiscales des grands États membres, il leur était mathématiquement impossible de l'alimenter puisqu'ils en sont les principaux bénéficiaires…

Si cela confirme bien le caractère inadapté et archaïque de ce budget, sa réforme paraît toutefois improbable tant les intérêts des États membres divergent sur la question.

B. UN BUDGET D'UNE CONCEPTION TOTALEMENT INADAPTÉE MAIS IMPOSSIBLE À RÉFORMER

Que l'on songe aux parlementaires nationaux ou européens, à la Commission ou au président de l'UE, de nombreuses autorités politiques ont appelé à une réforme en profondeur des modes de financement du budget de l'Union.

Il ressort du budget 2012 que ses recettes sont actuellement alimentées par trois sortes de ressources. La première, qui représente environ 74% du budget, est fondée sur le Revenu National Brut (RNB) de chaque État membre, autrement dit sur sa richesse nationale. Les deux dernières proviennent des droits de douane et des prélèvements agricoles et représentent respectivement 15 et 11% des revenus européens. Jusqu'en 1988 la recette TVA était très importante car le taux prélevé était de 1%. Mais la création de la recette RNB à cette date en a fait la première source de revenu de l'Union. La contribution TVA de chaque État membre a donc été réduite progressivement avant que la décision dite « ressources propres » de 2007 ne fixe son taux maximum à 0,30%, sauf exceptions. L'exemple de la TVA montre que c'est toutefois à tort que l'on qualifie l'ensemble de ces recettes de ressources propres de l'Union. Seuls les droits de douane du tarif douanier extérieur commun et les prélèvements agricoles en sont véritablement, et encore, dans la mesure où ils transitent par les administrations des États membres qui conservent 25 % de ces recettes au titre des frais de gestion et d'administration.

À cette première lacune s'ajoute le fait que le budget apparaît désormais doublement inadapté. Il l'est d'abord au regard des compétences étendues de l'Union depuis le traité de Maastricht de 1992. Il l'est ensuite du fait de la crise économique. Le budget européen a en effet été conçu dans une période de croissance pour une période de croissance et pour une communauté composée en majorité d'États riches qui pouvaient se permettre, à l'époque, d'aider ses quelques États « pauvres ». Désormais même ces derniers devraient être des contributeurs nets car si certains de leurs contribuables échappent aux impositions directes compte tenu de leurs faibles revenus, ils restent soumis aux diverses et nombreuses contributions indirectes... La diminution des recettes fiscales des grands États membres consécutive à la crise entraîne en effet une baisse des recettes de l'Union qui rend plus nécessaire une réforme de son budget permettant de mettre tous les États membres à contribution.

Une telle réforme s'impose lorsque l'on sait que le budget actuel ne tient compte ni des avantages économiques tirés du marché unique par certains États du fait de leurs avantages compétitifs, ni des différences de croissance économique liées à ces écarts de compétitivité. On peut citer ici, outre le cas du Royaume-Uni et de l'Allemagne, celui des Pays membres d'Europe centrale et orientale (PECO) qui sont les plus compétitifs, mais aussi celui des États membres de l'espace économique européen (dans la mesure où il inclut des États extérieurs à l'Union, à savoir la Norvège, l'Islande et le Liechtenstein), de la Suisse, du fait des avantages qu'elle retire des conventions « bilatérales » conclues avec l'Union, ou encore de la Turquie avec l'important accord douanier de 1995. Tous ces États devraient en effet participer au financement de l'UE en proportion des avantages qu'ils en retirent.

Le traité de Maastricht était l'opportunité d'actualiser le mode de financement de l'Union, d'autant plus qu'il n'y avait que douze États membres à l'époque. De même, les élargissements de 2004 et 2007 avec l'arrivée respectivement de dix et deux nouveaux membres auraient pu être l'occasion de cette réforme, rendue plus impérative du fait que d'une majorité d'États riches dans « l'Europe des quinze » on passait à une majorité d'États économiquement faibles en quête de subventions. Mais à chaque fois la question a été passée sous silence.

Certains économistes ou hommes politiques à défaut évoquent l'idée d'un impôt direct ou indirect européen et, surtout, d'un financement de l'Union par des euro-obligations. Cette dernière piste reçoit un accueil mitigé. Car si la France y est plutôt favorable, l'Allemagne y est opposée. Le principal argument contre provient du fait que les taux d'intérêts des euro-obligations seraient lissés et correspondraient à la moyenne des taux d'intérêts des États membres, ce qui pénaliserait certains membres comme la France par exemple qui empruntait début 2012 à des taux à dix ans de 2,10% contre 4,7% pour l'Espagne. D'autres font valoir que les euro-obligations feraient de l'ombre aux emprunts des États membres. Pourtant la Commission et la Banque européenne d'investissement lancent depuis longtemps des emprunts sur le marché international des capitaux en faveur de pays membres ou de projets d'envergure. C'est ainsi par exemple que la Commission a lancé en 1984 un emprunt spécial pour accorder un prêt à la France. Certes de tels emprunts ne figurent pas dans le budget de l'Union. Mais pourquoi ne pas rendre le procédé plus transparent et généraliser le recours à ces euro-obligations ?

Dans sa proposition du 29 juin 2011 relative au système des ressources propres de l'Union, la Commission a repris et enrichi ces idées. Après avoir souligné la nécessité de revoir le financement européen dans le cadre de la stratégie pour la croissance « Europe 2020 », ce document propose en effet de réduire la ressource RNB de près de la moitié pour alléger la contribution des États membres, de supprimer purement et simplement le « rabais » britannique et d'abandonner le système actuel de la recette TVA – qui exige des opérations complexes d'harmonisation des assiettes et qui est d'une grande lourdeur administrative pour la Commission et les États membres. En contrepartie, il suggère d'augmenter considérablement les revenus de l'Union en créant une nouvelle ressource TVA plus simple et qui – surtout – lui soit propre et d'instaurer une taxe européenne sur les transactions financières,

Dans la foulée, le Président de l'Union a proposé en 2012 la création d'un budget propre à la zone euro, distinct du budget des autres États membres.

L'une et l'autre de ces propositions ont toutefois reçu peu d'échos. Celle de la Commission n'a obtenu que l'accord de onze États membres (dont la France) de la zone euro (sur 17) pour mettre en œuvre, dans le cadre d'une coopération renforcée, une taxe sur les transactions financières (Chypre, Malte, l'Irlande, le Luxembourg, les Pays-Bas et la Finlande ont refusé). Quant à l'initiative du président de l'UE, elle est restée lettre morte même si elle a reçu le soutien inattendu du Premier ministre britannique David Cameron. Celui-ci y a en effet vu la possibilité de réduire la contribution brute britannique. Sachant qu'il faut l'unanimité au Conseil de l'UE pour y parvenir, la question de la réforme du financement de son budget relève toutefois de l'impossible ou du miracle. Car, sans parler du problème des atteintes aux souverainetés nationales, chacun cherche avec la crise économique à protéger ses « deniers ».

Au final, le budget européen apparaît donc tronqué par la faiblesse des ressources propres et la complexité des différents mécanismes relatifs au remboursement de la contribution britannique et à la recette TVA (du fait notamment des importants allègements de la Suède, de l'Autriche et de la Finlande). La rénovation s'impose pourtant aussi bien pour tenir compte des ambitions des traités de l'Union européenne (TUE) et sur le fonctionnement de l'Union européenne (TFUE) que de ses compétences ou de l'inadéquation des recettes actuelles aux réalités économiques des différents États membres. Surtout elle s'impose compte tenu de l'impact de ce budget sur les politiques publiques de ces derniers.

II. Un impact très variable sur les politiques publiques des États membres

L'impact de ce maigre budget est inéquitable sur les politiques budgétaires nationales (A) et se manifeste dans les principaux domaines d'action de l'Union (B).

A. UN IMPACT BUDGÉTAIRE INÉQUITABLE

Le budget européen a un impact budgétaire négatif sur les États membres qui en sont contributeurs nets et positif sur ceux qui en sont au contraire bénéficiaires nets.

Les contributeurs nets, ceux qui donnent plus qu'ils ne reçoivent, sont au nombre de onze. Par ordre d'importance, il s'agit, d'après l'exécution du budget 2011, de l'Allemagne (avec près de 7,6 milliards d'euros d'écart entre ce qu'elle donne et ce qu'elle reçoit : 12,1 milliards d'euros reçus environ contre près de 19,7 milliards d'euros transférés au budget de l'Union), de la France (avec un écart de 5 milliards d'euros), de l'Italie (4,8 milliards), des Pays-Bas (1,9 milliard), de la Suède (1,1 milliard), du Danemark (647 millions), de l'Autriche (624 millions) et, enfin, de la Finlande (509 millions).

Les 16 autres États membres sont des bénéficiaires nets du budget de l'Union européenne, en ce sens qu'ils reçoivent plus qu'ils ne donnent comme contribution. Parmi ceux-ci, la Pologne arrive en tête (avec environ 11,2 milliards d'euros encaissés en 2011 contre 3,2 milliards de contribution versés au budget européen) puis vient la Grèce (avec un bénéfice net de 4,8 milliards d'euros), la Hongrie (4,5 milliards), l'Espagne (3,7 milliards), la Belgique (3,4 milliards – dont 4,6 milliards de dépenses institutionnelles) et le Portugal (3,1 milliards). Si les autres États membres bénéficient du budget de façon moins importante, trois cas particuliers retiennent l'attention.

Les deux premiers concernent la Belgique et le Luxembourg dans la mesure où ils devraient être considérés comme des contributeurs nets, avec respectivement près de 1,1 milliard et 56 millions d'euros d'écart entre leurs versements au budget et les bénéfices qu'ils en retirent. Cependant, du fait des dépenses de fonctionnement de l'Union (celles relatives à ses institutions et ses fonctionnaires), ces deux États sont en réalité bénéficiaires nets, très largement pour la Belgique (3,45 milliards d'euros) et dans des proportions moindres pour le Luxemburg (de l'ordre de 1,27 milliard). Cette situation s'explique dans la mesure où le siège de la Commission est à Bruxelles et celui de la Cour de justice au Luxembourg, où les réunions du Parlement européen se déroulent le plus souvent à Bruxelles et où beaucoup de fonctionnaires européens vivent dans ces deux capitales ou y ont au moins un « pied-à-terre ». Comme il s'agit d'États riches – ne serait-ce s'agissant du Luxembourg que parce qu'il profite d'importants placements boursiers et bancaires qui ne sont pas pris en compte pour définir les contributions des États membres –, il conviendrait d'établir un calcul spécifique de façon à tenir compte de la particularité de leur situation et à en faire de réels contributeurs nets.

Le troisième cas particulier qui retient l'attention est celui du Royaume-Uni du fait du régime dérogatoire, de la sorte de « niche fiscale » dont il bénéficie. En droit interne, ce ne sont pas forcément les contribuables les plus riches qui paient le plus d'impôts car ils peuvent bénéficier d'avantages fiscaux ou de déductions d'impôts. Or c'est également le cas à l'échelle européenne du fait du « chèque » dont bénéficie le Royaume-Uni. En 1984, deux considérations pouvaient justifier de lui accorder une remise. Outre que le pays était considéré comme un pays pauvre – dans la mesure où son PIB par habitant était inférieur à la moyenne des dix États membres d'alors –, il bénéficiait financièrement peu de la Politique Agricole Commune (PAC), principal chapitre de dépense de la Communauté à l'époque. S'il était donc concevable que le Royaume-Uni demande une compensation financière, Margareth Thatcher a été plus loin en exigeant – et obtenant – le remboursement de la différence entre ce que son pays payait et les aides communautaires dont il bénéficiait. Si sa contribution au budget européen s'analyse depuis lors comme une opération blanche, cet avantage apparaît anormal aux yeux de la Commission européenne et des autres États membres dans la mesure où la Grande-Bretagne profite dans le même temps très largement de tous les avantages du marché unique. Il ne faut notamment pas oublier que grâce à la libre circulation des capitaux 40 % des actifs en euros sont placés à la « City » (alors qu'elle n'est pas dans la zone euro !). Dès lors que le Royaume-Uni a rejoint le club des États les plus riches de l'Union, pourquoi maintenir son « rabais » dans l'Europe des 28 ? Sans doute le Premier ministre Tony Blair s'était-il dit prêt en 2005 à renoncer à près de 3,6 milliards de remboursements pour financer les nouvelles dépenses de l'Union engendrées par les futurs élargissements (hors dépenses liées à la PAC) : la Grande-Bretagne étant une fervente partisane de l'adhésion des PECO, il lui était difficile de revendiquer le maintien de son « rabais » face à l'arrivée de nouveaux prétendants aux aides européennes. Mais cela ne s'est pas traduit dans les faits, de sorte que le pays demeure un bénéficiaire net, ce qui a de lourdes conséquences pour les autres États membres et, en particulier, la France.

De 1984 jusqu'en 2002 il est vrai, celles-ci se trouvaient atténuées par le fait que le chèque britannique était réparti de façon équitable entre tous les autres contributeurs nets. Mais ce n'est plus le cas aujourd'hui, puisque l'Allemagne, l'Autriche, la Suède et la Finlande ont obtenu en 2002 une limitation à 25% seulement du montant de leur contribution, argument pris de ce qu'elles donnaient trop à l'Union. Le manque à gagner a donc été réparti entre les autres contributeurs, de sorte que la France et l'Italie paient désormais le plus lourd « tribut » au Royaume-Uni. En 2011, elles ont en effet respectivement supporté 1 milliard et 700 millions des 3,6 milliards d'euros rendus à la Grande-Bretagne. Compte tenu de la différence de compétitivité entre ces États et cette dernière, cette situation revient à la faire davantage profiter de l'Union. Si l'on ajoute à cela les allègements de TVA obtenus en 2007 par l'Allemagne, la Suède, l'Autriche et la Finlande, la France et l'Italie apparaissent comme « les dindons de la farce budgétaire européenne », d'autant qu'elles doivent contribuer au budget de l'Union dans le contexte très difficile et douloureux du respect de la règle des 3% de déficit public et du fameux traité sur la stabilité, la croissance et la gouvernance de 2012 qui engage tous les États membres, sauf la Tchéquie et… le Royaume-Uni. Ce texte impose en effet la règle d'or aux États signataires, en les obligeant à atteindre pour 2017 l'équilibre budgétaire avec un seuil de tolérance de 0,5%. Or cet objectif paraît impossible à atteindre, dans le contexte actuel de chute constante des recettes fiscales étatiques, d'augmentation parallèle des dépenses (en raison notamment de la légère inflation et de l'envolée des dépenses de santé), et, surtout, d'absence de croissance.

Les élargissements de 2004 et 2007 n'ont toutefois pas seulement fait de la France et de l'Italie les plus gros contributeurs nets au budget. Ils ont aussi coûté cher à l'Espagne, au Portugal, à l'Irlande et à la Grèce. Car s'ils étaient considérés comme les membres les plus faibles économiquement de « l'Europe des quinze », ils ont perdu une grande part des subventions qu'ils en retiraient au profit des nouveaux entrants (Croatie incluse). Si le coq français ne chante plus du fait de sa contribution au budget, la Grèce et le Portugal ont donc également perdu beaucoup avec l'arrivée de cette nouvelle « basse-cour européenne ». Les élargissements des années 2000 ont ainsi contribué pour beaucoup aux difficultés actuelles, outre de la France et de l'Italie, de ces quatre États.

Celles-ci résultent en effet de la conjonction, d'une part, de l'ouverture du marché unique à de nouveaux États membres beaucoup plus compétitifs offrant des coûts de production plus faibles et, dans certains cas, une fiscalité plus avantageuse pour les entreprises (cas notamment des PECO), et, d'autre part, de l'impact sur le budget respectif de ces six États de la baisse conséquente des aides de l'Union. Non content d'avoir été trop rapide, l'agrandissement de l'UE s'est fait avec trop d'écarts de compétitivité entre les PECO et les membres de « l'Europe des quinze ». Car l'économie de ces derniers a dû subir de nombreuses délocalisations d'entreprises au profit des nouveaux entrants et elle a un manque à gagner fiscal correspondant. Au sein des États lésés, certaines entreprises ont en effet été contraintes à la fermeture ou à des rachats « stratégiques » destinés à s'approprier leur marque, leur technologie, leurs machines ou encore leur savoir-faire à défaut de l'ensemble. Seule une harmonisation préalable des règles sociales et des salaires entre les États membres de l'Union s'imposant aux nouveaux entrants aurait pu permettre d'éviter cette situation. Mais certains gros investisseurs avaient sans doute intérêt à ce que les choses restent en l'état. Cette situation s'est ajoutée à la baisse régulière du tarif douanier extérieur commun négociée par l'UE au sein de l'Organisation mondiale du commerce (OMC) ou dans de nombreux accords de libre-échange qui exposaient déjà les États membres les moins compétitifs à la concurrence des pays d'Asie.

Le caractère inéquitable du budget européen vient donc de ce que seuls neuf États l'alimentent et financent ainsi, outre l'essentiel des dépenses destinées au fonctionnement des institutions communes et du marché unique, l'économie des États membres qui leur font concurrence. Ces derniers sont en effet les principaux bénéficiaires des dépenses européennes par domaine.

B. Un impact très inégal des dépenses selon les domaines

En 2011, 1,6% des dépenses de l'UE a concerné l'espace de liberté, de sécurité et de justice, 5,5% les relations extérieures (programmes hors UE), 6,4% les coûts de fonctionnement des institutions communes, 9,5% la recherche-développement, 32,7%, la politique régionale et de cohésion et 44,3 % la PAC. Bien que l'Union possède des compétences dans presque tous les domaines, ses dépenses restent donc principalement cantonnées à ces trois derniers secteurs.

Sans doute la PAC demeure-t-elle le principal chapitre de dépense. Mais ces chiffres ne doivent toutefois pas masquer son reflux. Car elle représentait à l'origine 75% des débours communautaires. En 1984 elle constituait encore 70% d'entre eux. Plusieurs facteurs expliquent son recul.

Celui-ci résulte d'abord des abus, fraudes, erreurs ou scandales sanitaires qui ont entaché sa mise en œuvre jusque dans les années 1990. Si elle en est emblématique, la crise de la vache folle[2] ne doit pas faire oublier les problèmes environnementaux posés par l'utilisation abusive d'engrais et de pesticides. Car la course à la surproduction est finalement une des causes de la réforme de cette politique commune.

Une autre tient aux accords conclus dans le cadre du GATT puis de l'OMC de façon à ouvrir le marché unique aux produits agricoles de pays tiers. Car la PAC a, dans ce contexte, été jugée contraire au libre-échange prôné par ces institutions, du fait des subventions qu'elle accordait aux agriculteurs européens.

Une dernière vient de l'hostilité que lui voue le Royaume-Uni. Bien qu'en retirant près de 4 milliards d'euros d'aide, il l'a en effet toujours combattue, la jugeant trop coûteuse et trop protectionniste et plaidant en faveur d'une diminution constante de ses aides et d'un marché commun plus ouvert.

Si ces considérations sont à l'origine de diverses réformes, celles-ci ont été préjudiciables aux intérêts de certains États membres dont la France. La République a en effet toujours été le premier bénéficiaire des aides de l'Union en matière agricole. Sans doute cela s'est-il encore vérifié en 2011 dans la mesure où les aides qu'elle a reçues (9,5 milliards d'euros en 2011) l'ont placée loin devant l'Espagne (7 milliards), l'Allemagne (6,8 milliards), l'Italie (6 milliards), la Pologne (4,3 milliards)[3] etc... Mais leur montant est sans commune mesure avec celui dont elle bénéficiait auparavant. Parmi les réformes qui ont conduit à cet abaissement, la plus importante est celle de 2003 dont la principale conséquence a été de mettre fin au lien entre subvention et production. Mais ses effets se trouvent désormais aggravés par deux sortes de dispositions, la première tenant à la nouvelle réforme applicable en 2014. Car celle-ci vise, sous couvert d'une PAC plus juste, à procéder à une nouvelle baisse des aides

---

[2] Celle-ci résultait du fait d'avoir fait manger de la farine carnée, c'est-à-dire mélangée à des carcasses broyées de moutons porteurs de la maladie dite « la tremblante du mouton », à des herbivores pour diminuer les coûts de production, ce qui a eu pour conséquence de transmettre aux bovins, ovins, porcs, poulets et poissons d'élevage alimentés avec cette farine carnée une variante de cette maladie puis de la transmettre aux êtres humains.

[3] Pour les autres États voir le « budget européen en un coup d'œil » sur le site du Parlement européen.

au détriment, principalement, des agriculteurs français. La seconde sorte concerne les traités d'adhésion des douze nouveaux États membres (Athènes 2003). Car ces textes ont organisé un redéploiement progressif de la PAC au bénéfice des nouveaux entrants. Ces derniers en bénéficient ainsi pleinement depuis 2013. Si, pour toutes ces raisons, l'agriculture française est de moins en moins soutenue par les aides communautaires, la France ne bénéficie pas davantage de la politique régionale et de cohésion, ce qu'on appelle les fonds structurels.

Cette politique prend la forme du Fonds européen de développement régional (FEDER), du Fonds social européen (FSE) et du fonds de cohésion. Tandis que le FEDER est destiné à aider, en priorité, les régions européennes en retard de développement ou en proie à des difficultés économiques et à soutenir des projets innovants, le FSE vise à aider la formation et la réinsertion ou le retour à l'emploi des travailleurs. Quant au fonds de cohésion, il sert à aider exclusivement les régions les plus pauvres de l'Union. Ici c'est, de loin, la Pologne qui bénéficie le plus de l'action européenne (avec 9,6 milliards d'euros d'aides cumulées selon les données 2011). Viennent ensuite l'Espagne (avec près de 5,5 milliards), la Hongrie (3,6 milliards), l'Allemagne (3,45 milliards ceux-ci étant destinés à absorber les conséquences de la réunification), la Grèce (3,3 milliards), le Portugal (3,1 milliards), l'Italie (2,34 milliards), la Tchéquie et la France (avec pour ces deux pays 1,77 milliard d'euros, chacun au titre de la politique régionale). Les autres États, dont les PECO restants, se partagent le reliquat. Les montants comparativement faibles dont ces derniers bénéficient (la Roumanie mise à part puisqu'elle obtient près de 1,7 milliard d'euros d'aides agricoles contre seulement 700 millions au titre de la politique régionale) ne doivent toutefois pas masquer le fait qu'ils en tirent avantage au détriment de membres de l' « Europe des quinze » en proie à de graves difficultés économiques, dans la mesure où ils se servent des subventions qu'ils touchent pour creuser les écarts de compétitivité qu'ils ont avec ces derniers, ce qui est problématique.

Inversement toutefois, les nouveaux entrants bénéficient peu des financements affectés à la Recherche/Développement (même si le FEDER finance parfois certains de leurs programmes de recherche). L'Union a progressivement augmenté le volume de ses aides en la matière : alors que l'enveloppe du sixième programme commun de R/D était de 17,5 milliards sur la période 2000-2005, celle du septième monte à 54,5 milliards d'euros sur la période 2006-2013 tandis que celle de son successeur, le programme « initiative horizon 2020 », devrait atteindre

80 milliards d'euros sur la période 2014-2020. Cet investissement reste toutefois très modeste comparé aux investissements américain, japonais, russe ou chinois. Surtout ses principaux bénéficiaires sont l'Allemagne (1,6 milliard), la France (1,3 milliard), le Royaume-Uni (1,2 milliard), l'Espagne (0,9 milliard) et l'Italie (0,8 milliard) (ces pays étant suivis par les Pays-Bas et la Belgique).

L'impact des dépenses européennes apparaît donc très inégal selon les domaines et selon les États. Si cette situation risque d'accentuer les distorsions de concurrence au profit des bénéficiaires nets en temps normal, c'est encore plus vrai en période de crise. Ce n'est en effet pas un hasard si la Pologne, seul État membre à ne pas avoir souffert de la crise, possède le meilleur taux de croissance économique. Car les aides européennes dont elle bénéficie se sont ajoutées à ses avantages compétitifs. Les dépenses de l'UE se font ainsi au détriment des États contributeurs nets et on peut regretter que le « gâteau européen » n'ait que légèrement augmenté depuis les derniers élargissements de 2004 et de 2007. Car ses parts sont logiquement devenues plus petites pour les membres de « l'Europe des quinze » qui ont dû « se serrer la ceinture » au profit des nouveaux convives. Sans doute la table commune a-t-elle le mérite d'exister. Mais elle commence à avoir un goût amer avec la crise économique et financière pour les neuf États « pâtissiers » sans lesquels le « gâteau européen » ne serait plus qu'un lointain souvenir. Le risque de gâcher la « recette » européenne existe toutefois avec le souhait du Royaume-Uni de sortir de l'Europe alors que sa contribution financière se résume à un rôle de « commis ». Si, en effet, le oui devait l'emporter en 2015 lors du référendum prévu par le Premier ministre David Cameron, il faudrait soit trouver de nouvelles « recettes » pour faire le gâteau, soit revoir ses ingrédients pour dépenser beaucoup moins, sachant que la France et l'Italie seront sans doute tentées de mettre moins de cœur à l'ouvrage…

* *
*

La crise actuelle démontre que le budget de l'Union est inadapté et même contre-productif du fait de la conjonction de deux facteurs intimement liés l'un à l'autre.

Le premier tient au maintien des égoïsmes nationaux. L'absence d'entente entre les « États donateurs » – pour lesquels l'impact budgétaire est négatif – et les États bénéficiaires – pour lesquels l'impact budgétaire est au contraire positif – est en effet source de tension. Car seuls ces derniers profitent vraiment des aides financées par le budget européen. Les « États donateurs » – au premier rang desquels figurent l'Allemagne, la France et l'Italie – bénéficient pour leur part de vraies « fausses aides », dès lors qu'ils donnent beaucoup plus qu'ils ne reçoivent. La spécificité de leur situation économique les empêche toutefois de faire bloc sur ces questions. Car contrairement à l'Allemagne, les deux derniers doivent, en plus du coût du financement du budget européen, supporter celui des délocalisations d'entreprises vers les États qui en bénéficient le plus. Si la France reçoit beaucoup en matière agricole de l'Union, elle paie ainsi aujourd'hui de plus en plus cher cette contrepartie financière. Les milliards d'euros que les deux pays versent seraient par suite mieux employés à être injectés dans leurs propres économies en ces temps de disette budgétaire et de problèmes de compétitivité. Un budget digne de ce nom devrait donc être alimenté par l'ensemble des États membres et lui profiter, au moins pour assurer le financement du fonctionnement des institutions communes. Tous les États devraient en d'autres termes être des contributeurs nets. Or, sur les 28 membres que compte l'Union depuis le premier juillet 2013, 19 sont des « États assistés » et non des moindres puisque parmi eux figurent la Belgique et le Luxembourg. Dans le même temps, 15 États membres sur 27 ne veulent pas harmoniser les règles sociales et salariales pour ne pas perdre leurs avantages compétitifs. C'est notamment le cas des États membres de l'Europe centrale bien que leur situation économique soit désormais meilleure que celle de la France et de l'Italie. Ils bénéficient ainsi des institutions européennes et du marché unique sans en subir les inconvénients budgétaires. On comprend dès lors la menace britannique de quitter partiellement le navire européen, d'autant que nombre d'accords de libre échange permettent aux pays partenaires de l'Union d'accéder de façon avantageuse au marché unique au détriment des États membres non compétitifs. En particulier, la nouvelle génération d'accords de libre-échange inaugurée par l'accord UE-Corée du Sud signé en 2010 et entré en vigueur le 1er juillet 2011, est particulièrement dangereuse pour les États membres les moins compétitifs, pour leurs recettes fiscales et donc pour celles de l'UE. « Chacun pour soi et Dieu pour tous », tel est le dicton que l'on pourrait appliquer à la politique commune en cette période de crise économique et financière tant les États membres passent souvent leur temps à se neutraliser au sein du Conseil de l'Union et du Conseil européen pour défendre leurs intérêts propres. Il faudrait que les États bénéficiaires mesurent les limites d'une telle politique avant qu'il ne soit trop tard et que « la poule aux œufs d'or » de la « basse-cour européenne » ne disparaisse dans les « marmites nationales ».

Les égoïsmes nationaux sont en outre à l'origine – et c'est le deuxième facteur explicatif de la situation actuelle – d'un manque de vision politique. Celui-ci transparaît dans la façon dont ont été organisés les derniers élargissements dans la mesure où ils ont favorisé la concurrence entre États membres. Mais il se déduit aussi de l'architecture de la zone euro qui n'a pas été suffisamment bien pensée et harmonisée. Dès lors que presque tout allait bien, les gouvernants ne se sont en effet pas souciés de l'avenir et d'éventuelles difficultés économiques.

Mais « gouverner c'est prévoir ». Et il est temps d'en prendre conscience pour briser ce cercle vicieux et permettre au Conseil européen de respecter la stratégie de croissance « Europe 2020 » et le pacte de croissance économique du 29 juin 2012.

Une solution ambitieuse serait d'élargir la règle des 3% du déficit public, de dénoncer la règle d'or du TSCG et de réformer le budget de l'Union européenne dans la nouvelle Europe des onze qui se dessine (les onze partisans de la mise en place d'une taxe sur les transactions financières). En effet, préserver la croissance européenne suppose de mettre fin aux règles qui y contreviennent. Or dans presque tous les États membres, les plans d'austérité imposés par la Commission européenne concourent à la récession économique ambiante et fabriquent de plus en plus de misère et de pauvreté. L'impression domine en effet que la réduction des dépenses publiques auto-entretient la nécessité de les réduire en diminuant les possibilités de relancer la croissance et les recettes fiscales. Ajoutée à la crise économique, l'importante réduction des dépenses publiques désormais imposée par les nouvelles règles européennes ne fait qu'accroître les difficultés de beaucoup d'États membres et l'appauvrissement d'une partie importante de leur population. Il faut faire cesser ce cauchemar pour un nombre croissant de citoyens européens. À quoi bon, en effet, leur reconnaître des droits dans les traités fondateurs si c'est pour, dans le même temps, les enfoncer dans le marasme économique ? L'Union n'a pas vocation à désunir les peuples ; or c'est ce qu'elle est en train de faire tant elle est de plus en plus perçue par les citoyens comme la source de leurs difficultés économiques et de moins en moins comme un élément de protection. Rien d'étonnant dès lors à ce qu'ils soient de plus en plus nombreux à souhaiter que leurs États respectifs retrouvent leurs marges de manœuvre et leur entière souveraineté. La solution radicale de l'éclatement de l'Union européenne n'est ainsi pas à exclure sans qu'il soit sûr qu'elle permette aux États de relancer leur économie.

Une autre solution voulue par l'Allemagne et le Royaume-Uni consiste en une réduction drastique d'un budget européen pourtant déjà peu élevé. C'est cette solution qui commence à s'imposer. Elle s'amplifiera sans doute car dans les États membres contributeurs les recettes fiscales sont en baisse constante. Mais cette solution aussi a ses limites et elle ne sera en tout état de cause pas suffisante.

L'alternative serait donc de laisser l'UE prendre le relais des États défaillants pour faire face à la crise et relancer l'ensemble de l'économie européenne par des mesures adéquates. L'Union serait d'autant plus fondée à le faire que les États membres se sont désarmés progressivement, notamment en matière douanière et budgétaire, à son profit. Le problème vient toutefois de ce qu'ils l'ont fait sans suffisamment « armer » les institutions communes et leur donner vraiment les moyens de gouverner économiquement et financièrement l'Europe. En l'état actuel du droit positif, l'Union ne pourrait agir que sur les droits de douane avec le tarif douanier extérieur commun afin de protéger les industries et les emplois européens, ce qui est insuffisant. D'autant que la commission européenne n'agit en la matière que lorsqu'elle constate un véritable dumping de la part d'un État tiers sur un produit. Il faudrait donc aller plus loin et doter l'Union d'un vrai budget européen. En lui permettant d'émettre des euro-obligations et de recourir à l'emprunt, on donnerait à l'UE le moyen de financer son action et de relancer les politiques publiques des États membres en difficulté.

Comme l'indiquait Jean-François Deniau dès 1958 dans son ouvrage *Le marché commun* publié aux Presses universitaires de France, il est impératif dans un marché unique d'harmoniser les salaires, les réglementations sociales et la fiscalité sous peine d'aboutir à un échec. Or non seulement une telle harmonisation s'impose désormais, mais il est nécessaire qu'elle se fasse par le haut. Car quels citoyens européens pourraient continuer à croire en la vertu protectrice d'une Europe incapable de tenir ses promesses ?

LA SOCIÉTÉ PUBLIQUE LOCALE : ENTRE GESTION PUBLIQUE ET MARCHÉ

Par
Antoine Siffert
Doctorant en droit
à l'Université du Havre

Le 6 février 2012, le Conseil municipal du Havre transforme la Société Anonyme d'Économie mixte Le Havre Plaisance en Société Publique Locale le Havre Nautisme pour « la bonne gouvernance »[1] des sites concernés. Cette nouvelle forme de gestion des services publics locaux a, depuis que le législateur l'a instituée, beaucoup de succès auprès des acteurs territoriaux.

En effet, la loi du 28 mai 2010 sur le développement des sociétés publiques locales[2] offre aux collectivités territoriales et à leurs groupements une nouvelle modalité de gestion de leurs missions de service public. L'intérêt de ce nouvel instrument résulte des trois caractéristiques que présente la société publique locale (SPL).

Tout d'abord, la SPL est une Société commerciale puisque c'est une société anonyme régie par le Code de commerce qui figure à l'article 1531-1 du CGCT[3]. C'est, ensuite, une société commerciale spécifique en ce qu'elle est nécessairement et exclusivement détenue par des personnes publiques[4]. Son capital doit en effet être totalement public (ce qui la distingue des sociétés d'économie mixte locales) et son actionnariat composé d'au moins deux personnes publiques parmi les collectivités

---

[1] Conseil Municipal de la Ville du Havre, séance du 6.2.2012, dossier n° 2012.02.30.
[2] L. n° 2010-559, pour le développement des sociétés publiques locales.
[3] Art. 1531-1 du Code de commerce : « Ces sociétés revêtent la forme de société anonyme régie par le livre II du Code de commerce ».
[4] *Id.* : « Les collectivités territoriales et leurs groupements peuvent créer, dans le cadre des compétences qui leur sont attribuées par la loi, des sociétés publiques locales dont ils détiennent la totalité du capital ».

territoriales et leurs groupements[5]. Enfin, compétente pour « réaliser des opérations d'aménagement (…), des opérations de construction ou pour exploiter des services publics à caractère industriel ou commercial ou toutes autres activités d'intérêt général »[6], elle est d'un usage potentiel particulièrement large[7].

Pour les acteurs locaux, la SPL présente, d'une part, un intérêt direct dû à la nature de l'instrument. Société commerciale, la SPL offre une souplesse de gestion inédite aux collectivités territoriales pour un panel très large d'activités[8]. À cet égard, la loi du 28 mai 2010 opère un rapprochement des gestions publique et privée. La SPL revêt également un intérêt plus indirect relatif à l'environnement juridique dans lequel elle peut être utilisée. En effet, le caractère exclusivement public du capital des SPL permet à leurs détenteurs de bénéficier de la jurisprudence communautaire dite du « *in house* » développée depuis l'arrêt *Teckal* de la CJCE du 18 novembre 1999[9] et selon laquelle une personne publique a le droit de faire faire ce dont elle a besoin par ses propres services ou par des services que l'on peut considérer comme ses propres services, sans avoir à respecter les règles de la concurrence. L'exonération de la mise en

---

[5] *Ibid.* : « Ces sociétés (…) sont composées (…) d'au moins deux actionnaires. ».

[6] *Ibid.*

[7] P. Delvolvé, « Les sociétés publiques locales », *RFDA* 2012. 1071 : « Désormais les collectivités territoriales et leurs groupements peuvent créer des sociétés publiques locales non seulement pour "réaliser des opérations d'aménagement", mais aussi "pour réaliser des opérations de construction ou exploiter des services publics à caractère industriel ou commercial ou toute autre activité d'intérêt général" – ce qui est large » ; S. Savall, « La SPL un nouvel outil de gestion des services publics locaux », *RDP* 2011-3. 753 : « Le champ d'application des SPL est très large ».

[8] S. Nicinski, « Intervention économique et régulation », *in* P. Gonod, F. Melleray et P. Yolka, *Traité de droit administratif*, Dalloz 2011, p. 150 : « Les collectivités territoriales ne disposaient avant 2010 d'aucun instrument d'intervention économique susceptible de se voir confier directement une mission, alliant la souplesse d'un statut privé et les avantages d'un capital entièrement public. La loi n° 2010-559 du 28 mai 2010 remédie à cette lacune en créant des sociétés publiques locales » ; M. Karpenschif, « Les sociétés publiques locales : passeport pour un véritable PPPI ? », *JCP A* 2010-48. 13 : « L'adoption très commentée, de la loi (…) du 28 mai 2010 (…) donne aux collectivités, et uniquement à ces dernières, l'outil sociétaire dont elles rêvaient pour prendre en charge des missions d'intérêt général en jouissant de la souplesse (réelle ou présumée) du droit privé ».

[9] CJCE, 18.11.1999, *Teckal*, aff. C-107/98.

concurrence est, dès lors, « la raison d'être »[10] des SPL conçues comme des prestataires intégrés aux collectivités territoriales et à leurs groupements.

Entre la possibilité donnée aux collectivités territoriales d'utiliser les mécanismes de la gestion privée et l'opportunité ouverte à celles-ci de contourner les règles de la concurrence[11], la loi du 28 mai 2010 laisse entrevoir, derrière le consensus politique unanime qui a donné lieu à son adoption[12], des enjeux théoriques importants.

Pour le courant libéral classique, la gestion publique se distingue de la gestion privée tant par le domaine d'activité auquel elle s'applique – les services non marchands – que par les règles exorbitantes du droit commun qui l'exonèrent, en particulier, des règles de la concurrence. Or la SPL semble mettre à disposition des collectivités publiques les mécanismes de la gestion privée tout en leur permettant de contourner les règles de la concurrence. La SPL est-elle la dernière illustration en date du rapprochement des gestions publique et privée, d'un mouvement d'indifférenciation entre le public et le privé ? Faut-il voir, au contraire, dans la mise à l'écart des règles de la concurrence, une prise de distance certaine par rapport au fonctionnement du marché annonciatrice d'un sursaut de la gestion publique en Europe ?

D'inspiration communautaire, la création de la SPL favorise la réappropriation par les collectivités publiques de la gestion de leurs services publics (I) au prix d'un renforcement de la logique de marché dans la gestion publique (II).

---

[10] B. Dondero, « L'instrumentalisation du droit des sociétés : les sociétés publiques locales », *D.* 2012. 2408 : « La raison d'être des SPL, comme on y reviendra, est de permettre aux collectivités territoriales et à leurs groupements, actionnaires de la société, de faire réaliser des activités sans devoir recourir à une mise en concurrence ».

[11] G. Lebreton, « Service public et concurrence » *in* F. Bottini, *L'État interventionniste. Le rôle de la puissance publique dans l'économie*, L'Harmattan, Paris 2012, p. 122 : « Tout est ainsi fait pour promouvoir le transfert de gestion des services publics sans mise en concurrence préalable ».

[12] G. Guglielmi, « La société publique locale, un nouvel outil de gestion des services publics locaux », *RDP* 2011-3. 717 : « Le consensus politique fut unanime » ; J.-F. Auby, « Les sociétés publiques locales. Un outil aux contours incertains », *RFDA* 2012. 102 : « Au total, l'unanimité qui a accompagné la création des sociétés publiques locales, au Parlement notamment, est révélatrice du paradoxe qui accompagne cette innovation ».

I. LA RÉAPPROPRIATION PAR LES COLLECTIVITÉS PUBLIQUES DE LA GESTION DE LEURS SERVICES PUBLICS

Grâce à l'optimisation de la gestion publique (A) qu'elle permet, la création d'une SPL est un substitut à l'externalisation (B).

A. L'OPTIMISATION DE LA GESTION PUBLIQUE

Le recours aux mécanismes du droit privé (1) et la mutualisation des moyens des collectivités territoriales et de leurs groupements (2) sont les deux vecteurs de la rationalisation de la gestion publique.

1. L'EFFICACITÉ PAR LE RECOURS AUX INSTRUMENTS DU DROIT PRIVÉ

Quand les collectivités territoriales optaient pour la gestion directe des services dont elles ont la charge, elles avaient, avant la loi du 28 mai 2010, le choix entre des instruments dominés par le droit public que constituent les différentes régies. Or, la maîtrise publique, en raison des règles de la comptabilité publique et du statut des agents publics, est communément considérée « comme moins efficace en termes de gestion »[13] que le recours à des personnes privées. En revanche, les SPL bénéficient des mécanismes de gestion propres aux sociétés commerciales. Par leur intermédiaire, les collectivités territoriales peuvent donc jouir du véritable « management d'entreprise »[14] et ainsi être épargnées de « certaines lourdeurs afférentes à la gestion publique »[15]. Les contrats passés par la SPL sont des contrats de droit

[13] J.-F. Auby, *op. cit.*, p. 100 : « Les outils de la gestion publique soumis au droit public sont généralement considérés comme moins efficaces en termes de gestion que les outils du droit privé ».
[14] A. Vigoureux, « Les avantages de la société publique locale », *RFDA* 2012. 1075.
[15] *Id.*

privé[16], la gestion du personnel se fait selon les modalités du droit privé et la trésorerie de la SPL, dispensée de déposer ses fonds au Trésor, peut faire l'objet d'une gestion active rémunérée[17].

2. La mutualisation des moyens des collectivités publiques

L'article 1531-1 du CGCT prévoit que l'actionnariat des SPL est au minimum composé de deux personnes publiques parmi les collectivités territoriales et leurs groupements[18]. La mutualisation des moyens des collectivités publiques, en dehors du cadre parfois trop contraignant de l'intercommunalité[19], est donc inhérente à la définition d'une SPL. L'idée est de créer un instrument qui permette la mise en commun par les personnes publiques de moyens, de personnels et de financements nécessaires à l'organisation du service ainsi que de partager les risques que peut présenter l'exploitation d'activités d'intérêt général. Dans les domaines de la distribution de l'eau et du transport de voyageurs, plusieurs collectivités territoriales mutualisent leurs moyens tant pour faire des économies d'échelle que pour améliorer le maillage de leurs services[20]. La SPL havraise précitée est ainsi détenue par la Ville du Havre (2/3 du capital) et la Communauté d'agglomération havraise (1/3 du capital). La SPL est bien cet instrument de « super-coopération »[21] locale pour reprendre l'expression du professeur Pierre Delvolvé.

---

[16] C. Bergeal, « Utilisez la société publique locale, mais respectez le mode d'emploi », *AJDA* 2010. 1228 : « *Les SPL passeront donc des contrats de droit privé* ».
[17] A. Vigoureux, *op.cit.*, p. 1076.
[18] Art. 1531-1 du CGCT.
[19] Y. Goutal, « Une société publique locale, pour quoi faire ? », *AJCT* 2011. 267 : « L'intercommunalité (…) présentant parfois trop d'inconvénients et de lourdeurs aux yeux des communes voisines, un "mariage" n'était pas concevable ».
[20] *Id.*
[21] P. Delvolvé, « Les sociétés publiques locales », *RFDA* 2012. 1073.

B. Le contournement de l'externalisation : la « réinternalisation »

Instituée dans le but de permettre aux collectivités territoriales de bénéficier de l'exception communautaire *in house* (1), la SPL, prestataire intégrée à la personne publique, est exonérée des procédures de mise en concurrence (2).

1. La SPL, une application française du *in house* communautaire

Afin que les services d'une entité soient considérés par la jurisprudence communautaire comme les propres services d'une personne publique, trois conditions doivent être satisfaites. Premièrement, le capital de l'entité concernée doit être intégralement public pour être conforme à la décision *Stadt Halle* du 11 janvier 2005[22]. Dans cette affaire, la Cour de justice des communautés européennes exclut en effet les sociétés d'économie mixte de l'exception *in house*[23] dans la mesure où leur capital n'est pas entièrement public. Or l'article 1531-1 du CGCT dispose que les collectivités territoriales et leurs groupements détiennent l'intégralité du capital des SPL[24]. Deuxièmement, ce même article précise que les SPL « exercent leurs activités exclusivement pour le compte de leurs actionnaires [25]», ce qui est plus restrictif que la condition communautaire issue de la décision *Carbotermo* du 11 mai 2006[26] qui exige seulement que l'essentiel de l'activité de l'entité *in house* soit mis en œuvre pour le compte des collectivités publiques[27]. Sur ces deux premiers éléments, la

---

[22] CJCE, 11.1.2005, *Stadt Halle*, aff. C-26/03.

[23] C. Deves, « La loi n° 2010-559 du 28 mai 2010 pour le développement des sociétés publiques locales : évolution ou régression des règles de la commande publique », *JCP A* 2010-28. 19.

[24] Art. 1531-1 du CGCT.

[25] *Id.*

[26] CJCE, 11.5.2006, *Carbotermo Spa*, aff. C-340/04.

[27] P. Neveu, « L'avis de l'Autorité de la concurrence sur la création des SPL…ou le "in house" à l'épreuve des faits », *JCP A* 2012-6. 19.

loi française respecte donc scrupuleusement l'esprit de la jurisprudence communautaire. En revanche, le dispositif français né de la loi du 28 mai 2010 est, au regard d'une troisième condition posée par la CJCE depuis l'arrêt *Teckal*[28], plus problématique. En effet, le contrôle exercé par les collectivités publiques sur l'activité du prestataire intégré doit être analogue à celui qu'elles opèrent sur leurs propres services. Or la loi du 28 mai 2010 ne précise pas les modalités de ce contrôle qui, étant donné le champ d'intervention particulièrement vaste des SPL, peut s'avérer dans certains domaines incertain. Sur ce point, l'Autorité de la concurrence, saisie par le syndicat des Entreprises Générales de France (EFG-BTP), souligne, dans son avis du 24 novembre 2011, que ce sont aux statuts particuliers de chaque SPL de mettre en place un « contrôle adéquat »[29] pour bénéficier de l'exception *in house* telle qu'elle est autorisée par la jurisprudence communautaire. Il revient donc aux acteurs locaux de faire preuve d'une « vigilance particulière »[30] lors de la création des SPL et au juge administratif de veiller au respect du droit communautaire en la matière. De ce point de vue, les premiers arrêts rendus par les tribunaux administratifs semblent traduire une conception relativement peu exigeante du contrôle analogue et, au contraire, une interprétation audacieuse de l'exception *in house*[31].

2. La mise à l'écart des règles de concurrence dans les relations entre la personne publique et la SPL

Bien que les SPL soient des structures dominées par le droit privé, elles sont considérées comme des prestataires intégrés à la personne publique. En raison de ce lien institutionnel fort entre les collectivités territoriales et les SPL qu'elles ont créées et qu'elles contrôlent, leurs relations échappent aux procédures de publicité et de mise en concurrence. Cette exonération des règles de la commande publique entre les collectivités publiques et « leurs » SPL favorise une réinternalisation des missions puisque ce mécanisme de quasi-régie est plus intéressant pour les

---

[28] CJCE, *Teckal*, *op. cit.*
[29] Aut. Conc., avis n° 11-A-18, 24.11.2011, relatif à la création des SPL, pt 45.
[30] *Id.*, pt 99.
[31] S. Brameret, « La société publique locale : premières jurisprudences, nouvelles interrogations ? », *AJDA* 2012. 1521.

collectivités territoriales que le recours aux services d'une SEM, soumise au code des marchés publics, ou même aux entreprises privées à travers la délégation de service public[32]. L'on peut donc s'attendre à un mouvement de « remunicipalisation de services jusqu'alors délégués au secteur privé »[33].

La loi du 28 mai 2010 pour le développement des SPL opère bien une transcription de l'exception *in house* développée par la jurisprudence de la CJUE. Cette exonération du respect des règles de la commande publique va toutefois tellement à rebours de la ligne communautaire empruntée depuis les débuts de la Construction européenne qu'il convient de se demander si ce mouvement de mise à l'écart des règles de la concurrence, pourtant magnifiées dans les traités, ne dissimule pas certaines logiques sous-jacentes. Il semble que cela soit le cas tant le retour des personnes publiques s'accompagne d'un renforcement de la logique du marché dans la gestion publique.

II. LE RENFORCEMENT DE LA LOGIQUE DU MARCHÉ DANS LA GESTION PUBLIQUE

De la privatisation rampante des personnes publiques par les SPL (A) et de la soumission effective de l'ensemble de leurs activités à la concurrence (B), résulte la conversion de la gestion publique à la logique du marché.

---

[32] H. Pauliat, « L'évolution des modes de gestion des services publics locaux : un retour de la gestion publique », *JCP A* 2012-44/45. 47.
[33] Y. Goutal, *op.cit.*, p. 266.

A. La privatisation rampante des personnes publiques par la SPL

Société commerciale assimilée aux services des collectivités publiques (1), la SPL, dont le capital public sera éventuellement ouvert aux actionnaires privés (2), présente un risque de privatisation des personnes publiques.

1. La contamination de la personnalité juridique des personnes publiques par leur « prolongement administratif »

La SPL est une société commerciale. Elle ne peut être qualifiée par le juge que de personne privée à laquelle s'applique le droit privé et dont les contrats passés avec les tiers sont exclusivement des contrats de droit privé[34]. Pour autant, parce que son capital est entièrement public et qu'elle agit pour le compte d'une personne publique, elle est assimilée aux propres services de la collectivité publique. Une entité privée, entièrement régie par le droit commercial, est ainsi identifiée aux services internes de la personne publique auxquels celle-ci a d'ailleurs recours sans externaliser. Or reconnaître dans une entité privée les services d'une collectivité publique ne revient-il pas à faire l'aveu de la privatisation de la personne publique par son « prolongement administratif »[35] ?

2. L'ouverture du capital de la SPL en question

Afin d'instituer des prestataires privés intégrés à la personne publique, l'article 1531-1 du CGCT prévoit que les collectivités territoriales et leurs groupements détiennent la totalité du capital de la SPL qu'ils créent. Si la

---

[34] « Il s'agit de personnes morales de droit privé qui ont justement été constituées en vue de bénéficier de l'application du droit privé », J. MARTIN, « Personnes privées, capitaux publics et régime mixte », *RDP* 2011-3.746.

[35] S. Nicinski, *Droit public des affaires*, Montchrestien Paris, 2010, p. 539.

SPL est une personne de droit privé, son capital est en revanche exclusivement public, à la différence des SEM qui, depuis la décision *Stadt Halle*[36], sont exclues de l'exception *in house*. Cela étant, si l'on s'en tient à des décisions plus récentes de la CJUE, il apparaît que l'ouverture du capital de ces entités aux actionnaires privés est envisagée. Dans un arrêt *Commission c/ Italie* du 17 juillet 2008[37], l'exception *in house* est retenue par la Cour bien que la participation à venir d'actionnaires privés au capital de l'entité, composée à sa création de capitaux exclusivement publics, soit explicitement prévue. De même, dans une affaire *Sea Srl* du 10 septembre 2009[38], la Cour précise que l'attribution directe d'activités à une société entièrement détenue par des personnes publiques mais dont les statuts prévoient une éventuelle ouverture du capital aux actionnaires privés est possible dans le cadre de l'exception *in house*[39]. La privatisation du capital des SPL, non prévue par les textes nationaux issus de la loi du 28 mai 2010, semble donc envisageable au gré de la jurisprudence communautaire, comme le relève le professeur Michaël Karpenschif[40]. Or, pour des actionnaires privés, l'entrée au capital d'une SPL présente un intérêt certain et un risque moindre, puisque celle-ci est déjà titulaire d'un marché public ou d'une concession de service public à la différence des SEM. On perçoit donc quel peut être l'intérêt du dispositif *in house* : créer des entités à capitaux publics dont les relations avec les collectivités publiques sont privilégiées pour l'obtention de contrats pour ensuite ouvrir leur capital à des actionnaires privés nécessairement plus intéressés. On aboutirait dès lors à la création de partenariats public/privé institutionnels (PPPI) que « la Commission cherche à encadrer si ce n'est à promouvoir »[41].

---

[36] CJCE, *Stadt Halle*, *op.cit.*

[37] CJUE, 17.7.2008, *Comm. CE c/ Italie,* aff. C-372/05.

[38] CJUE, 11.9.2009, *Sea Srl*, aff. C-573/ 07.

[39] C. DEVES, *op.cit.*, p. 20

[40] M. Karpenschif, *op.cit.*, p. 14.

[41] *Id.*, p. 13.

B. La soumission effective de l'intégralité des activités de la SPL aux règles de la concurrence

Malgré le bénéfice de la jurisprudence « *in house* », les activités d'une SPL sont soumises au respect des règles de la commande publique (1) sans distinction des secteurs marchands et non marchands (2).

1. La soumission des activités de la SPL aux règles de la commande publique

Les délégations de services publics opérées au profit des SPL sont exonérées de mise en concurrence préalable conformément à l'objectif de la loi du 28 mai 2010, puisque les SPL peuvent être considérées comme des prestataires intégrés à la personne publique. En revanche, les marchés passés par les SPL avec les tiers sont soumis à une procédure de mise en concurrence, comme le rappelle la circulaire du ministère de l'Intérieur relative au régime des SPL[42]. L'activité des SPL est notamment soumise à l'ordonnance du 6 juin 2005 relative aux marchés passés par certaines personnes publiques ou privées [43]. Celle-ci transpose les directives européennes du 31 mars 2004 qui précisent les règles applicables aux pouvoirs adjudicateurs en matière de marché [44]. L'ensemble des obligations de la commande publique incombent donc, selon l'Autorité de la concurrence, aux SPL en matière de marchés publics[45]. Ceci conduit le professeur Didier Linotte à conclure que les SPL sont soumises aux règles de concurrence « par toutes les portes »[46].

---

[42] Circ. n° COT/B/11/08052/C du 29.4.2011, p. 8.
[43] Ord. n° 2005-649 du 6.6.2005, relative aux marchés passés par certaines personnes publiques ou privées non soumises au Code des marchés publics.
[44] Dir. du 31.3.2004, 2004/ 17 / CE et 2004/ 18/ CE.
[45] Autorité de la concurrence, avis préc., p. 8.
[46] D. Linotte, « La société publique locale comme outil de non-mise en concurrence ? », RFDA 2012. 1133.

2. L'INDIFFÉRENCIATION ENTRE LES ACTIVITÉS MARCHANDES ET LES AUTRES MISSIONS D'INTÉRÊT GÉNÉRAL CONFIÉES AUX SPL

L'article 1531-1 du CGCT dispose que les SPL sont compétentes pour « exploiter des services publics à caractère industriel ou commercial ou toute autre activité d'intérêt général »[47]. Le champ d'intervention particulièrement vaste des SPL leur permet, tant d'exploiter des activités économiques lucratives dans le respect de la liberté du commerce et de l'industrie[48], que d'assurer des services purement administratifs. Or quelle que soit la nature de l'activité confiée à la SPL, le droit privé et les règles de concurrence lui sont applicables. Étant donné que la loi du 28 mai 2010 « encourage directement les collectivités territoriales à se doter du statut de la SPL pour toutes sortes d'activités allant bien au-delà du secteur marchand »[49], on peut considérer qu'elle s'inscrit dans le mouvement de banalisation de l'intervention économique des personnes publiques[50] qui s'accompagne d'une indifférenciation croissante entre les activités à caractère industriel et commercial et les services publics administratifs. Les transformations des modes de gestion des services publics locaux sont en effet indissociables de l'évolution de la conception de l'intérêt général à laquelle on assiste progressivement depuis les années 1980.

*   *

*

En conclusion, la loi du 28 mai 2010 sur le développement des SPL offre aux collectivités territoriales un moyen d'améliorer la gestion des services dont elles ont la charge sans avoir recours au secteur privé. Pour

---

[47] Article 1531-1 CGCT, *op.cit.*

[48] « Le principe de la liberté du commerce et de l'industrie dans sa nouvelle formulation sera applicable à la création de SPL », S. Nicinski, « Les Sociétés publiques locales et le droit de la concurrence », RFDA 2012. 1138.

[49] C. Deves, *op.cit.*, p. 22.

[50] « Si le secteur public tire sa légitimité de ses particularités, le mouvement de banalisation que l'on vient de décrire peut soulever à son tour de nouvelles interrogations. », S. Nicinski., « La sécurisation des interventions économiques locales » AJCT 2012. 177.

autant, cette modernisation de la gestion publique se fait au prix d'un renforcement de l'emprise du droit privé et des règles de la concurrence sur les services publics que les collectivités territoriales confient aux SPL. La défense de la gestion publique et le renforcement des mécanismes du marché pouvaient sembler deux mouvements contradictoires aux yeux des auteurs classiques. Ils ne le sont pas du point de vue des institutions communautaires, converties à la pensée néolibérale pour laquelle peu importe que la gestion soit publique ou privée, tant que tout le monde se plie aux règles du marché.

LES ÉVOLUTIONS DES MODES DE FINANCEMENT DE L'ACTION PUBLIQUE ET LA DÉSOCIALISATION DU MONDE (Rapport de synthèse)

Par
Guy Quintane
Professeur de droit public
Doyen de la faculté de droit, des sciences économiques
et de gestion de Rouen

La proposition d'une plus-value sociale que l'on s'est longtemps plu à reconnaître à l'État moderne fait aujourd'hui l'objet d'une sévère remise en cause. Celle-ci ne serait peut-être pas aussi étendue qu'elle ne l'est si, dans le même temps, on n'assistait pas, dans le domaine de l'échange des biens et des services, à une formidable réhabilitation du marché. Ainsi que le relève Christian Laval, « le programme politique néolibéral vise » en effet « à faire céder les unes après les autres les digues sociales, culturelles et institutionnelles qui résistent à l'extension des rapports marchands »[1].

Sans doute la cohabitation entre l'État et le marché a-t-elle toujours été tumultueuse, dès lors que l'une des singularités du premier est de produire des biens et des services sans nécessairement les soumettre à tarification. Pourtant, un équilibre semblait avoir été trouvé lorsqu'avait été admise, avec une réelle tolérance, l'intervention de la puissance publique dans des domaines normalement réservés à l'initiative privée. Mais les conditions mises à cette intervention sont aujourd'hui devenues plus strictes. Car la puissance publique se voit désormais de plus en plus

---

[1] *L'homme économique. Essai sur les racines du libéralisme*, Gallimard, 2007, p. 329.

obligée de respecter les règles de la concurrence et, au bout du compte, d'agir comme le ferait une entreprise.

Toutes ces évolutions génèrent une ambiance favorable à la réhabilitation des mécanismes du marché comme éléments de régulation des échanges de biens et de services, même lorsque ceux-ci sont produits par l'État. Comme le notent Pierre Dardot et Christian Laval, elles le conduisent de plus en plus fréquemment à intégrer « les codes, les standards et les normes définis par des agents privés »[2], dès lors que « le tournant néolibéral se caractérise par une homogénéisation du discours de l'homme autour de la figure de l'entreprise »[3].

Ce nouveau paradigme renvoie une image profondément transformée de l'action étatique et, à travers elle, de la démocratie. En même temps qu'il est à l'origine de l'apparition de nouveaux modes de financement de l'action publique, le recours accru aux mécanismes du marché qui les caractérise (I) est révélateur d'une certaine banalisation de la décision publique (II).

I. Le recours accru aux mécanismes du marché

Le financement naturel de l'action publique a été pendant un temps considéré comme devant essentiellement être trouvé dans l'impôt, même lorsque les prestations fournies pouvaient donner lieu à tarification. À l'inverse, le projet est aujourd'hui de faire en sorte que le coût de l'action publique soit autant que faire se peut soumis à tarification (A). Simultanément, la baisse nette du prélèvement fiscal à laquelle ne pouvaient totalement se substituer les ressources tirées des redevances a conduit la puissance publique à recourir de plus en plus aux marchés financiers (B).

A. Le développement des prestations tarifées

À la question de savoir si la puissance publique peut commercialiser les biens et les services qu'elle fournit, il ne peut y avoir de réponse

---

[2] *La nouvelle raison du monde. Essai sur la société néolibérale*, La découverte Poche 2010, p. 360.

[3] *Op.cit.* p. 408.

univoque, d'abord, parce qu'une partie de ceux-ci relève de la catégorie des biens dont la commercialisation n'est tout simplement pas possible en vertu de la théorie économique des « biens collectifs », ensuite, parce que la commercialisation de certains autres paraît contraire à l'idée même de pacte social. On observe cependant aujourd'hui un élargissement sensible de l'espace de la tarification (1) et l'émergence de techniques de financement et de dispositifs juridiques issus du droit privé favorables à cette évolution (2).

1. LA REDÉFINITION DE LA NOTION DE REDEVANCE POUR SERVICE RENDU

De telles prestations sont avant tout des prestations de nature industrielle et commerciale, celles-ci étant réputées être financées exclusivement par leurs usagers, pour ne pas dire leurs clients. Si la contrainte selon laquelle le service doit être financé par ses ressources propres – autrement dit ne doit pas être équilibré par des ressources fiscales – a longtemps fait l'objet d'une application compréhensive, qui admettait que l'impôt puisse compléter le besoin de financement, tel n'est plus le cas aujourd'hui.

L'exigence de vérité des prix entraîne en effet de plus en plus l'adoption de méthodes directement inspirées de celles présidant à la fixation des prix dans le secteur privé, dès lors que les tarifs publics peuvent désormais être fixés en prenant en compte la valorisation économique de la prestation proposée comme le relève Fabien Bottini. Les personnes privées gestionnaires de services publics incluent naturellement dans le prix de leurs prestations une telle marge dont au demeurant une partie peut, dans le cadre de la réglementation des aides d'État, être financée par le contribuable, comme l'autorise la jurisprudence européenne. Le Conseil d'État pouvait difficilement dès lors refuser d'admettre ce droit au bénéfice – même si le terme n'est pas utilisé – lorsque la prestation est prise en charge par une personne publique. C'est ce qu'il a fait dans sa décision d'Assemblée du 16 juillet 2007, *Syndicat national de défense de l'exercice libéral de la médecine à l'hôpital*[4], qui admet la prise en compte, dans la fixation du prix, non seulement du coût de revient du service mais aussi de la valeur économique de la prestation pour son bénéficiaire.

Ces évolutions vers un financement mobilisant toujours davantage la tarification concernent de plus en plus fréquemment des biens dont la nature industrielle et commerciale est discutable, comme par exemple les musées ou les monuments historiques. Ceux-ci sont en effet désormais incités à se financer par leurs ressources propres, autrement dit par des recettes tirées de leurs droits d'entrée. Dans le même temps, des services dont la nature administrative n'est pas contestée sont considérés comme devant se financer par le biais de la tarification. C'est le cas des services de secours d'accidents de skis qui peuvent désormais demander aux victimes le remboursement de leurs frais d'intervention. C'est également le cas du financement des diagnostics et fouilles archéologiques préventives, comme le relève Fabien Bottini, puisqu'il pèse dorénavant en partie sur le bénéficiaire de la prestation.

Au final, le coût des services publics tarifés grève de plus en plus le budget des ménages, comme le montrent les exemples des services d'eau et d'assainissement ou celui de l'enlèvement et du traitement des ordures ménagères – même si pour ce dernier le dispositif de la taxe est une alternative à celui de la redevance. Dans le même temps, la relation entre le bénéficiaire et le service est de plus en plus individualisée, de sorte que celle-ci devient de plus en plus une relation de clientèle. Le concept d'universalité se réduit alors à la mise en place de tarifs sociaux au profit des plus défavorisés. La compatibilité de cette pratique avec les fondamentaux du « service public à la française » est toutefois incertaine. Réduire l'accès des plus démunis aux seuls « services de base » est-il en effet véritablement conforme au principe de mutabilité lorsque l'on sait que ce dernier a historiquement justifié de permettre à chacun d'avoir droit aux meilleures prestations ? La question est posée.

La tarification concerne aussi l'utilisation des biens publics dont la gestion implique de plus en plus une valorisation pouvant conduire à des pratiques aussi singulières que celle qu'a mise en lumière le contentieux

---

[4] Voir *AJDA* 2007. 1807, chron. J. Boucher et B. Bourgeois-Machureau ; L. Richer, « L'hédonisme au Conseil d'Etat, *AJDA* 2007, 2057 ; *RFDA*. 1269, concl. C. Devys et 1278, note P. Terneyre, « L'hédonisme aurait fait irruption au Conseil d'État » ; confirmant ces positions, voir notamment CE 29.5.2009, Synd. Nat. de chirurgie plastique reconstructive et esthétique et a.

autour de l'utilisation de photographies du château de Chambord. Bien des aspects de ce dossier, dont Jocelyn Clerckx nous a proposé l'examen, pourraient donner lieu à des développements ultérieurs. Si le tribunal administratif d'Orléans[5] a jugé infondée, sur la base d'une argumentation dont Jocelyn Clerckx a montré les limites, la demande de commercialisation de l'image du château, plusieurs interrogations restent en suspens : à trop faire prévaloir une conception patrimoniale du domaine public ne risque-t-on pas d'oublier que la préoccupation première de l'administration devrait être de veiller à son affectation à l'utilité publique ? Inversement, une société commerciale peut-elle librement tirer profit des actions entreprises par l'administration pour assurer la sauvegarde des biens nationaux ? En l'espèce, est-il en effet concevable d'associer l'image d'un bien public culturel, marqueur de l'histoire de notre pays, porteur d'une incontestable dimension esthétique, à une activité qui, sans être interdite, pose de graves problèmes de santé publique : la consommation d'alcool ?

Une telle évolution, avec ce qu'elle implique de prise en compte de motivations longtemps considérées comme devant rester éloignées du champ de l'action publique, est l'un des révélateurs, parmi d'autres, de l'introduction, au cœur de l'action publique, de la logique entrepreneuriale. Il en est de même des contrats qui tendent à externaliser les prestations de service public et des dispositions qui incitent les administrations à recourir à certains instruments jusqu'alors utilisés par le seul secteur privé.

2. L'EXTERNALISATION DE L'ACTION PUBLIQUE

La banalisation des modes de financement de l'action publique se déduit également de l'apparition de nouveaux outils ou modes de gestion dont le point commun est d'externaliser l'action publique au profit d'opérateurs privés. Cette externalisation peut être unilatérale et prendre la forme de sociétés publiques locales, comme le rappelle Antoine Siffert, ou contractuelles, comme le fait remarquer Christophe Lajoye, et prendre des formes aussi variées que le bail emphytéotique, le partenariat public privé, la délégation de service public...

---

[5] TA Orléans 6.3.2012, Sct Les Brasseries Kronenbourg, *AJDA* n° 22/2012, concl. J. Francfort, p. 1227.

La société publique locale est quelquefois présentée comme un instrument permettant de résister à l'évolution du droit communautaire de la concurrence. Comme elle permet de fait de satisfaire à l'exception « *in house* », on y a vu le retour d'une certaine expression du socialisme municipal[6]. Face aux incertitudes nées des jurisprudences, de la Cour de Luxembourg essentiellement, la loi du 28 mai 2010 prévoit que les collectivités locales et leurs groupements « peuvent créer dans le cadre des compétences qui leur sont attribuées par la loi des sociétés publiques locales dont ils détiennent la totalité du capital ». La finalité de ce texte a soulevé des interprétations contradictoires. On a ainsi pu dire qu'il pouvait satisfaire « Madelin aussi bien qu'Emmanuelli »[7].

Il semble cependant difficile de contester que ce nouveau procédé soit de nature à accentuer l'inscription de l'action publique dans une ambiance de droit privé : les modalités de financement des activités qu'une telle société va prendre en charge empruntent en effet largement au droit commun des entreprises. De ce point de vue, la SPL contribue au projet de désadministration de la France, ne serait-ce que parce que si elle peut recruter tant des fonctionnaires que des agents de droit privé, il est probable que l'embauche de ces derniers sera privilégiée. Comme l'écrit Antoine Siffert, la société publique locale favorisera ainsi sans doute l'instauration d' « un véritable management d'entreprise ». On pourrait même se demander si elle ne risque pas d'ouvrir demain la possibilité pour la collectivité de se décharger, par le biais d'un contrat « *sui generis* », de sa mission d'opérateur sur une personne privée qu'elle désignerait sans qu'aucune contrainte, notamment de publicité, ne lui soit imposée.

Si les personnes publiques peuvent confier des activités relevant de leurs compétences à des SPL créées de toutes pièces, l'externalisation de leurs activités se fait le plus souvent par le biais de relations contractuelles qu'elles nouent avec des entreprises privées. Les nouvelles modalités de financement des contrats publics – et notamment des baux emphytéotiques administratifs – exposées par Christophe Lajoye s'inscrivent dans le mouvement de banalisation du financement de

---

[6] B. Fleury, « De quelques problématiques soulevées par les Sociétés publiques locales », *Gestion et Finances publiques*, n° 11 – nov. 2012, p. 69.

[7] H. Martin, *Comment le parlement légalise le clientélisme,* chron. site Marianne, 2.4.2010, cité par B. Fleury, *op. cit.*

l'action publique. Elles rendent en effet plus attractive pour des entreprises privées la prise en charge de prestations publiques par le biais de divers mécanismes, comme celui de la constitution de droits réels sur le domaine public. Outre qu'ils procurent à leurs titulaires des conditions de financements plus favorables, de tels droits permettent, de fait, l'octroi d'une forme de garantie de rentabilité des fonds investis, dont la compatibilité avec les principes fondamentaux de la société de marché apparaît incertaine. L'équilibre des relations entre la puissance publique délégante et son délégataire s'est en effet jusqu'à une période récente appuyé sur l'idée que le droit de faire des bénéfices du gestionnaire devait avoir pour corollaire son obligation de supporter certaines pertes d'exploitation. Les choses ont aujourd'hui changé même si ce changement n'est pas apparent.

Il découle de ce qui a pu, dans un premier temps, apparaître comme un changement sémantique sans conséquence : celui qui a consisté à substituer, comme critère de reconnaissance d'une délégation de service public, l'exigence d'un risque assumé par celui d'une rémunération du délégataire *substantiellement* (souligné par nous) liée aux résultats d'exploitation[8]. Car la nuance introduite par l'adverbe substantiellement dénature la logique de la délégation en rendant possible un financement aux risques plus que ténus. On a pu en mesurer les conséquences avec l'arrêt *SMITOM Centre-Ouest Seine-et-Marnais* du Conseil d'État du 30 juin 1999. Dans cette affaire, le juge admet en effet qu'une rémunération fondée à 30% sur les recettes prévues satisfait les exigences de substantialité de la rémunération en termes de prise de risque. Rapprochée d'autres décisions du Conseil[9], de la jurisprudence de la Cour de Luxembourg [10] et des solutions arrêtées par la Commission Européenne, le nouvel état du droit revient à garantir un bénéfice raisonnable du cocontractant à la charge de la puissance publique. Autant dire que l'exigence capitaliste tenant à faire supporter au délégataire certains risques de sa gestion a perdu une grande part de sa substance.

---

[8] Il semble que le tournant ait été pris avec CE 15.4.1996, Préfet des Bouches-du-Rhône c/ cne de Lambesc.

[9] CE 13.7.2012, Cté de cnes d'Erdre et Gesvres, Les Verts des Pays-de-la-Loire, Assoc. ACIPA, « Actualité du droit de la concurrence et de la régulation », M. Lombard, S. Nicinski, E. Glaser *AJDA,* 24 sept. 2012, p. 1722.

[10] CJCE 24.7.2003, Altmark, *AJDA* 2003, note S. Rodriguez, 2146, et 2004. 315, chron. J.-M. Belorgey, S. Gervasoni et C. Lambert.

La progression des recettes de tarification ne peut évidemment suffire au financement d'une action publique dont une large part ne peut être tarifée. Si naturellement l'impôt continue à être mobilisé, sa baisse a nécessité qu'il soit recouru toujours davantage aux marchés financiers.

B. L'ACCROISSEMENT DU RECOURS AUX MARCHÉS FINANCIERS

L'accroissement du recours à l'endettement public, essentiellement de l'État, est trop connu pour qu'il soit utile d'y revenir longuement. Rappelons-en succinctement les données permettant de l'apprécier : de 16% environ du PIB au 1er janvier 1981, la dette de l'État est passée à 27% dix ans après (1991), 51% vingt ans après (2001), 64% trente ans après (2011) et elle pourrait atteindre 74% en 2014.

Si l'on y ajoute la dette du secteur local et celle du secteur social, le total de la dette publique pourrait représenter au même moment environ 94% du PIB (autrement dit, s'élever à environ 1900 Mds d'euros). Elle n'est que la conséquence de la sédimentation de déficits budgétaires enregistrés tous les ans. L'importance de ceux-ci s'explique, non comme on l'entend dire souvent par une hausse de la dépense de l'État – qui aurait encore plus sensiblement diminué qu'elle ne l'a fait si l'État n'avait pas à régler des intérêts d'emprunts qui représentent plus de deux points de PIB –, mais par une baisse, sans doute sans précédent en période de paix, des impôts, qui représente plus de cinq points de PIB entre 1981 et 2011[11].

La première explication que l'on est tenté d'y trouver est celle des conséquences de la crise économique dans la mesure où celle-ci, bien entendu, affecte le rendement des impositions, quelle qu'en soit l'assiette. La crise n'explique toutefois pas tout, comme le note Dominique Lefebvre, rapporteur des crédits de la mission « Engagements financiers de l'État ». L'auteur relève en effet que « le montant de la dette imputable à la crise économique et financière de 2008 s'élevait à 222,9 milliards d'euros en 2011, alors que (dans le même temps) la dette de l'État a crû

---

[11] V. notamment, « Rapport d'information préalable au débat d'orientation des finances publiques, présenté par M. Gilles Carrez, rapporteur général », *Assemblée Nationale*, n° 2689, 10.6.2010, p. 6 notamment ; voir aussi l'intervention à l'Assemblée Nationale de M. Dominique Baert, *JO Débats, Assemblée Nationale,* 10.11.2009, p. 9206.

de 294 milliards d'euros »[12]. En quatre ans, hors incidences de la crise, la dette a ainsi augmenté de plus de 70 milliards d'euros.

Une partie essentielle de l'affaiblissement du rendement des impôts d'État tient, outre au choix fait de les baisser depuis une trentaine d'années, à l'accélération très forte de cette tendance depuis le début des années 2000. Après avoir évoqué le « large consensus prévalant au cours de la décennie 2000 tendant à considérer l'impôt comme un instrument de politique économique, et non comme une ressource finançant des services publics », la Cour des comptes a souligné que cela avait entraîné « une perte de recettes de plus de 100 milliards d'euros sur le budget de l'État »[13]. Les modalités de l'allègement sont bien connues : elles portent d'abord sur le prélèvement fiscal progressif, même si celui-ci pèse sur ceux dont les capacités contributives sont les plus grandes, et sur les prélèvements mis à la charge des entreprises. Ces allègements représentent plus de deux points de PIB en une trentaine d'années.

Le financement par l'emprunt d'une partie des dépenses, comme par exemple celles liées à la rémunération des fonctionnaires, permet aussi de résister à des demandes d'augmentation d'impôt qu'une situation d'aisance financière rend plus difficile de rejeter. À cela s'ajoute le fait que le recours à l'emprunt permet aussi aux intervenants financiers sur le marché obligataire d'avoir un marché dynamisé par les titres d'État. Pour que cela marche, il faut toutefois que le marché reste maîtrisé. Or c'est de moins en moins le cas, comme le montre Éloi Diarra, ce qui est préoccupant tant l'endettement excessif peut hypothéquer gravement le fonctionnement de l'État.

Le mouvement de baisse de l'impôt, il faut le souligner, a été – provisoirement sans doute –stoppé à la fin de 2011. L'année 2012 a ainsi été une année de hausse du prélèvement fiscal d'État. Celle-ci sera toutefois loin de compenser les baisses susvisées même si elle s'est prolongée en 2013 pour les ménages, d'autant qu'elle devrait sensiblement ralentir dès 2014. Même alors, le prélèvement fiscal d'État restera toutefois très loin de celui de 1981.

Si le développement des prestations tarifées et l'accroissement du recours au marché financier témoignent de l'apparition de nouveaux modes de financement de l'action publique caractérisée par sa plus

---

[12] « Rapport sur le projet de loi de finances pour 2013 », annexe n° 25, 10.10. 2012.
[13] Cour des comptes, p. 29.

grande soumission aux lois du marché, cela revient sans le dire à la désacraliser.

II. La banalisation de la décision publique

La banalisation de la nature des ressources publiques s'accompagne d'importants changements des dispositifs autorisant leur recouvrement et leur utilisation (A). Parallèlement, de nouveaux mécanismes saisissent l'action publique, afin d'y importer toujours plus les méthodes des entreprises (B).

A. La perte de singularité du droit budgétaire

Si les opérations financières publiques sont assujetties au respect d'un droit particulier, ce droit est aujourd'hui en perte de vitesse, notamment en France. Les opérations financières des organismes publics sont en effet aujourd'hui autorisées dans des conditions qui peu à peu les éloignent des règles que le droit budgétaire moderne avait formalisées.

Le cadre européen est topique de ce nouvel ordonnancement, d'une part, parce que le volume de ses opérations reste modeste, d'autant qu'il est voué à diminuer de 10% du PIB en 2014-2020 par rapport à la période 2007-2013, d'autre part, parce ses dépenses méconnaissent deux principes traditionnels du droit budgétaire : celui d'annualité qui les enferme dans un laps de temps limité, dès lors qu'elles sont placées sous enveloppe préalable pluriannuelle et celui du débat public, dès lors que le montant de l'enveloppe dépend d'un accord entre gouvernements recherché à partir de discussions restant confidentielles.

C'est ainsi par exemple que sont peu débattues des questions comme celles qu'évoque Michel Bruno. Parmi elles, on peut retenir le coût de fonctionnement particulièrement élevé des services de l'Union – avec des rémunérations d'agents publics qui ne donnent pas lieu au même type de publicité que celle organisée au plan national, par exemple dans un pays comme la France –, le coût de la fraude ou encore celui de la répartition des contributions nettes des États. On peut aussi observer que, au plan national, la discussion des sommes relevant du prélèvement sur recettes au profit de l'Union ne donne pas toujours lieu aux discussions qu'il mériterait, notamment pour ce qui concerne la question des contreparties des sommes versées. La France est (avec l'Allemagne) au tout premier rang des contributeurs nets au budget de l'Union, ce qui a pu conduire

Michel Bruno à parler de ces deux pays comme étant « les dindons de la farce budgétaire européenne ».

En termes de financement de l'action publique, les principes du consentement à l'impôt (1) et du pouvoir discrétionnaire de la représentation nationale dans son emploi (2) apparaissent en outre de plus en plus incertains.

1. L'AFFAIBLISSEMENT DU PRINCIPE DU CONSENTEMENT À L'IMPÔT

L'expression « consentement à l'impôt » mériterait de voir sa signification éclairée. Peut-on, dans une société qui continue à le mobiliser, ne pas consentir à l'impôt ? L'article indéfini a-t-il ici une signification particulière ?

En effet dès lors qu'un peuple a décidé de déterminer librement son destin et qu'il a fait le choix pour ce faire de la territorialité, et non de la diaspora, tout le mène à l'État. Dès cet instant, la nécessité de l'impôt devient patente : la question du consentement à l'impôt pourrait presque être considérée comme superfétatoire à tout le moins si on la traite en utilisant l'article indéfini. Jacques Bouveresse montre que le consentement à l'impôt est ainsi une forme de consentement à l'État et que l'on ne peut récuser l'un sans récuser l'autre. À l'appui de sa démonstration on peut relever que le projet gouvernemental commence le plus souvent en ces termes : *« La perception des impôts, produits et revenus affectés à l'État, aux collectivités territoriales, aux établissements publics et organismes divers habilités à les percevoir continue d'être effectuée pendant l'année n... conformément aux lois et règlements et aux dispositions de la présente loi ».* Surtout on peut relever que cet article fait l'objet d'un vote formel tous les ans. L'examen de la loi de finances pour 2013 est révélateur de cette réalité car s'il a commencé à être examiné le 18 octobre 2012 à neuf heures trente, cet article était voté le même jour à neuf heures trente. Ce qui fait débat n'est donc pas le consentement à l'impôt pris en lui-même mais le consentement à telles ou telles impositions. C'est la leçon à tirer de la dualité entre les articles du projet gouvernemental, repris tous les ans quasiment dans les mêmes termes, et leur vote proprement dit qui, lui, fait l'objet d'âpres discussions.

Il en va autrement en matière de dépenses et cette évolution n'est pas sans poser problème. Le recul de la décisionnalité du Parlement en matière de choix des éléments constitutifs de l'action publique semble pourtant avalisé. On a ainsi pu écrire que *« il faudrait que le Parlement admette que sa mission a changé de nature, que son rôle n'est plus de faire des choix budgétaires – ces choix en fait sont imposés et (...) la discussion a de moins en moins de signification –, mais d'être de plus en plus un vérificateur, d'exercer une sorte d'audit à la fois sur la transparence et la qualité des données financières de l'État et peut-être plus largement des collectivités publiques »*[14].

L'examen de la partie dépenses est dès lors de plus en plus superficiel : on peut estimer qu'aujourd'hui l'Assemblée Nationale y consacre un peu moins de trois semaines contre plus de quatre il y a encore une dizaine d'années. Dans le même temps, la procédure de l'examen en commission élargie a pu prendre une ampleur qui n'est pas sans soulever de questions : les deux tiers environ des crédits des missions du budget général ont relevé de cette procédure lors du vote de la loi de finances pour 2013 par l'Assemblée de sorte que l'examen en séance plénière a pris l'allure d'une caricature de débat. Plus étonnant encore, lors de leur examen en séance plénière, de nombreux crédits ont été présentés, non par le ministre qui en est l'ordonnateur principal, mais par le ministre en charge du budget. Cette évolution semble conforter l'idée selon laquelle la LOLF n'a guère permis d'approfondir les débats relatifs à l'autorisation budgétaire.

À supposer même que les parlementaires souhaitent modifier plus ou moins substantiellement le projet gouvernemental, l'arsenal des articles 40 et 49-3 permettrait à son auteur de les ramener à la raison. À supposer qu'il n'y parvienne pas, les dispositions de l'article 47 permettraient de mettre en recouvrement les impôts et de débloquer les crédits nécessaires pour garantir la continuité de la vie nationale. De telles dispositions n'ont pas été modifiées par la révision constitutionnelle de 2008. Comme le remarquent Guillaume Chaffardon et Jean-François Joye, « il est patent de constater que la loi constitutionnelle du 23 juillet 2008, qui donne un

---

[14] Loïc Philip, audition par le groupe de travail sur le contrôle parlementaire et l'efficacité de la dépense publique, *Contrôler réellement, pour dépenser mieux et prélever moins*, rapport Assemblée Nationale, 27 janvier 1999, T 2, p. 89.

peu d'air au travail parlementaire, ne concerne pas la matière financière. Celle-ci reste sanctuarisée au profit du gouvernement »[15].

Quant aux citoyens, ils ne pourront pas invoquer la violation de l'article 14 de la Déclaration de 1789 en s'appuyant sur la procédure de la question prioritaire de constitutionnalité. Dans sa décision n° 2010-5 QPC du 18 juin 2010, le Conseil constitutionnel a en effet jugé que ses « dispositions (...) sont mises en œuvre par l'article 34 de la Constitution et n'instituent pas un droit ou une liberté qui puisse être invoqué, à l'occasion d'une instance devant une juridiction à l'appui d'une question prioritaire de constitutionnalité sur le fondement de l'article 61-1 de la Constitution ».

2. La sacralisation de la « règle d'or »

Il était, jusqu'à une époque récente, admis que la fixation du solde budgétaire dans le cadre du vote de la loi de finances n'avait pas à être soumise à contrainte juridique. Tel ne sera plus le cas demain du fait de la ratification du Traité sur la stabilité, la coordination et la gouvernance au sein de l'Union économique et monétaire (UEM) : puisque ce texte va rajouter aux exigences à satisfaire en matière de déficit et d'endettement public l'encadrement du déficit structurel de l'État – dont la particularité est d'être calculé abstraction faite des conséquences de la conjoncture économique sur la situation financière.

Le nouveau traité, signé le 2 mars 2012, a été ratifié par le Parlement en octobre 2012[16] après que le Conseil constitutionnel eut considéré qu'il ne portait pas atteinte aux conditions essentielles d'exercice de la souveraineté nationale. Ce traité pose d'abord pour principe que « la situation budgétaire des administrations publiques d'une partie contractante est en équilibre ou en excédent » et que « la règle est considérée comme respectée si le solde structurel annuel des administrations publiques correspond à l'objectif à moyen terme spécifique à chaque pays tel que défini dans le pacte de stabilité et de

---

[15] « La LOLF a dix ans : un rendez-vous (déjà), manqué ? », *RDP* – n° 2-2012.

[16] Il faut noter que, contrairement à ce qui avait été déclaré par des représentants de la majorité politique du moment, ce traité, comme l'a déclaré le rapporteur à l'Assemblée nationale de la Commission des affaires européennes, « n'a pas été formellement renégocié », *JO Débats Assemblée nationale,* 1ère séance du 3.10.2012, p. 3181.

croissance révisé, avec une limite inférieure de déficit structurel de 0,5% du produit intérieur brut aux prix du marché »[17]. Afin d'assurer le respect de cette règle, le traité organise en outre une mise sous surveillance des États contrevenants par les institutions européennes et des institutions nationales indépendantes tout en facilitant l'infliction de sanctions par le Conseil européen (même si le Parlement européen doit être associé, de façon symbolique, à la procédure par le biais de la tenue d'un débat). La sanction proposée par la commission est réputée acquise, sauf si le Conseil la rejette à la majorité qualifiée inversée (55% des membres représentant 65% de la population). Il faut par ailleurs noter que l'État en situation de déficit excessif doit présenter aux autorités européennes les mesures qu'il envisage de prendre pour satisfaire aux stipulations du Traité. Ces autorités sont alors chargées de faire des propositions en vue de corriger les dérives, propositions dont il est prévu qu'elles devront être soutenues par les « États vertueux ». Dans le même temps, l'État défaillant perd la maîtrise de sa politique de refinancement qui doit être approuvée par les autorités précitées. Comme le résume François Quérol[18], le texte organise une véritable « mise sous tutelle » de l'État défaillant.

Pour améliorer la surveillance, il est fait application d'une procédure inscrite dans ce que l'on appelle « le semestre européen pour la coordination des politiques économiques », de sorte que d'aucuns ont pu regretter que le texte conduise à l'abandon « de la vision purement nationale du droit budgétaire »[19].

Pour permettre de mettre ces dispositions en harmonie avec le droit interne et leur donner ainsi plein effet, le Parlement a adopté en octobre 2012 une loi organique relative à la programmation et à la gouvernance des finances publiques. Le texte précise la composition et les fonctions de l'autorité indépendante, exigée par le Traité, qui prend la forme d'un Haut Conseil des finances publiques (HCFP). Composé de 11 membres, ce Haut conseil, présidé par le Premier président de la Cour des comptes, comprend en outre quatre parlementaires, quatre membres de la Cour, le

---

[17] Art. 3. (il est toutefois prévu que ce plafond est porté à 1% lorsque le stock de dettes est inférieur à 60% du PIB).
[18] « De l'intégration européenne ou la gestation d'un droit budgétaire nouveau », *RFFP*, n° 119, sept. 2012
[19] F. Quérol, *op.cit.*, p. 172.

directeur général de l'INSEE et un représentant du Conseil économique, social et environnemental. Il lui reviendra de rendre un avis public sur la sincérité et la cohérence des prévisions budgétaires avant que le Conseil d'État ne soit saisi du projet de loi de programmation des finances publiques et des lois de finances. Il en fera de même à partir du projet de loi de règlement et devra, à ce stade, « identifier les écarts importants ».

Si le mécanisme soulève de lourdes questions, en termes de décisionnalité publique et, au-delà, de respect de la démocratie, celles-ci ont été laissées en partie sans réponses suffisamment explicites.

Pour ce qui est des premières, les raisons ayant conduit à fixer à 0,5% ou à 1% le taux du déficit structurel auraient mérité être éclairées : elles semblent afficher la volonté de contraindre de manière drastique l'investissement de l'État. Si, en effet, il semble logique de mettre en place des mécanismes de nature à l'obliger à autofinancer son fonctionnement, la rationalité du financement de l'investissement semble mieux satisfaite lorsqu'une partie de celui-ci est emprunté. Limiter à 0,5% ou même à 1% le déficit va conforter le spectaculaire désengagement de l'État en matière d'investissement, ce qui est problématique.

Pour ce qui est du respect du principe démocratique, la mise en place d'un dispositif qui, comme le dit Gilles Lebreton, relève de la « cybernétique financière » et confie à une autorité ne procédant pas du suffrage universel le droit d'émettre un avis sur un texte aussi symbolique[20] que l'est le budget, avec le risque d'émergence d'une « démocratie des experts »[21], est un marqueur d'évolutions qui aurait mérité un débat public plus dense que celui qui a eu lieu, comme l'ont relevé un certain nombre de parlementaires lors de la discussion des deux textes[22].

Les évolutions précitées prennent le contre-pied d'un droit budgétaire longtemps considéré comme l'un des piliers de la démocratie, et accompagnent un phénomène de banalisation de l'action publique pour ne pas dire sa mise sous la tutelle des marchés.

---

[20] Qui a conduit à des critiques quelquefois très fermes.

[21] Expression utilisée par François Asensi, Assemblée Nationale, 1ère séance du 3.10.2012, *JO débats,* p. 3183.

[22] Voir les débats à l'Assemblée Nationale, notamment lors de la 1ère séance du 10.10.2012, *JO débats,* p. 3504 et p. 3211 par exemple.

B. La mise sous tutelle de l'action publique

La banalisation de l'action publique peut être relevée tant pour ce qui est de son financement (1), que pour ce qui a trait aux mesures prises pour apprécier l'efficience ou même le comportement de ceux qui la conduisent (2).

1. Les nouveaux dispositifs encadrant l'action publique

Un texte en propose une parfaite synthèse : la loi organique relative aux finances publiques du 1er août 2001 (LOLF). Même s'il ne concerne que l'État, il a suscité un engouement qui s'est ensuite diffusé parmi les responsables de l'action publique locale. Le texte a souvent été présenté comme la synthèse de solutions permettant la résolution de questions lourdes autour du financement public : la nouvelle présentation des crédits devait faciliter les conditions d'expression de l'autorisation budgétaire, mais aussi le contrôle des opérations financières publiques, et plus encore pour certains, l'évaluation de l'action publique. Au bout du compte la loi devait contribuer à la fois à dynamiser le débat démocratique et à améliorer la performance publique.

Ces objectifs semblent toutefois loin d'avoir été atteints. Non seulement la LOLF n'a en rien accru les pouvoirs du Parlement, mais on peut se demander si elle n'a pas contribué à affaiblir le contrôle de celui-ci sur les politiques publiques. L'étonnant resserrement du temps budgétaire que l'on observe depuis son entrée en vigueur n'est-il d'ailleurs pas le meilleur exemple de cette régression[23] ?

Michel Lascombe et Xavier Vandendriessche ont montré, notamment à partir de l'exemple du redéploiement de charges[24], que l'exercice du droit d'amendement ne permet aux parlementaires que d'obtenir à la marge une inflexion du projet gouvernemental. Ces tendances ont été

---

[23] Voir ici G. Chaffardon et J.-F. Joye, « La LOLF a dix ans : un rendez-vous (déjà) manqué ? », *RDP*, n° 2, 2012, p. 303.

[24] « Premier bilan du droit parlementaire d'amendement en régime LOLF », *RFFP*, n° 94, mai 2006, p. 54.

confirmées plusieurs années plus tard par Guillaume Chaffardon et Jean-François Joye[25]. Quant au contrôle parlementaire, on attend encore de voir en quoi le texte l'a favorisé.

Dix ans après son adoption et cinq ans après sa mise en œuvre, certains on ainsi pu regretter un « rendez-vous (déjà) manqué »[26]. Comme l'écrivent les auteurs précités : « on ne sent pas un intérêt excessif de la part de nombreux acteurs pour la "marotte" de la performance. Ils sont peu nombreux à s'appuyer réellement sur les évaluations de performance pour prendre des décisions (...). Les parlementaires sont assez peu attentifs (numériquement) aux mesures de performance et ne s'en servent peu ou pas. Les membres du gouvernement ne l'utilisent pas non plus (en général) pour ajuster des demandes budgétaires. Celles-ci restent commandées par d'autres logiques »[27]. Quant au contrôle, ils mettent bien en évidence que si « la réactivité des instances d'évaluation de l'Assemblée Nationale a été améliorée, ceci n'est pas dû qu'à la LOLF »[28].

Il ne pouvait, selon nous, en être autrement compte tenu des ambiguïtés dont le texte était porteur. En réalité, « elle semble moins être un instrument de réhabilitation du contrôle du Parlement sur le gouvernement (...) que d'une "nouvelle alliance" entre ces pouvoirs, pour peser sur une administration dont l'efficience est de plus en plus contestée »[29].

Pour l'essentiel, la LOLF est un dispositif qui permet d'introduire dans l'administration le contrôle de gestion[30] et plus particulièrement le contrôle du travail des agents publics par l'autorité politique. Celle-ci y a vu le moyen de « reprendre la main » sur une administration qu'on lui a souvent présentée comme « lui échappant » en quelque sorte. C'est au demeurant ce qu'a bien exprimé le consensus dont a fait l'objet le texte lors de son vote au Parlement, l'Assemblée Nationale n'ayant à aucun moment été tentée de le rejeter.

---

[25] G. Chaffardon et J.-F. Joye, *op. cit.*
[26] *Id.*
[27] *Ibid.* p. 317.
[28] *Ibid.* p. 323.
[29] G. Quintane, « La LOLF et le managérialisme », *Annales de Droit*, PURH, 2009.
[30] Voir le guide du contrôle de gestion élaboré par le ministère de la Fonction publique et de la Réforme de l'État.

La LOLF s'inscrit en outre dans la démarche de mise en œuvre de ce que l'on qualifie de management public. L'une de ses ambitions est en effet d'« appréhender les productions publiques selon des grilles peu éloignées de celles utilisées dans le secteur privé ». Ceux qui s'en réclament ne sont d'ailleurs pas loin d'admettre que ces productions peuvent s'appréhender comme celles de l'entreprise dans le cadre d'un projet visant notamment à rendre l'administration « plus isomorphe à son environnement »[31]. Cette conception semble un peu hâtive du fait de la spécificité de la mission d'intérêt général dont l'administration a la charge et qui tient à ce que le citoyen attend d'elle quelque chose de plus que la fourniture de prestations précisément identifiables. L'incapacité de la LOLF à soumettre totalement l'action publique aux techniques du secteur privé montre d'ailleurs les limites de cette approche...

Avec un certain enthousiasme, les collectivités locales ont, dans un premier temps, souvent fait le choix de présenter leur budget dans un cadre proche de celui préconisé par le texte organique. À leurs yeux, celui-ci offrait l'avantage de faciliter l'action publique en la réduisant à des objectifs dont le suivi est facilité par la mise en place d'un certain nombre d'indicateurs. Francine Gémieux[32] cite à titre d'exemple les collectivités de Paris, de Lyon, de la région Bretagne ou encore du département de la Mayenne.

Dans un deuxième temps toutefois, un « moindre besoin de LOLF » s'est fait sentir dans les collectivités locales. Sans doute l'amélioration des dispositifs analytiques précités, permettant de présenter leurs actions dans un cadre fonctionnel, éventuellement assorti d'indicateurs (sous réserve évidemment d'une prise de distance avec ceux-ci) est-elle souhaitable, comme le relève Pierre Albertini. Mais elles ont moins « besoin » d'un encadrement plus strict de leur administration, dès lors que celle-ci est déjà en grande proximité avec une autorité politique qui y exprime un pouvoir plus direct que ce qui caractérise la relation politique-administration à l'échelle étatique.

Si la LOLF et son impact à l'échelle locale témoignent d'une banalisation des éléments constitutifs de l'action publique, ce phénomène

---

[31] P. Bezes, « Les hauts fonctionnaires croient-ils à leurs mythes ? L'apport des approches cognitives à l'analyse des engagements dans les politiques de réforme de l'État. Quelques exemples français », *RFSP*, n° 4, 2000.

[32] « L'influence de la LOLF sur les budgets locaux », *RFFP*, n° 107 – juin 2009.

se trouve accentué par les nouveaux mécanismes de contraintes qui pèsent sur ceux qui la conduisent.

2. Les nouvelles contraintes pesant sur les décideurs publics

Outre qu'ils ont désormais à rendre compte de l'efficience de leurs actions dans un cadre nouveau (a), les gestionnaires publics doivent parallèlement justifier de la conformité de leur comportement à de nouvelles exigences dont les enjeux méritent d'être abordés (b).

a) La généralisation de l'évaluation

L'analyse de l'efficience de l'action publique est considérée aujourd'hui comme devant passer essentiellement par une approche évaluative au détriment du procédé classique du contrôle. Bien qu'ils soient largement confondus, ces deux concepts renvoient en réalité à des démarches très différentes l'une de l'autre.

Le contrôle consiste en effet à vérifier la conformité d'actes ou de situations par rapport à ce que permettait la norme sur laquelle ils sont fondés. Il n'y a pas en effet de contrôle possible si, *ex ante,* on n'a pas fixé une règle déterminant le devenir d'une situation, pour ne pas dire le contenu de son « devoir être ». Bref il n'y a pas de contrôle possible sans un strict encadrement normatif.

L'évaluation procède d'une toute autre démarche. Elle est constat, « mise en valeur », d'une action – ici d'une politique publique – à un moment donné sans qu'il soit accordé d'attention au cheminement normatif conduisant à la situation que l'on a constatée. L'évaluation ne permet en d'autres termes que de déterminer ce qu'il aurait fallu faire pour atteindre le résultat dont elle ne livre une appréciation qu'au moment où elle est réalisée. Sa démarche conduit ainsi à valoriser *ex post* une situation, à prendre position sur celle-ci, à la juger, à l'apprécier avec la part d'arbitraire que cela suppose. C'est pourquoi elle est une forme de mise sous tension, d'insécurisation qui ne peut relever dans une démocratie que de la discussion entre autorités politiques. Celles-ci devraient par suite être les seules à pouvoir revendiquer le droit d'évaluer une politique, comme le Parlement le fit bien apparaître lors de la discussion du nouvel article 47 de la Constitution lors de la révision constitutionnelle de 2008.

Ce qui précède montre que la LOLF est en fait un texte qui favorise le contrôle, fût-il de gestion, beaucoup plus que l'évaluation, dans la mesure où elle norme l'action publique à partir d'objectifs dont la mesure, en la forme d'indicateurs, est toujours quantifiée. C'est sans doute une bonne chose car le chiffre « norme » et la norme, en rendant l'avenir moins imprévisible, sécurise. Mais peut-être est-ce aussi pour cela que la LOLF semble passée de mode.

b) Le renforcement des obligations déontologiques

Parce qu'ils sont inspirés par les pratiques du marché, les nouveaux modes de financement de l'action publique sont marqués par le paradigme commutatif qui en est l'un des traits caractéristiques. Le propre de ce paradigme étant de mobiliser toujours davantage les concepts de compétitivité et de concurrence, au point de traduire l'acceptation d'un certain rapport de forces, leur évolution induit de nouveaux comportements dont la régulation mobilise moins qu'auparavant la distributivité, la confiance, voire la bienveillance.

Si ce phénomène est, en soi, problématique, il l'est tout particulièrement lorsqu'il se diffuse dans la sphère publique. Un certain nombre de comportements, de pratiques condamnables, qui semblaient isolés, voire atypiques il y a vingt ou trente ans, semblent en effet de plus en plus fréquents, de sorte que l'introduction de la logique entrepreneuriale au cœur de l'action publique porte en elle le risque d'une réelle « marginalisation de la morale du service public » comme l'illustre la multiplication des scandales impliquant des agents publics ou des hommes politiques dans les rubriques faits divers des journaux. Au-delà de celles-ci, des rapports officiels révèlent la montée en force d'agissements condamnables, et d'ailleurs condamnés. Quant aux malversations commises par des politiques, elles ont connu une progression absolument exponentielle, touchant même les plus hauts niveaux de l'État[33].

---

[33] Sur ces questions, voir Bottini F., « La protection des décideurs publics face au droit pénal », *LGDJ 2008.*

La prévention de ceux-ci est devenue une préoccupation réelle et a donné lieu, non seulement à la dynamisation des règles visant à réprimer de tels agissements, mais encore à l'élaboration, à côté d'elles, d'une sorte de droit mou, de droit de guidage des comportements, éventuellement assorti de menaces. Si elle se traduit par le développement des règles déontologiques, cette évolution a dans la sphère publique d'abord concerné l'administration. On cite souvent le Code de déontologie de la police nationale (décret du 18 mars 1986) comme ayant été le premier à traduire cette volonté de faire apparaître clairement dans un texte les devoirs des agents, mais aussi les valeurs que le service doit s'efforcer de promouvoir. Il a été suivi de bien d'autres. Plusieurs propositions de mise en cohérence de ces éléments dispersés ont été formulées par diverses commissions. Elles vont désormais très au-delà du personnel de l'administration de sorte qu'on a pu évoquer une « demande de déontologie qui s'applique à toutes les professions »[34]. La question de la déontologie du politique est, du fait des évolutions précitées, devenue elle aussi d'actualité. Elle n'épargne pas son plus haut niveau dès lors qu'elle touche tant les parlementaires que les membres du gouvernement. S'agissant des premiers, l'Assemblée Nationale a innové en la matière en élaborant un Code de déontologie et en créant la fonction de déontologue dont Jean Gicquel nous a décrit la nature mais aussi l'origine : à savoir le souci de redorer l'image d'une classe politique très majoritairement intègre mais écornée par certains comportements individuels. Une telle évolution est sans nul doute en lien avec la volonté de faire en sorte que soient dissipés, autant que faire se peut, la défiance, voire les soupçons, notamment pour ce qui a trait à la probité du personnel politique. On sait que la commission sur la rénovation de la vie politique et la déontologie présidée par Lionel Jospin a elle aussi beaucoup insisté sur l'intérêt qu'il y aurait à mettre en place un cadre déontologique structuré dans l'espace public.

Peut-être une telle évolution est-elle devenue indispensable du fait de ce qu'est devenue la société, ses transformations ne pouvant pas rester sans incidence sur la pratique de la politique. Le choix de la commutativité, ce qu'il peut induire en termes d'opportunisme des comportements, la défiance qu'en contrepartie ceux-ci génèrent… toutes ces considérations

---

[34] J.-M. Sauvé, « Conflits d'intérêts et déontologie dans le secteur public », *AJDA*, 30.4.2012, p. 862.

se combinent tant et si bien que, pas plus que la société, la politique ne semble pouvoir se réguler à partir du paradigme de la distributivité, ou de la confiance.

* *

*

En conclusion, les nouveaux modes de financement de l'action publique nous révèlent, avec d'autres évolutions, les formes que pourrait prendre l'élaboration d'un nouveau modèle d'État, très éloigné de celui que l'Occident avait voulu mettre en place autour du XVIIIe siècle. Cet État ne sera en effet probablement plus étayé par ce que l'on a appelé, surtout à partir de la fin du XIXe siècle, la société, car nous sommes peut-être en train d'en sortir du fait de la montée de l'hyper-individualisme qui accompagne la marchandisation du monde et dont témoigne, au fond, l'évolution des modes de financement de l'action publique.

TABLE DES MATIÈRES

L'HARMATTAN ITALIA
Via Degli Artisti 15; 10124 Torino

L'HARMATTAN HONGRIE
Könyvesbolt ; Kossuth L. u. 14-16
1053 Budapest

L'HARMATTAN KINSHASA
185, avenue Nyangwe
Commune de Lingwala
Kinshasa, R.D. Congo
(00243) 998697603 ou (00243) 999229662

L'HARMATTAN CONGO
67, av. E. P. Lumumba
Bât. – Congo Pharmacie (Bib. Nat.)
BP2874 Brazzaville
harmattan.congo@yahoo.fr

L'HARMATTAN GUINÉE
Almamya Rue KA 028, en face du restaurant Le Cèdre
OKB agency BP 3470 Conakry
(00224) 60 20 85 08
harmattanguinee@yahoo.fr

L'HARMATTAN CAMEROUN
BP 11486
Face à la SNI, immeuble Don Bosco
Yaoundé
(00237) 99 76 61 66
harmattancam@yahoo.fr

L'HARMATTAN CÔTE D'IVOIRE
Résidence Karl / cité des arts
Abidjan-Cocody 03 BP 1588 Abidjan 03
(00225) 05 77 87 31
etien_nda@yahoo.fr

L'HARMATTAN MAURITANIE
Espace El Kettab du livre francophone
N° 472 avenue du Palais des Congrès
BP 316 Nouakchott
(00222) 63 25 980

L'HARMATTAN SÉNÉGAL
« Villa Rose », rue de Diourbel X G, Point E
BP 45034 Dakar FANN
(00221) 33 825 98 58 / 77 242 25 08
senharmattan@gmail.com

L'HARMATTAN BÉNIN
ISOR-BENIN
01 BP 359 COTONOU-RP
Quartier Gbèdjromèdé,
Rue Agbélenco, Lot 1247 I
Tél : 00 229 21 32 53 79
christian_dablaka123@yahoo.fr

Achevé d'imprimer par Corlet Numérique - 14110 Condé-sur-Noireau
N° d'Imprimeur : 110310 - Dépôt légal : juillet 2014 - *Imprimé en France*